访谈与回忆 说说桂林旅游

来自『深耕者』的经历和思考

滴江智库丛书

李志刚◎编著

中国旅游出版社

“漓江智库丛书”编委会

前　言

2019年11月，我写出了第一篇访谈录“颜邦英先生访谈录”。颜邦英先生1972年就曾参加过桂林在全国率先对外开放旅游的准备工作，见证过桂林1973年前后正式开放境外游客来桂林旅游的整个过程，他还是在全国各地旅游学会中成立较早的桂林旅游学会创会人员，发表过多篇研究旅游和桂林旅游的文章。出于对他的敬重，便想协助梳理他研究桂林旅游的一些经历，因此对他进行了访谈。另外，访谈颜先生也有利于我进一步整理当时初步完成的《桂林旅游发展轨迹年表》初稿。那时我还没有想到要开展系列的访谈活动，是颜先生以他一贯非常认真的风格，和我聊了很多很多，让我越听越感觉有收获。从他以后，我才产生了对一些桂林旅游“深耕者”进行访谈的想法。于是，这一计划接连展开。到2020年12月，不知不觉已访谈了16位人士，攒下了12万的访谈录文字。颜先生的那篇，自然就成为第一篇了。

后来我联想到，大概早在21世纪初的时候，中国一些学者也开始倡导所谓“口述历史”了，原发于美国学者的这个做法是有其合理性和有用性的。以“亲历者”身份讲述自己的经历和相应的思考，对于后面的研究者无疑十分有益。我在访谈的过程中，就一直在想，如果把他们所说的东西，或者把我的访谈录有意识地接连起来，大概能够勾勒出现代桂林旅游发展的历史，而且他们所述说的内容，在“生动”和“有趣”方面，会比单纯地去翻阅旅游史书籍“好玩”得多。

选择访谈对象，并不是事先做出完整计划照着来做，有些受访者是接受了访谈某位人士时他的提议而确定的。回过头来看，我所访谈的16位人士，还具有着相当的代表性，比如桂林市外的二位：一位是20年前应桂林市政府特别邀请帮助桂林编制旅游发展总体规划，并在后来跟踪研究桂林旅游20年的长江学者特聘教授、中山大学保继刚先生，他早已是国内顶级的旅游专家了；一位是联合国世界旅游组织亚太部前主任徐京先生，他对桂林与世界旅游组织交流合作帮助很大，也是“联合国世界旅游组织/亚太旅游协会旅游趋势与展望国际论坛”长久落户桂林的主要决策人。桂林人或者桂林市内工作的访谈对象，除了颜邦英先生之外，有担任过桂林理工大学、广西大学两所大学党委书记，曾兼任广西师范大学旅游科学研究所所长（时任广西师大党委副书记）、广西大学旅游研究院院长的阳国亮先生；有在桂林从事旅游教育30年的桂林旅游学院院长程道品先生；有办过《桂林旅游报》的老报人、长期担任《桂林日报》总编辑、参加创作长篇巨著《第一个总统》的苏理立先生；有曾把桂林《社会科学家》杂志办成全国旅游类核心期刊的《社会科学家》原社长、原主编邓祝仁先生；有桂林市经济学学会会长王清荣先生；有桂林旅游学会会长庞铁坚先生；有桂林历史文化和桂林城史学者凌世君女士；有在原桂林市旅游局和桂林旅游股份公司担任过主要领导的钟新民先生；有1984年桂林市旅游局成立之年进入旅游局工作，后来又担任过市旅游局副局长、桂林漓江大瀑布饭店以及桂林旅游车船和部分景区主要负责人的李克强先生。旅游代表性企业方面，有从事旅行社工作近40年的桂林天元国旅有限责任公司董事长黄大东先生；有从事旅游饭店工作40年的桂林第一家涉外旅游饭店——榕湖饭店集团董事长兼总经理沈林杰先生；有在桂林旅游行业工作30多年，曾“两个十年磨出两剑”——桂林高品质景区“古东瀑布”和“东漓古村”相关公司董事长李素萌先生。当然，还包括了著名的国际旅游目的地县域——阳朔的访谈对象，我选择的是担任过阳朔县县长助理、阳朔县旅游局局长，现在是世界旅游组织旅游可持续发展阳朔观测点观察员的刘洪发先生。不过，由于时间和精力所限，遗憾的是还有很多“深耕者”没能访谈。

访谈过程中，我感到他们所讲述的，超过了只是“口述历史”的范围，里面有旅游理论的探索，他们认为桂林就是研究旅游的最佳案例地；有对现今桂林旅游的看法，他们认为如果加上一些做法或者减去一些做法，桂林旅游可能会发展得更好；有对桂林旅游今后应该如何去做的建议，他们认为如果不去研究和实施这些建议，桂林旅游发展将会受到影响。总之，我深感他们描述问题的角度、研究问题的深度、思考问题的广度，以及他们对桂林深深的爱、对桂林旅游发展的使命感和责任心，都不是用一般的词语能够准确表达的！他们令我肃然增敬！因此，我的访谈录的写法，很自然地采用了大段引号的方式，尽可能把他们的原话都整理出来，都“装”进来，我自己的话则尽量少说。

访谈过程中，我和我的访谈对象还都十分注意一个问题，就是因为访谈内容有“口述历史”的特点，信息量又是非常大的，提供给别人深入研究的线索和事例是非常多的，所讲所记必须都真实无误、十分准确才行。这一点我们在整个过程都特别注意，我们认为不这样就是对阅读者的不负责任。

访谈是按通常做法进行的，即我事先拟出访谈内容，再通过电话或者书面、当面方式进行沟通确定，之后开始正式的访谈，形成录音和笔记等原始素材，并暂借他们准备好的刊物、书籍、图片等实物资料，由我整理成访谈录初稿。初稿出来后，请被访谈人审阅、确认，最后再由我完成去掉“初稿”二字的相关过程。这个通常的做法，在保证访谈录质量和准确性方面是有效的。

系列访谈结束时，我还萌生了一个“计划”，就是2021年我还要继续进行这种有意义的访谈，并在确定访谈对象和访谈内容上做出一些创新性的考虑。

前面提到的《桂林旅游发展轨迹年表》，是我把自己多年来从事旅游工作所记下、所积累的所有东西用心进行整理完成的。我大概用了一年的时间补充、完善和进行准确性方面的核对。事实上它也形成了研究桂林旅游的多条“轨迹线”和多个“轨迹点”，在附录里我做了相关说明。我也是以高度负责的态度做下来的，在准确性上应该说也是特别下了功夫，可以供对回望、研究桂林旅游有兴趣的人阅读、参考。年表也肯定有不周到的地方，真诚希望能有人继续补充完善。

我本人，1982年大学毕业即留校任教，被分配在旅游教研室。1983年春季学校给我一些时间和一笔经费，我到国内绝大部分开设旅游专业的大学和设有旅游研究部门的研究院所走访了一圈，见到了不少当时就很活跃的专家、学者，和他们的接触虽然短暂，但让我受益极大。上海社科院的沈杰飞先生和黄辉实先生、南开大学的申葆嘉先生等，和他们在办公室见面、在单位食堂就餐和在院子里散步，听他们谈旅游研究和旅游教育，给我留下了抹不去的深刻印象，让我深刻认识到了解相关消息、认真探讨问题和深入解读有关现象，对于搞好教学和做好研究是具有相当重要的意义的。当时可能就在我的内心中，植入了接触“高手”和访问“高人”以丰富阅历掌握情况的一些“因子”。从1983年我连续三年带领日语翻译导游专业的学生来桂林国旅实习，这让我有了直接接触桂林旅游的机会，后来1987年受学校委派在桂林上了一年的课，又使我较为深入地接触了桂林旅游。1988年我调入桂林市政府外办，能够从桂林市政府工作人员的角度认识桂林旅游了，种种观察与思考使我记忆在心。1996年，市里把我调入桂林市旅游局，从此开启了我作为“局内人”探讨桂林旅游工作的14年生涯，也直接见证了桂林旅游不断向前发展的波澜壮阔的历程。近两年来，我自己试图把我手上的全部资料进行分类整理，通过回忆的方式，将其叙述出来。

我认为，这也是我自己在“口述历史”，同时也是将我的一部分观察与思考表达出来，希望能对真正研究桂林旅游的专家学者在研究时起到参考作用。当然，我也是以确保真实准确为原则来做这些回忆的，我也必须对自己、对历史、对社会、对研究者负起责任来。

这样，我的这本书便由两个部分和一个附录组成，上篇是访谈录，下篇是回忆录，从篇幅上看访谈录是重点，回忆录辅之，附录即是《桂林旅游发展轨迹年表（1950—2020）》。这本书如果能够对阅读者和使用者有些用处，我会感到万分荣幸。

“桂林旅游”无疑是一篇大的文章，站在任何角度都可以做，任何人也都可以做。从游客的角度、从旅游企业的角度、从研究者的角度、从市民的角度、从投资者的角度、从政府的角度，尽管看问题的视角自然会各不相同，出发点也会不尽一致，结论可能更会有所不同，但有一点我认为是一样的，就是“桂林旅游”一定要在实现人民群众，包括本地和外地、国内和国外的人民群众对美好生活的期望上做好文章，否则任何角度、任何人、任何结论都会出现偏差。

我自己长期在桂林市政府部门工作，我认为，“桂林旅游”对于桂林市政府来说，是大产业、是大事业、是大环境、是大布局、是大战略，这就要求政府部门一定要有宏观视野和宏观谋略，努力做好政府方面的这篇大文章。

李志刚

2021 年 3 月于桂林

目　录

上篇　访谈篇

下篇 回忆篇

上篇　访谈篇

邓祝仁先生访谈录

（访谈时间：2020 年 11 月）

第一次见到邓祝仁先生，大概是在 20 几年以前，那时我要发表一篇关于桂林旅游方面的文章，找到旅游类核心期刊《社会科学家》杂志，邓祝仁先生当时是这家杂志社的主编和社长。精明强干和极富思想性，是他给我的第一印象。后来我和他多了一些往来，我主政桂林市旅游局以后，设计了几个旅游工作方面的课题，其中关于导游管理体制的探讨，是请他主持完成的。另外，为挖掘桂林旅游界各方人士的智慧，促进桂林旅游健康发展，我曾在独秀峰下办了一个“旅游沙龙”，还多次邀请他到沙龙上发表过高见。

后来我逐步了解到，邓祝仁先生早已是一位在桂林和广西有着丰硕科研成果的大文人和旅游专家了，他在桂林山水资源和桂林旅游发展研究方面有独到的见解，发表了许多论文，在全国期刊界、旅游与文化学术界颇有名气。随着时间的推移，他在很多人心目中，也包括我，声望越来越高。

2012 年，邓祝仁先生将他几十年来潜心研究桂林旅游业发展及地方文化的一些文章汇集起来，以《超越时空：桂胜桂故漫步》为书名交由广西师范大学出版社出版，该书深受欢迎，著名历史和旅游学专家钟文典、保继刚和刘德谦等为他作序；2014 年，邓祝仁先生又把他多年以来的一部分散文作品编成散文集，起名《心宇之间》，说是“勾勒了我六十年的人生”，交由漓江出版社出版。他还有几本书，如文学评论集《青山听月》、专著类如《桂林奇观》等。我只是翻看了上面两本，便又让我再次对邓祝仁先生肃然起敬。

最近我有了一些时间，开始对“深耕”桂林旅游的学者、实业家和部分行政人员进行访谈，很自然就想到了邓祝仁先生。前些日子联系他时，电话里传来的声音依然铿锵有力、健谈如初。他说我们有 20 多年交情了，老朋友见面是件高兴的事。快人快语，一切如昨。我很高兴。

一说："《社会科学家》成为全国旅游类核心期刊"

桂林《社会科学家》杂志，20 多年前就在国内旅游界名气不小，它集中了一大批旅游专家学者高水平的文稿，许多高等院校、研究所和政府部门都有订阅。这本杂志，当时受到很多人关注。这次访谈，我首先请他谈谈杂志的相关情况和他怎样把杂志办成了旅游类核心期刊的。

"首先我必须说明，《社会科学家》能成为'全国旅游类核心期刊'并非我的功劳，是杂志社历任社长、主编、顾问、编辑部同人辛勤劳动的结果。杂志 1986 年 9 月创刊，首任主编是市社科联第一任主席、历史学家钟文典先生。1994 年 10 月市委宣传部派我到杂志社担任第一副主编，1996 年起做主编和社长。后来由于业务工作量庞杂，就只做主编了。2005 年退居二线当名誉主编，2007 年 8 月退休。在《社会科学家》杂志社，我一共工作了 13 年，是我工作生涯中服务时间最长的一个部门，《社会科学家》杂志流淌着我的汗水，凝结着我的心血，我对她充满深深的感情。"

"我接手做主编时，正值杂志创办 10 周年，全国上下处于迎接新世纪的气氛之中，在经过认真思考后，我形成了新的办刊思路，在继承中调整、发展、提高，并请教了前辈主编钟文典先生，获得肯定。1996 年 7 月出版的《社会科学家》第四期头条位置，刊发了我撰写的社论——《构筑新优势　迎接新世纪》，署名'本刊编辑部'，旗帜鲜明地传递了杂志社新的办刊思路与发展方向。"

基本情况是我关心的，但我访谈总的题目是旅游，因此我更关心《社会科学家》杂志成为旅游类核心期刊的前前后后，以及杂志在旅游方面的相关作为。邓祝仁先生也知道我的想法，接着就谈起了一些情况。

"由于《社会科学家》有其特殊性，作为一份综合性社科理论期刊，但自创刊以来一直坚持刊发质量较高的旅游类文章，在全国同类期刊中独树一帜，在国家旅游局、旅游城市、旅游界和旅游类高校有相当影响。1996 年下半年，《社会科学家》被中国旅游报刊协会评为'中国优秀旅游期刊'，我出席了在烟台召开的颁奖会。另外，据中国人大报刊复印资料中心和中南财大图书馆期刊信息服务部等部门的统计，1998 年《社会科学家》的被转载率位于全国社科期刊前列，其中旅游类文章的征引、转载量位居全国期刊第三，因此，《社会科学家》是名副其实的'全国旅游经济类核心期刊'。"

"我今天带来的这份 1996 年 7 月份出版的当年第四期《社会科学家》杂志，是我做主编后的第一份杂志。按照我的办刊思路，首先是调整刊物定位。根据市场的变化，调整为只面向中青年学人，确切点说就是指研究生毕业以后到四五十岁这一群人。他们是中国教育科研的中青年学术骨干，我们《社会科学家》立志今后主要为他们的成功助力。然后就设定相应栏目，吸引读者、作者与稿子，开辟了《博士论坛》和《硕士网站》。《社会科学家》创刊之初有一个比较好的栏目，叫‘中国著名社会科学家简介＋学者语丝’，各占一个页码。这两项不仅保留，而且扩展成‘名家系列’栏目，即增加一个访谈、一篇论文新作、一篇专著评介，就是说这一个‘名家系列’栏目从原来的两个页码，扩展成十来页。全方位推介一位名家。再就是我坚持刊物要面向全国、办成一个全国性杂志这一点，一直在全国组织一流的稿件。”

“像 2000 年，新世纪头一年，我就约了旅游方面的专家魏小安先生。登了他一个访谈、一个语丝、一篇文章、一个书评。你看当时的这一期杂志，魏小安先生的东西都在上面。2000 年新年伊始，我一口气把这样的一本主打旅游的杂志推出来，马上就在中国旅游学界、中国旅游报刊协会、国家旅游局引起了不小的反响，当年这一个名家栏目就变成了优秀栏目，中国旅游报刊协会将其评为一等奖，《旅游时空》栏目将其评为二等奖。”

“刊物中旅游这一块我是专门去经营的，就是把它作为一个拳头产品来经营，作为一个品牌栏目来经营，而不是有了这个栏目只象征性地发点文章。我真的做到了全身心地投入。我虽然是主编，但也当责编与校对，从到杂志社工作的那天起，我就是旅游类稿子的责编与校对，除了魏小安这样重头的名家访谈，旅游类的每一篇稿子，无论长短都必须经过我的审处才能发表。《旅游时空》栏目是专门发旅游论文的，选稿非常严格，论文一定要反映全国和全球的旅游发展趋势及涌现出的新问题。为什么我能做到这些？因为我之前对桂林山水以及桂林旅游有过大量的研究。多年以前，我就研究桂林的旅游市场，还读了有代表性的旅游教科书，如旅游概论、市场营销、电子商务、酒店管理、旅游心理学、旅游哲学等方面的，没有谁叫我这样做，我陆续写的那些在旅游方面有影响的论文也是如此，自愿写作，没有谁叫我这样干。功夫不负有心人，我从 1996 年接手，1998 年就被中国人大检索为旅游类核心期刊了。不过必须指出，当时我们和人大没有打过任何交道。后来因为一起出席会议，才晓得人大报刊复印资料中心遴选文章是很严的，有专门选文章的遴选库，每一期全国几千篇文章，经过遴选组剩下几百篇，然后再评审遴选剩下几十篇。人大报刊复印一出现，就被我们抓住了。”

终于知道了他“原来一直都重视旅游”这个情况。的确是只有付出这么多的努力，才能取得这么大的成效。

后来，《旅游学刊》主编刘德谦2012年为邓祝仁先生《超越时空》写序，说到《社会科学家》时还加了括号，专门注明杂志是“一份以旅游研究为一个重点的理论刊物”。由此也可见当时《社会科学家》的影响力。

我相信，除了旅游方面，《社会科学家》作为一本社会科学方面的刊物，在整个办刊上，邓祝仁先生一定是付出了很多的辛苦，也获得了很多成功，比如让《社会科学家》成为CSSCI首批入选的期刊等，这里因为有主题上的局限，只能略去了。

二说：“很早以前我就开始探讨‘桂林山水’了”

之所以能够在短短两三年内把《社会科学家》杂志办成全国有名的旅游类核心期刊，用邓祝仁先生自己的话说，直接原因是他在杂志定位、扩展相关栏目、选稿、经营等方面的努力，而背后则是他多年来潜心研究旅游，源于他是“内行人”，用功底办刊物的结果。接下来，我就紧随其后，问他这方面的情况。

“在我看来，研究旅游首先要研究旅游资源，在桂林就要研究桂林山水，有了这个基础，桂林的旅游研究才能做好。我对桂林山水和桂林旅游的关注与研究，源于我是桂林人，源于我对这片土地和生活的热爱。如果从普通的短小一点的豆腐块文章算起，20世纪70年代我就发过关于桂林山水文化方面的东西，这样子数起来差不多快50年了。”

“我对桂林山水的认识首先源于生活和体验，其次才是书本。我从小生活在山水之间，在漓江水里泡大，在桂林的山上爬大，初中毕业以前我几乎爬完了桂林城内外叫得出名号的山与岩洞。从小就有先天的对山水的体验，我对桂林山水的认识是从这里开始的，并不是从哪本书、哪个地质学家、哪一个旅游类的专家那里得来的。我经常用我的生活体验来匡正和补充他们的看法。这不是说不看书，20世纪80年代中期到90年代初，我研究山水和腹稿《桂林奇观》这本书时，就曾很好地坐下来，看了南京大学任美锷先生的地理学专著、最新的论文和桂林岩溶地质研究所朱学稳等几位专家最权威的岩溶著作。拙著《桂林奇观》是1993年8月出版发行的，主要从文化和美学的角度鉴赏桂林的代表景观——桂林八景，里面谈到八景的特征、和桂林人生活的关系，谈到桂林溶洞、峰林峰丛的形态与特点、桂林山水的演变以及‘桂林山水甲天下’的由来，溯源了其形成的原因，传递了最先唱出‘桂林山水甲天下’诗句的是宋人王正功。80年代初期，桂林文物考古圈子知道‘桂林山水甲天下’是南宋诗人王正功最先唱出的，但尚未见诸报刊。创作了《桂林八景图说》的清代桂林山水花鸟画家在他的书里就错误地认为是范成大，20 世纪 70 年代至 90 年代初，桂林和广西社科院的研究桂林山水和桂林山水诗的代表性学者如邱振声、张益桂、张家藩、余国琨、刘英、刘克嘉、刘寿保等前辈出过一批著作，没有一个明确提到王正功及其‘桂林山水甲天下’诗句。我恐怕是最早用文字把它写出来并推广开的。我详细解释了‘桂林山水甲天下’怎么出现的，从地质、从文学做了探讨，后来很多人从我这本书里得知了这个事实。”

“20 世纪 80 年代中后期，我在市政府文化研究中心工作，当时‘中心’和桂林海外旅游公司合作，合作编写《桂林旅游大典》（漓江出版社，1993），我负责的条目是桂林山水散文部分。为了写好这几十个条目，我读完了《桂林石刻》内部本三卷，到山上去踏勘了相关的摩崖石刻。我还研究了地方志典籍中所记载的描写桂林山水的几乎所有诗文。编完大典，还有不少材料没有用完，我就写了《桂林奇观》这本书。该书另一大特点是讨论确定了桂林山水概念，说桂林山水包括了丰富的人文性，是一个整体性、非单一性的东西。如果把它当成自然景观，对山水的理解就很狭隘了。这样从旅游的角度，我就可以谈到桂林山水是一个复合的产品，不是纯而又纯的这么一个概念。客观地说，时至今日，一些人还达不到几十年前我的认识。”

“在这个基础上，我提出整个桂林市就是一个博物馆，到桂林就是到了山水人文博物馆；整个桂林市就是一个大公园，周围的七八个公园是园中之园，来桂林旅游就是游博物馆，就是游天然的公园，就是游真正的人文景观。人文性是桂林山水一个很大且独特的特点，如果谈桂林山水忽略了这一点是谈不好的，也是开发不好的。”

“《桂林奇观》出版之前，我将其中一节‘桂林山水的人文特色’压缩为一万多字投递给广西社会科学院主办的《学术论坛》，该刊 1993 年第一期全文发表，并立即被人大书报资料中心《中国地理》全文转载。至此桂林山水是一个具有自然和人文综合属性的复合概念，具有 8 大人文特色的观点已在学界传开。这 8 大人文特色不妨在此强调一次：桂林山水是生活演绎场、是宗教祭祀点、是政治领属地、是军事倚恃地、是艺术负载体、是园林理想国、是环保启示录和神话美世界。在文章里，我论述了桂林山水和天下自然景观的最大区别在于它数万年来和人民朝夕相处，具有显著的平易性、亲切感和亲和力。30 年后的 2012 年，编辑出版《超越时空》时，我对文章做了修订，8 大特色又加了一条，是‘科技创新点’。这 9 大人文特色，天下所有地方的自然山水都不可能占全，只有桂林可以全包括，所以说这就是桂林山水和天下自然山水的区别。我为什么敢这样讲？因为我已经走遍全国，开阔了眼界。大西北沙漠戈壁很荒野、很宽阔、很辽远，九寨沟、张家界很雄伟、很美丽、很峻险，但是有些在冬天并不适合游览；三亚海滨、大连海滨很美，但台风季节来了容易出危险；桂林山水不一样，一年四季都可以游览，春、夏、秋、冬各有玩法。我可以很自豪地说，我对桂林山水的研究，9 大人文特色的概括，是非常有前瞻性和独创性的。”

邓祝仁先生对桂林山水研究之深，见解之独到，实在是令人称绝，我阅读的东西不多，不过到目前为止还没有看到如此深刻的论述。

“我认为，我对桂林山水的探讨是深入的，是有成果的。桂林山水的美，是与人文性结合的共同的美，无论古今中外，无论东方西方，无论民族阶级与肤色差别，都一致喜欢桂林山水。这些关于桂林山水的探索，对我研究桂林旅游，研究旅游本身，起到了决定性的作用，对我形成自己的旅游功底产生了深刻的影响，自然也对我办好《社会科学家》这本刊物十分有益。”

三说：“我热爱家乡，着力进行桂林旅游的研究”

接下来，自然是了解邓祝仁先生对桂林旅游方面的研究、主要成果和重要观点了。

“我对旅游和桂林旅游的研究，和我对桂林山水资源与桂林文化的研究同步，研究旅游的文章几乎都是大块的，或为了参加某个学术会议，会有感而发不吐不快。这类文章通常发表在省内外的学术期刊上。最早的一篇是《把握游客心理，积极发展桂林的旅游业》，写于 1986 年春夏之交，是为参加当年‘桂林风景游览城市旅游理论研讨会’而写的，当时我还是一名中学语文教师。这篇文章后来发表于 1987 年《广西社会科学》（第三期），是我公开发表的第一篇旅游论文。文中我提出要搞旅游一定要建设好桂林城，要把握旅游者出游心理动机，按照市场走向开发好产品，按照市场规律改进我们的管理体制，积极发展好桂林旅游业。文中分析了旅游者追求完善自我的规律和出游动机，借鉴了威尼斯水城和莎士比亚故乡的例子，提了 5 条桂林城市建设与旅游产品开发建议：桂林应该建一个历史文化城博物馆；应该修复桂林宋代环城水路系统，开展现代化的环城游览；应该构筑桂林市的缩影模型城，作为一个既有教育意义又有游览价值的景观等。其中恢复宋代环城水系，利用现代声光电等高科技加以建设，开展现代都市游观点，在桂林应该是我最早提出来的，这其实就是‘两江四湖’建设的最早雏形，

2001年保继刚教授来桂林做规划，看到文章，为我‘点赞’，说有‘前瞻性’‘具有相当的预见性’。带句题外话，因为这篇文章，我从中学被调到了市政府文化研究中心。”

“第二篇比较有分量的文章发表在《旅游学刊》(1998年第四期)，题目是《旅游业对经济社会发展的促进作用及其相关问题——以桂林旅游业的发展为例》，文章主要讲旅游业对经济社会发展的促进作用及亟须注意的几个问题。此文一发表即引起高层和学术界关注。刘德谦教授当年写信告诉说，文章已被推荐到国家旅游局有关部门参考。当时全国从上到下在热议经济社会新的增长点问题，文章对全国很多地方有借鉴和参考价值。这篇文章我既谈桂林，也谈全国，谈桂林是为了谈全国的，我如果没有桂林市作基础、作案例，就写不出这样的文章。桂林就是案例地，我在文章里设了这个副标题。这篇文章与上一篇间隔时间较长，长达12年，其间有工作调动，工作部门转到南宁的问题，但我一直关注着旅游，关注着桂林，就像我写的第一篇文章是在1986年，如果没有之前大量的阅读研究，一定是写不出来的，更不能引起那么大的反响。这篇也一样，没有从多层面多角度的考量、思索与研究，也写不出来，写出了也未必能在国家一级旅游类核心刊物发表和被转载，更不可能引起轰动。”

接着，邓祝仁先生又谈了他第三篇、第四篇、第五篇，“产量”之丰、质量之硬，令人感叹。而且他涉猎的研究领域也非常宽，除了前面说到的之外，据他介绍还有关于专题论述桂林旅游优势的，有探索建设“桂林旅游区”的，有校正旅游对财政贡献率认识的，有研究会展旅游定位的，有旅游技术创新和制度创新方面的，有旅游资源开发和深度旅游产品及其开发的，有解读“阳朔现象”的，有专论生态旅游与良性消费的，有广西民俗旅游的，有广西旅游市场促销的，有讲述中国旅游城市深发展问题的，有论及中国旅游景区建设如何突破的，有探讨“东亚模式和政府主导型旅游发展战略”的，等等。

我知道，他早在刚进入文化研究中心的时候，就写出过一篇很过硬的调研报告，我便利用访谈机会，请他说说当时的一些相关情况。

“写这个报告是1989年，当时要召开广西旅游文化研讨会，是自治区李振潜副主席主要负责的。领导指定由我在会上做主旨发言，我就依据这份两三万字的报告来讲，结果来自广西各地市和全国重要的旅游城市的与会者中有人说，仿佛如冲击波给他们带去了震撼。为了写好这个报告，我们付出了很多的心血。1989年我们外出考察，从西安丝绸之路起点开始，进甘肃，抵兰州，依祁连山，到嘉峪关，再沿河西走廊，过敦煌，到乌鲁木齐，到吐鲁番，到喀什，到伊犁，我们考察了丝绸之路和少数民族文化，对我震动很大，许多东西见所未见、闻所未闻。然后，我们从乌鲁木齐飞到上海，到扬州、到苏州、到淮阴、到镇江考察，大西北少数民族景观和江浙沪时尚的东方现代都市都看了。回来后，写成报告，感觉少了沿海特区文化，接着又到厦门、泉州、石狮、深圳、珠海、广州等地考察。回来后完成了这篇报告。报告阐述了发展旅游的重要意义，分析了旅游文化的本质及其基本特征，提出了发展旅游业一些有针对性的举措建议，对以文化开发旅游资源、提高旅游业效益发表了许多新看法，文旅结合如今已成为现实，殊不知30年前我们就提出来了，记得旅游文化著名专家喻学才教授就曾在他的文稿中反复褒奖我的观点。”

邓祝仁先生说，他对桂林旅游和旅游本身的研究，在《超越时空：桂胜桂故漫步》里收了一些，在这里就不一一去说了。比如，他还对旅游本质特征进行研究、对旅游与扶贫的关系进行研究、对处理保护和发展关系进行研究，等等，很多。

我问他，为什么会有那么多独到见解？为什么文章会写得那么流畅、清新和耐读？

“我的研究，都和工作与自己的生活联系得很紧，它们都是从内心流出。还有我不是搞课题，没必要去揣摩出钱人‘甲方’的意图。我必须和工作、和自己的兴趣、特长联系在一起，所以我的研究有我的优势，我可以‘随意’发挥，细心的读者甚至会发现，在遣词造句及音韵节奏上，也有自己的喜好与处置。在高校他们有些课题，也许自己并不喜欢，但到时间必须结题完稿。而我都是自己思索后的结晶，无一不发自内心，我常常敝帚自珍，每过些时日，就会翻出来，找到相关章节诵读，经常自嗨‘当时我怎么能写出这样的句子’。”

很有道理，怪不得读起来感觉不一样。

对“深耕者”必须“深挖”。我抓住时机，请邓祝仁先生对桂林旅游发展方面再说几个观点。

“我去年去了趟以色列，知道了他们怎么保护和利用历史文化资源，开发文化旅游产品，强烈感受应了我1996年一篇文章提过的观点——“保护即发展”。以色列那里的古迹，第一比我们早，第二比我们多，我看了他们许多历史文化遗址，如马萨达这个世界遗址，也是以色列国家文化公园，他们对山上古城堡、古城墙的处理，就异常小心，异常用心，他们最忌讳用后人的作为、作品取代古人的原物，就是说，凡是后来增加的部分，他们一定用线条区分开来，参观者知道线条以上是后加的，线条以下是原来的。在我们这里可能是统统拆掉重新来过，古迹不见了，都是现代人手笔，还大言不惭说是古遗址，充其量是仿古。我们东西巷、龙船坪，房子是千篇一律的仿徽派建筑。20 世纪 80 年代新房子建设如火车行驶般迅速，造了很多滨江大道那种火柴盒式的房子，导致现在千篇一律是徽派房子，走到哪里都一样，没有个性。不光是桂林，现在全国清一色的仿古建筑，我都不会去看。”

“还有一种情况是灯光，晚上那种五颜六色、旋转梦幻式的灯光，我说我也不去。自然资源从来都是白天看，晚上你看自然上的灯光就是光污染，一些人也许说我偏激，但我问你，比方说象鼻山上搞灯光，你说不想那么黑，给它有亮光，行走方便，增加安全性，这可以的，但是你吹得它晚上多么美就不妥。那是灯光不是山水。山水是自然的，山水的美就是自然的美。这也不光是桂林，全国都这样，但比如说大城市，上海东方明珠电视塔你搞灯光可以，它是建筑。你在山上搞灯光，介绍两江四湖，白天好还是晚上好？晚上那是看灯光，是看山水吗？晚上搞灯光怎么看得清楚？晚上可以唱歌、跳舞，在水上欣赏，就像当年范成大他们乘舟载酒入桂林西湖，带着吃的东西，吟诗作赋、听歌看表演，他们没电，点根蜡烛不照样游得很好吗？这个时候它是一种娱乐，在宾馆里面娱乐，在酒店里娱乐，在客栈里娱乐，在山水里娱乐，应该是这样的。介绍山水一定要注意其本来面目，这是第二点。”

“第三，搞旅游不要和当地老百姓争利。一定要注意照顾老百姓的利益，一定不要只注意老板、注意企业，一定不要抢老百姓的利益，要处理好和当地居民的关系。发展旅游到底为什么？宗旨不能忘，要保护和打好民生牌，这也是我多年的愿望，我认为一直没有解决好。发生矛盾了，要想法子积极妥善解决，不要动不动给人家扣帽子。桂林的农民、渔民，醇厚朴实，很多还是靠山吃山靠水吃水的，因此要处理好和老百姓的关系，重视这方面的调研、论证。”

“第四，全域旅游要谨慎地提，有些地方不具备搞全域旅游的基础。阳朔大体可以，其他县可能不够格，不能够一字铺开。这个提法不太科学，不能拍脑瓜，照文件画瓢。那些旅游发达的地方，成熟的地方，可进入性比较好的地方，道德环境不错的地方，经营比较成熟有章法的地方，还有老百姓对旅游的认同度比较高的地方，可以搞。”

“第五，安全的问题，要把安全性摆在第一。建旅游区，建旅游景点，建酒店、民宿，都特别要注意这点。比方说你建在山边，一定要注意山体崩塌的危险性；建在江边，洪水的信息要掌握；一定要注意这些安全方面的问题。我始终注意这一点，在 1999 年黄金周旅游刚开始的时候，我就在《桂林日报》发文提出过这一问题，90 年代初讲旅游脆弱性的时候，我也提出了这个问题，现在我还要提。”

“最后，再给领导和管理者提两点意见，一是要注意了解当地旅游研究人士的新成果，注意他们的论著、文章，谈了什么，哪些东西对我们是有好处的，哪怕尖锐一点也要记在脑子里。如果能够付诸实践纠正的，就想办法去付诸实践，这也是我很早就提出过的。比如，阳朔开发了个如意峰，把几个山峰削平，将缆车安装上去，美其名曰欣赏阳朔的奇山秀水。我以为，此风不可长！你这个乡可以搞，我那个乡也可以搞，想想后果就胆战心惊！另一点是要注意研究年轻人的心理需求和消费倾向，注意对他们的吸引。他们是当下和未来主要的旅游消费者，他们是讲求消费品质的。银发旅游要发展，但不是重点，所谓养生养老旅游，有多少经得起推敲，人虽然多，经济效益社会效益未必都好。”

随口就是几条，而且是比较关键的几条，可见邓祝仁先生对旅游总是不断地思考着的，对桂林旅游总是一直关心和关注着的。他的见解、他的建议，出自内心，出自专业，出自敬业，出自对家乡桂林真挚的爱。

王清荣先生访谈录

（访谈时间：2020 年 12 月）

王清荣先生，研究员，桂林市经济学学会会长，中国管理科学院特约研究员，曾长期在中共桂林地市委政研部门工作，他研究的领域很广泛，20 世纪 80 年代以来，合著和主编过的著作已达几十部，论文和调研报告近 400 篇 250 多万字，其中 10 多篇论文在全国论文评选中获一、二等奖。多篇文章被中国人民大学书报资料中心和《人民日报》、人民网、《求是》杂志等全文转载。这些相关介绍，可在一些著作的封页和一些网站经常看到，而对于我来说，在长时间与他接触的过程当中，就已经是再熟悉不过的了。我对王清荣先生总的印象是：他的工作和研究经历让他形成了善于从全局、战略上去观察与思考问题以及从整体、系统方面入手去研究问题和得出结论。

我和他的接触，数起来有二十多年了，特别是我在桂林市旅游局、桂林市商务局担任主要领导近十五年的时间里，与他来往尤其密切。在这两个局主持工作期间，我认为要完成好市委、市政府确定的目标任务，带领好这两支团队履职尽责，为桂林旅游事业、商务事业健康发展做出一些成绩，就必须尽力加强理论和业务研究，以有效开展工作。不知为什么，确定做工作研究时，很自然就总想到王清荣先生。因此便常常去请他出来，主持我设定的这些工作课题。现在回想起来，很自然就想到他，当然是缘于对他的了解和熟悉，是认为求教于他、只有请他来参与和主持，才会收效良好。

近两年来，由于时间上有些宽裕，我便经常到王清荣先生担任会长的桂林市经济学学会看看，为进一步丰富自己的知识，也参与过学会一些课题的讨论，因此和他的往来也就又多了一些。我更进一步得知他在我一直钟爱的旅游业研究上的作为还真是不少，于是我在确定桂林旅游业发展方面的访谈对象时，就又“很自然”地把他拉进来。

一说：“早在 1991 年我就开始从事旅游工作了”

王清荣先生以前在桂林地区工作，既有在地委机关领导身边工作的经历，也有在县政府任职的履历，对桂林地市合并之前地区旅游业的相关情况一定是比较熟悉，而地区旅游业发展历史恰恰又是我想了解的，访谈一开始我便请他聊聊这方面他所知道的东西。

“这方面我的确是了解一些，而且我很早以前就直接从事过旅游工作。”我算是问对了。

“先讲讲我的工作。我 1975 年 9 月份从全州县潮南选乡调到共青团桂林地委，地委行署机关均设在桂林市区。在桂林，谁都不可能不被旅游城市的氛围所感染，尽管那时候旅游还没有形成气候，还是以外事接待为主，但随着风景游览城市和历史文化名城两顶桂冠的明确，虽然我在团地委工作，‘桂林旅游’这几个字仍然刻在了我的心里。我到桂林后，爬遍了桂林所有的名山，也陪同过境内外一些青年代表团游览过桂林的一部分名胜景点，尤其是陪同港澳青年代表团游览了漓江，对旅游业发展和旅游接待有过切身的感受。”

符合他严谨的思维和表达习惯，先从早期的经历说起。

“1985 年 8 月我调到地委办公室工作，参与起草地委行署领导的讲话材料，作为工作人员也参加地委的一些高层会议，这个经历我认为很重要，让我对整个桂林地区的情况，包括地区旅游业的情况有了相对全面的把握。就地区旅游而言，总的来说，20 世纪 70 年代根本不可能讲旅游，到 80 年代的时候，地委行署也开始关注旅游了，因为旅游的人慢慢地多起来了。应该说这一时期是地区旅游的起步阶段，其标志是在 1983 年前后成立了桂林地区旅游总公司，大概 1985 年前后成立了桂林地区行政公署旅游局。”

开始进入中心性话题了。

“各个县的旅游机构，到了 20 世纪 90 年代中期前后才陆续成立，这个我是比较清楚的，因为 1991 年我由地委政研室副主任、地区体改委副主任平调到资源县当副县长了。我到资源开始时就管两项工作：乡镇企业和旅游。这一时期才使我进入真正意义上的旅游研究和实践探索。在此之前对旅游虽有一些探讨，但也还是属于单项的和零碎的。我到资源县时，那里已经开始有旅游了。我了解到 1990 年下半年大概是 10 月份，全国有个会议在资源开，会议期间组织参会代表考察游览了资江、八角寨和宝鼎瀑布。很多人涌进来，但是资源没有地方接待，没有住的酒店，吃的地方也不多。我们所面临的首先是要解决这些问题。”

资源是原桂林地区旅游业比较有代表性的县域之一，从资源可见地区旅游之一斑，我很有兴趣听下去。

“资源还有一个情况，就是那时候进出资源要翻过海拔1800多米的‘打鸟界’，盘山公路的路很难走，况且冬天大雪封山。我们这一届县委、县政府重点是筹划改建道路。首先是对进县城的土地塘进行降坡，其次是对牛塘界进行降坡，这两个地点我们先降了5米多，解决了冬天大雪封山路不通的问题。后来历届县委、县政府经过多次降坡扩路，进资源的路已经比较平坦了，资源通高速则是近几年的事了。”

“在解决公路降坡的同时，开始搞宾馆等基础设施建设。先是改造县政府招待所，我在那里指挥把它搞成了资源宾馆。主要是用银行贷款改建成资源宾馆，是我签发的贷款文件。原来资源的街道是七弯八拐的，我后来也分管了工交、城建、旅游等17个部门，就开始整合资源，把那些歪的斜的全部拉直，该拆的拆，我们鼓励相关部门到上面去要钱，要到钱回来就建。那个时候我们就出台了一些政策，结果一些事情都办成了。第三件事，就是我到南宁请自治区交通厅水运局的领导到资源指导，给我们来审批资江游程，游船的排量、造型，多大马力，救生衣、救生圈这些配备的东西，需要建几个码头等，我们把这个事情也做了。”

“还有一件比较重大的事情，20世纪80年代末，八角寨曾经发生了跟湖南新宁的矛盾，吵到国务院了，国务院责成广西和湖南两省区处理省际纠纷问题，然后省里面就责成我们桂林地区和湖南对应的地区处理。我调研完了以后，跟新宁县管这一块的副县长谈，我提出解决边际纠纷遵循的三条原则：一是尊重历史，二是尊重现实，三是合作共赢。我把什么是尊重历史、尊重现实讲完了以后，不要争也不要吵，我们就合作共赢。所谓合作共赢，就是我们资源从南往北走，新宁从北往南走，各上各的山，然后想办法分配利益。最后谈成了，两县签署了合作共赢的协议。”

“旅游基础设施这部分初步做完之后，就做宣传，包括出书等。在开发资江、八角寨、宝鼎瀑布三大景区的过程中，我们出版了第一部县里面的书，叫《天地有大美》，1992年3月漓江出版社出版的。还有《资源风采》，1993年由漓江出版社出版，写资源人文的东西。还拍摄了《资源风光》的专题宣传片，送中央电视台《神州风采》栏目和广西电视台、桂林市电视台播放。出书宣传我想的就不仅是资源了，而是整个桂林地区的旅游，在袁鼎生（后来担任广西教育学院副院长和广西民族大学副校长）领衔下，我们原计划每个县出一本旅游审美的书，已经有写大桂林《珠环贝绕大桂林》（光明日报出版社、广西师范大学出版社，

1991）、写灵川《百里玉带缀灵珠》（漓江出版社，1993）、写全州《美在都庞越诚间》（漓江出版社，1994），其目的是强化大桂林旅游区的概念。后来袁鼎生教授调去南宁，我也调回地区了，所以计划就搁浅了。”

本来就是从地区机关出来的，想到整个地区很自然。

“在地区工作期间，我和袁鼎生主要倡导提出了‘大桂林旅游区’的概念，提出兴安、资源、龙胜作为‘大桂林旅游区’的‘金三角’，同时写文章讲述地区旅游资源应该怎么有序开发；强调要依靠市区旅游和漓江旅游把各个县的旅游带动起来。1998 年地市合并，真正为形成‘大桂林旅游区’奠定了行政区划的基础。当然地市合并以后，也可以不叫‘大桂林旅游区’了。”

王清荣先生从“点”和“面”上，回顾了地市合并前桂林地区旅游起步、发展的大体情况，以及他的经历和思考。他还讲到，在资源工作期间，多次向地委领导争取，资源县旅游局最终也在地区各县中较早地成立起来了。

二说：“桂林旅游是我研究的一个重点领域”

王清荣会长是桂林人，天然有着对桂林旅游发展相关情况进行观察与思考的环境，加上他又擅长思考和研究问题，对桂林地市旅游都发表了许多高见，也发表过不少文章和专著。我请他说说研究桂林旅游的一些经历和主要观点。

“我出生在全州，也算是桂林人，但在 1975 年来到桂林工作以前，我也是从课本上的‘桂林山水甲天下’知道桂林风光的。1975 年到 1985 年这 10 年里，我是切身体会到了桂林山水的魅力。我对桂林旅游的观察与思考，实际上是从 20 世纪 80 年代开始，90 年代逐步深入，21 世纪注重从系统整体上探讨桂林旅游，是这样一个过程。换句话来说，我是从零碎的思考逐步发展到系统、整体的研究。”

短短几句话，说得很清楚。

“在此期间，我曾经两次到大学学习，进行理论充电：就是 1983 年至 1985 年，我考入广西师大首届干训部学习；1996 年至 1998 年，我又去读了广西师大的在职研究生。这两次学习使我在理论素养上连续提高了两个档次，研究问题和写东西就完全不一样了。我学的是‘三论’，就是系统论、信息论和控制论。这三论我是学得比较深透的，读研究生期间，我的每篇作业和毕业论文，都是公开发表的，很少有人做到我这样。我是在广西师大的两次学习，核心是攻读马克思主义理论，尤其是马克思主义哲学和毛主席的著作，完全是出于对知识的渴望、对理论的渴望。说实话有了马克思主义哲学这个知识结构的核心以后，促进了自己知识结构和思维结构的调整与优化，我写的文章就多了，而且对我研究领域的选择和研究问题的方法都有很大的帮助。”

怪不得他总能从战略上、整体上系统地思考问题。

“2004 年，为了扩大红军长征突破湘江战役在全国的影响力，我不但跑到南宁向自治区党委党史研究室王福昆主任汇报，还跑到北京向中共中央党史研究室主持工作的陈威副主任汇报，经过半年多的筹备，2005 年 1 月，由中共党史学会、广西壮族自治区党史研究室主办，桂林市委承办的‘纪念中央红军长征突破湘江暨湘江战役 70 周年学术研讨会’在桂林召开，国内 70 多位专家学者参会。会议不仅提炼了‘勇于胜利、勇于突破、勇于牺牲’的湘江战役精神，而且澄清了湘江战役是在湖南境内发生的这一认识误区。这次研讨会也为后来桂林发展红色旅游奠定了一定的基础。”

“我跟袁鼎生合作的《漓江》(漓江出版社，1998)这本书，对以漓江为代表的桂林山水及其旅游的认识和研究，又提高了一个档次，提出了大桂林旅游区是以桂林市区为核心，以世界旅游黄金水道——漓江为品牌的一个系统的整体性区域；提出了以资源、兴安、龙胜为核心的桂林旅游‘金三角’概念；提出了大桂林旅游区开发‘三化’，即系统化、网络化、一体化，发表的文章主要有《试论大桂林旅游区建设》《桂林文化特征研究》等。我做了桂林与张家界旅游资源比较研究。当时我们也学了比较文学理论，就是拿这个时代的作品与那个时代的作品与同一个时期不同作者的作品来进行比较研究，因此比较研究这个方法我也用得比较多，我重点把桂林的景观跟张家界的景观进行比较，强调桂林山水相融相依的灵动美，张家界的山很漂亮但缺少水，其审美价值因此大打折扣。通过比较研究，桂林山水的审美特色就出来了。”

“2007 年 9 月，我执笔完成了《做强做大桂林城市是桂北区域经济跨越式发展的必然选择》的课题研究。强调从性质上说，‘桂林是城市，是世界著名的风景名胜城市’，桂林的定位是建设现代化的国际性旅游城市，旅游是桂林特有的优势资源，漓江更是世界旅游的黄金水道，因此要进一步完善城市服务功能，提高城市发展质量、文明程度和国际化水平。在这里，我们论述了完善城市功能的重要性，实际上也是在说明城市功能对旅游业发展的重要性。2009 年 2 月，我和桂林市政协袁绪祥在《社会科学家》发表《疏解提升桂林老城的调查与思考》一文，在分析桂林老城经济社会发展存在主要问题及原因时，提出了‘历史文化名城风貌与自然山水风光的融合匹配相对逐步下降’，导致现代旅游与历史文化、山水文化的整体结合不佳，导致旅游产品单一和旅游的综合效益不佳这一重要问题；也提出了‘城市的主体功能不突出’，导致城市规模偏小产业布局缺少空间依托，无法突出旅游的主体功能等。”

依然是从城市整体上看旅游。

“2008 年市政协出面组织做漓江保护方面的调研，由我主笔完成调研报告。我在报告里就强调了两个概念：一是桂林旅游这么重要，又要保护漓江，我们请求国家把桂林作为旅游综合改革试点的地区；二是请求国家大力支持桂林发展环保产业。提到的这两个概念，我印象非常深刻。调研内容作为民建中央的提案在 2009 年全国两会拿出来了，2009 年 12 月份国务院以 42 号文发了加快广西发展的意见，其中讲到了桂林建设国家旅游综合试验改革区，打造国际旅游胜地。2011 年 2 月，桂林市人大通过了《关于加快推进桂林国家旅游综合改革试验区的决议》，这个决议稿也是我受托起草的。”

“2011 年 5 月，我作为课题负责人和总执笔，完成了《桂林与东盟旅游合作路径研究》。我们首先阐述了研究背景和研究意义，认为作为广西旅游龙头的桂林在中国东盟自贸区建设中面临前所未有的机遇，指出全面推进桂林与东盟旅游合作的条件已经成熟，提出了‘以桂林为龙头全面整合广西旅游资源’‘打造桂林国际旅游品牌’‘发挥桂林在国内旅游合作平台的特殊作用’‘发挥桂林在世界旅游中的特殊作用’四大路径，研究成果深受好评。”

“桂林国际旅游胜地建设上升为国家战略以后，我先后写了《充分发挥高新区在建设桂林国际旅游胜地中的龙头作用》和《智慧旅游与桂林国际旅游胜地核心竞争力的提升》等文章，从具体区域、具体竞争力点来论述胜地建设问题。如在关于高新区那篇文章里，我论述了桂林高新区在建设桂林国际旅游胜地中处于龙头地位、具有重要的支撑作用、高新区是加快胜地建设的主战场，提出了树立全市一盘棋思想合理布局差异发展、强化高新技术孵化功能推动产业集成发展、构建地方与高校科研院所合作发展平台等主要举措。在关于智慧旅游那篇文章中，我论述了打造智慧旅游城市是提升桂林国际旅游胜地核心竞争力的重要支撑、推进旅游信息化建设是打造桂林智慧旅游城市的重要前提，提出了加快桂林智慧旅游城市的路径选择是制定规划、有序推进、加大保障力度等。”

研究问题依旧是从“三论”原则出发。

“2013 年，我在桂林市经济学学会还是副会长的时候，跟颜邦英会长和阳国亮书记一起搞了灵渠和相思埭的调研。调研报告原计划是几个调研组分头写再综合，我觉得这样不行，还是集中搞，后来决定由我来写。我们经过讨论，最后提出建设以漓江为核心、以灵渠和相思埭首尾相连旅游通航的泛漓江水系工程，为泛漓江流域旅游发展提供水系支撑和产业支撑。我觉得这个概念比较重要。”

“2013 年 3 月，受桂林市政协的委托，在市政协副主席袁绪祥、党组成员余秋平的直接领导下，我主持完成了‘桂林美食文化丛书’的编撰，该丛书是在自治区政协主席陈际瓦倡导下，由中共桂林市委、桂林市人民政府委托桂林市政协承办的工作。我作为丛书的主编，拟定了《食在桂林》《桂林美食文化趣谈》《桂林美食地图》的书名及其各书编纂框架，还担任《食在桂林》《桂林美食文化趣谈》的主编，并统改、审定丛书的文稿和图片。《食在桂林》《桂林美食地图》《桂林美食文化趣谈》三书，由广西师大出版社于2015年、2016年和2017年出版。丛书的出版，为桂林饮食及饮食文化研究开创了新的领域，也为桂林国际旅游胜地建设添了砖加了瓦。”

地市合并以后到王清荣先生退休出任桂林市经济学学会会长期间的这些年，用他自己的话说，就是已经在整体上、用战略思维系统地研究桂林旅游了，而且得出了很多独到的研究结论。

三说：“我在经济学学会仍坚持探讨桂林旅游”

2015 年 11 月下旬，桂林市经济学学会换届，王清荣先生被推举为会长，到上个月已整整做了五年。由于近两年我也参加过学会的一些活动，因此我知道学会这五年来在会长的重视之下，会长本人和学会对桂林旅游的建设和发展也有不少的作为，接下来我便请他再说说这方面的情况。

“我接任学会会长一职不久便是 2016 年。这一年刚好是国际旅游胜地建设时间过半，自治区和市里要搞一个中期评估，我们就拿到了中期评估这一课题。我们组织一个小组来做，主要还是我带领唐荣发、杨启诚、秦胜忠、兰章等同志来完成课题。由我拿出中期评估报告的框架，然后他们出初稿。他们的业务水平是不错的，也是很得要领的。我邮箱里面有很多东西，他们全部可以看得到。做中期评估，我们先是花了很多时间搞调研，然后对 4 年间国际旅游胜地建设做法成效进行归纳总结，并拟出了需要上级部门解决的问题的建议。我们的中期评估报告写得还是比较到位的，市里面特别是市委、市政府领导也给予了肯定。中期评估报告要素齐全，没有缺项，又有一定高度，通过了自治区的评审。2016 年，学会做了一个桂林市工艺美术产业发展前期规划，是市工信委委托的。我带领秦立公、徐善生、盘福东、王秋红等同志开展调研，在调研过程当中我拟定前期规划框架以后，由秦立公拿出规划初稿，经讨论后由我统改。我们提出旅游要发展，要增加附加值，就要多生产美术工艺品，让客人购买。有桂林特色的工艺美术品，跟旅游是很有关系的。2016 年主要是这两个课题，与旅游相关联比较多。”

重要的报告，再次彰显了会长以及学会成员的实力。

“2017 年，与旅游有关的做了两件事：一是我带领秦立公、徐善生、盘福东、王秋红等同志承担并完成了‘桂林生态文化旅游融合发展研究’这个课题，为后来撰著‘漓江智库丛书’之首部著作《生态文化旅游融合发展的桂林样本——基于国际旅游胜地建设的视角》一书奠定了基础。二是完成了《桂林国家可持续发展议程创新示范区规划（2017—2030）》和《桂林国家可持续发展议程创新示范区建设方案（2017—2020）》。我是以桂林专家组组长的身份，带领钟可安、杜文忠、王学林、邱云、阳幼生、蒋永光、王秋红等十几位同志去做规划和建设方案，以争创国家可持续发展议程创新示范区。在长达 8 个月的时间里，我们先后修改《规划》和《建设方案》文本达 30 多次，并将‘景观资源保育和利用’作为桂林的主题。无论是国际旅游胜地建设也好，还是国家可持续发展议程创新示范区建设也好，最根本的东西就是推动桂林经济社会的可持续发展。这样确定主题其实就是把国际旅游胜地和国家可持续发展议程创新示范区建设结合在一起了。由于所有材料准备到位，再加上市长、书记先后亲自到北京答辩，桂林最终获得了首批示范区建设资格，而全国当年获得这个资格的城市只有太原、桂林、深圳三个。”

“讲到改革开放 40 年，就是 2018 年了。我作为桂林专家组组长，受市委宣传部委托，组织相关专家和市直有关部门起草纪念桂林改革开放 40 周年的大文章。主标题是市委主要领导定的，副标题是我想了一个星期想出来的。‘以保护漓江为核心的可持续发展实践’这个副标题，实际上就把国际旅游胜地和国家可持续发展议程创新示范区串在一起了。这篇文章得到了中宣部的充分肯定，该文被收入《改革开放与中国城市发展》（人民出版社 2018 年出版）一书中。桂林也最终被确定为国家重点宣传的 40 个城市之一。2018 年这一年，学会还在我的主持下，基本完成《生态文化旅游融合发展的桂林样本》一书的写作。”

“2018 年 11 月，学会还牵头举办了一个旅游方面的专题研讨会，就是《以‘世界一流’为目标打造桂林国际旅游胜地》。办研讨会方案确定后，学会先后联系了市社科联、市旅发委给予支持，联系了保继刚教授、王兴斌教授、阳国亮教授等几位国内著名专家到会作主旨演讲，也联系了一批工作在桂林的知名旅游专家作重点发言。研讨会开得很成功，市委主办的内部刊物《今日桂林》专门发了增刊，发表了专家们的文章。”

2017 年、2018 年这两年，所做的旅游研究还真不少，我急着想听他讲 2019 年了。

“2019 年在旅游研究方面稍微少了一点，主要是办了一个陶文化的专家座谈研讨会。桂林陶文化在桂林历史文化百花园中，有着绚丽多彩的一面。甑皮岩出土的古陶，为桂林赢得了‘万年智慧圣地’的荣誉。我们办这个专家座谈研讨会，是想营造一个氛围，就是通过陶文化来进一步彰显桂林国际旅游胜地的影响力，吸引更多的旅游者到桂林来。座谈会也开得很成功，这方面的事情我们今后还要继续做。2019 年这一年，我们还用了大半年的时间，完成了广西壮族自治区扶贫办委托的课题：总结广西脱贫攻坚战打响以来的经验做法。这个当然不是旅游方面的专门课题，但由于旅游在扶贫工作中的重要性，也由于广西同时又是旅游大省，所以我们在研究确定总结扶贫工作内容时，很自然地在总结旅游对扶贫的作用上下了功夫，比如桂林的龙胜等广西的几个县在这方面都是很成功的。”

“关于桂林旅游发展，还有一个问题是我思考时间比较长的，这就是构建泛漓江流域旅游区的问题。”

“您对这个问题是怎样思考的？”我问道。

“泛漓江流域旅游区的概念源自阳国亮教授，我在 20 世纪 90 年代中后期发表有关大桂林旅游区建设的论文中偶尔会提到这个概念，但没有详述。真正关注这个问题是在 2010 年 9 月我主持完成《关于构建科学保护漓江长效机制的调研报告》之后，尤其是 2013 年参与市经济学学会调研灵渠和相思埭课题时，我总执笔完成灵渠、相思埭这两个专题研究报告和灵渠、相思埭课题总研究报告中，用了一定的篇幅论述以构建以漓江为核心、以灵渠为首、以相思埭为尾连通湘江、柳江旅游通航的泛漓江流域旅游发展格局，从而为构建泛漓江流域旅游区提供水系支撑和旅游产业支撑。”

那以后您还提过什么新的观点吗？

“国家主席习近平提出‘一带一路’倡议之后，我在相关研讨会以及所发表的相关论文中，包括在已出版的《乡村旅游与桂林国际旅游胜地建设》等书中，对发展泛漓江流域旅游区提出并强化了加快规划实施泛漓江流域水系工程，把桂林打造成为‘21 世纪海上丝绸之路’旅游合作示范区和‘丝绸之路经济带’旅游合作对接区的观点。2017 年年底又提出把《泛漓江流域旅游发展研究》一书作为‘漓江智库丛书’第二部著作的设想，并按此设想拟出书稿框架提供给学会会长扩大会议讨论，力争 2021 年出版。”

“至于桂林旅游未来发展的趋向，我认为，随着世界一流国际旅游胜地和特色鲜明国家可持续发展议程创新示范区的全面建成，在 2030 年前后，桂林将有望成为亚太乃至世界旅游集散中心之一。这种判断，已在相关的论文和著作中进行过论述。”

做会长这五年来，旅游研究年年做，研究成果年年有。客观上讲，在桂林研究经济领域的问题，旅游方面多一些也是很自然的，不过这无疑又与王清荣先生的工作经历、思维方式和研究功底有着密切的关联。他善于从战略上探讨问题的习惯，也会让他关注旅游，因为他是经济学学会会长。他在其他方面的研究和成果也一定很多，但限于访谈的主题，就没去了解了。

阳国亮先生访谈录

（访谈时间：2020 年 8 月）

访谈阳国亮先生之前，我拟定了三个方面的内容，建议先生在我访谈时重点谈谈。这三个方面是：①您推动桂林旅游发展的主要经历；②您过去研究桂林旅游发展的一些主要观点；③您对桂林旅游现状的评价和今后如何发展的思考。阳国亮先生听后笑着说，你这几点都是大题目啊。

的确，这几个题目看上去好像不算小，但我觉得这对阳国亮先生是合适的，阳先生多次在各种场合讲述过旅游研究方面的见解，都深深地打动了我和在场的其他人。尤其是阳国亮先生善于从理论和战略的角度探讨和谈论旅游。作为桂林人，阳先生对桂林旅游的思考是十分深入的，见解也是非常独到的。不过，我也做好了阳先生不按我所出题目谈桂林旅游的准备，或者说更期待他按照自己的“所思所想”来接受我的访谈，因为阳先生的高度以及视角，一定会令我有更多的收获。

阳国亮先生，二级教授，博士生导师，国务院特殊津贴专家。历任桂林地委党校副校长、桂林地委宣传部部长、平乐县委书记、广西壮族自治区党委宣传部副部长、广西师范大学党委副书记、桂林理工大学党委书记、广西大学党委书记、广西社科联副主席，兼任过广西师范大学旅游科学研究所所长、广西大学旅游研究院院长。现任广西大学区域发展研究院院长、广西体制改革研究院顾问、广西城市经济研究会副会长、广西儒学研究会顾问等。

8 月上旬，趁阳国亮先生回桂林两天参加会议之机，我终于得到机会，在先生退休（阳国亮先生是 70 岁退休，今年退休）之前，实现了访谈计划。

一说：“我与桂林旅游”

“推动桂林旅游发展，我推不动，也没有推动的力量。对桂林旅游，只是感兴趣，没有做多大的贡献。”

访谈一开始，阳先生就显示出他一贯低调的作风。

“我是桂林人，热爱桂林，怎么把桂林推介出去，让桂林山水能够变成推进桂林发展的动力，这些倒是我经常思考的问题。在桂林地区工作的时候，我在地委党校，从那个时候，对桂林旅游的研究实际上就已经开始了，时间应该是在20世纪70年代初中期，当时是从地区的角度，考虑旅游要考虑地区的发展，所以从这个角度思考得多一点。对桂林旅游本身的探讨，是在桂林旅游研究会成立之后的事情，我是第一批会员，最早的会员。”

“我最早是从桂林地区经济发展的角度去思考旅游的。当时关注的是兴安，兴安的旅游资源主要是灵渠，据分析，兴安游客数量相当于桂林游客的十分之一，已经不算少了。当时我们还想开辟永福的旅游，我跟李继荣去调研了永福的寿城。那是1976年，我们到永福调研，发现永福寿城有丰厚的旅游资源，特别是县城郊外的百寿岩是很有旅游价值的景区，可以发展旅游产业。后来，我们在地委党校学报《漓江论坛》上发表了相关的文章。”

“所谓的‘大桂林旅游’，当时是我最早提出来的，桂林市不会提大桂林。为了使桂林地区的旅游能够搭上桂林市旅游的车，我们提出了‘大桂林旅游’。‘大桂林旅游’强调把大桂林的旅游资源整体用起来，桂林的旅游就会得到进一步的发展。这是当时从桂林地区发展旅游的角度做的小事情。‘大桂林旅游’提出来的时间大概是在1976年。”阳国亮先生研究旅游，真是很早就开始了。

我问阳先生，对桂林市的情况，您关注的大概有哪些？

“1985年，桂林市对旅游发展战略发生了争论，到底是发展旅游好，还是发展工业好，市里面争论激烈。20世纪60年代至70年代初，桂林和柳州的工业产值比，是差不多的，柳州略高于桂林一点，但可以忽略不计。到了改革开放初期，差距就拉开来了。原因就是从1973年桂林开始发展旅游。是年，邓小平陪特鲁多来游漓江，在对区市领导的讲话中说，漓江不仅仅是桂林的漓江，也是全国的、全世界的漓江，要保护好。之后就叫谷牧副总理来调整产业结构，很多重化产业调下去了，尤其是瓦窑工业区，基本上没有了，最后还剩下轮胎厂。从保护自然生态环境的角度讲，关掉一些工厂是必要的，尤其是桂林。轮胎厂当时在市财政里面占大半壁江山，市财政的主要收入靠轮胎厂。主张发展工业的人就以此为例，说如果当时把轮胎厂也关掉，那桂林怎么发展？按当时的情况，旅游是根本上不了台面的。当时的旅游，能够算进GDP的，一块是景区门票收入，一块是旅游宾馆收入。这两部分在财政中所占的比重相当小（这里也有统计口径的问题）。主张发展工业的同志以此为据认为，桂林应以发展工业为主，主张发展旅游的同志认为桂林具有发展旅游的资源优势，应当发展旅游。所以就产生争论。在这期间，我写了半篇文章，就这一争论提出了看法，发表在《桂林经济研究》上。所谓半篇，就是回答了这个问题应该怎么看，桂林应该是一个什么样的产业结构。后半篇应是具体回答桂林应当怎样优化产业结构。后半篇因在中央党校读研究生忙于其他课题，没有时间续写。前半篇文章认为，工业和旅游之间没有绝对的矛盾，主要是看发展什么样的工业。后来我也一直在讲这个观点，工业与旅游真的不是绝对矛盾的，它没有绝对的对立性。不是你发展旅游了，就不能搞工业了！它的相对对立性在哪里呢，就是看你办什么样的工业，你办的工业如果破坏了自然环境，损伤旅游资源，矛盾就产生了。桂林应当办什么产业，文章提出，应当以信息产业为主，大力发展高新技术产业。从现在的情况看，大体如此。那篇文章，大概写于 1987 年。”

“1996 年 8 月我从南宁回到桂林工作，到广西师大做副书记。到广西师大之后，研究旅游开始有点条件了。其中主要是做了靖江王城旅游开发规划。当时广西师大黄介山书记决心开发王城旅游。为开发王城，广西师大专门组建了一个班子即旅游研究所，由我任所长。我带领全所人到全国各地考察，如北京、承德、南京、嘉庆。南京有科举展览馆，嘉庆还保留着明朝的江南贡院和科举考场。考察之后，制订出靖江王城的开发方案。为开发王城，我们引进了戴东升董事长，他们在北京办了恭王府，我们也去看过了，知道他们有经营这类景区的经历和经验，决定与他们合作。广西师大合作的公司，是从学校劳动服务公司转化过来的，劳动服务公司总经理谢朝文被任命为王城景区管委会主任。谢就以这个身份作为甲方，戴他们作为乙方，来开展合作。这从王城旅游的角度看，是一个很好的合作方式，王城景区就这样开发起来了，而且现在做得非常好。”

独秀峰·王城景区现在已经是颇具名气的国家 5A 级旅游景区，最早就是这样起步的。我虽然从有关资料上也看到过一些，但从创办策划者这里直接听到，还是第一次。

阳国亮先生从原桂林地区，到原桂林市，再到新桂林市，对桂林旅游的建设发展，实际上是一直关注和研究探索的，所做的贡献也是多方面的。

即便是最近几年，已从广西大学党委书记岗位上退下来的阳先生，也还在为桂林旅游业的发展操心。这里再举一个例子，2019 年 10 月 1 日开业的全州乡村振兴项目——“大碧头国际旅游度假区”，就是他担纲策划和规划的，项目取得很大的成功。阳国亮先生自己评价这个项目说，“大碧头景区将中华文化与休闲旅游结合，在促进就业、帮扶贫困上的优异表现是广西旅游业扶贫的典范。”

二说：“我主要从理论和战略方面研究旅游”

接着，我和阳先生谈起旅游研究方面的话题。

“我当初在党校是从事马克思主义经济学的教学、研究的。我从马克思主义理论的角度，研究过旅游的劳动生产性的问题。在原有的一些理论当中，旅游不属于生产部门，它不生产物质产品出来，只是在对物质产品的二次分配当中，才起作用。所以马克思之前的资产阶级经济学家都这样认为，旅游是不生产物质产品的，它是服务部门，不具有生产性。对此，我就旅游的劳动生产性做了分析研究，认为旅游也是具有劳动生产性的，目的就是要使全社会重视旅游。旅游在整个国民经济中是很有地位的，要从根本理论上来论述这个道理。旅游的劳动生产性是从资本的价值生产这个角度去考虑的，只要给资本增加了价值，就具有劳动生产性。马克思提出了资本的价值生产理论，用马克思的这个理论来分析旅游的劳动生产性，就可以看到，旅游能够生产价值，与物质生产部门一样，能够为社会生产价值。这是从基础理论角度，而不是从具体经济运行角度去说明问题的。我写的一篇文章在国内都是比较早的，可惜没发表，只是在参加旅游学会的研讨会时提交给研讨会了。研讨会那时也没有出文集，开始没有出文集的习惯。大家读我这篇文章，是要点理论功底的，否则读不懂，或者说读懂了也不能理解其中的深刻含义。”

阳先生说，他之所以会这样去研究旅游，也是由于生长在桂林这样一个著名旅游城市的原因，桂林是一个能够激发人的研究灵感和动力的地方。

“20 世纪 80 年代中后期，随着国内旅游的悄然兴起，我又开始探讨国内旅游理论问题。90 年代初，我写了一篇文章，叫《论国内旅游业》。几经修改，我的这篇文章于 1994 年初在《学术论坛》发表，后来被人大复印资料采用。几年后桂林旅游学会编了一本书即《国内旅游理论与实践》，也把它收了进去。可以说，对国内旅游这一块，我的关注和研究是比较早的。当时国内旅游是不倡导，没有启动的。我认为要把国内旅游启动起来，就必须要认真研究，积极呼吁。”

我请阳先生谈谈他当时研究国内旅游的一些观点。

“在那篇文章里，我主要论述了这么几个大的问题：一是国内旅游业在国民经济中的地位和作用，强调它在回笼货币、提供就业、促进其他生产、繁荣地方经济、积累国家建设资金、提高人民文化素质、促进思想观念更新等方面都具有重要的地位作用；二是分析了国内旅游业和国际旅游业的关系，提出国内旅游业是旅游业的先导，是整个旅游业的基础和主体，是调节旅游市场、提高旅游设施利用率的重要手段等观点；三是论证了发展国内旅游业的条件已经成熟，文章从国民收入的提高、旅游资源的条件及其开发、法定假日的增加、旅游接待设施建设、国内旅行社的准入等方面说明发展国内旅游条件已基本具备；四是提出发展国内旅游业必须采取的有效措施，我认为应该进一步提高对国内旅游的认识，应该促进国内旅游与国际旅游的均衡发展，协调好国内旅游和国际旅游的关系，应该改善和加强旅游服务及管理体系，应该加强旅游从业人员的教育培训。”

“国内旅游现在已经蓬勃发展起来了，但在当时还处于不倡导阶段，当时人们认为旅游是资产阶级生活方式，认为旅游就是强调‘玩’，是资产阶级思想的表现。改革开放后，有所放开，但也是‘不提倡，不宣传，不反对’。由于认识问题没解决，接待设施建设问题、服务及管理问题自然就不少了。在这样的背景下，从理论上解决一些问题，从认识上解除一些疑虑，从操作上提出一些意见，就显得尤为重要。当然，后来情况不同了，国家对国内旅游的政策变成‘并重’和‘大力发展’，回头再看当时的一些理论、一些说法可能是显得浅显了。”

“我研究旅游生产性理论和国内旅游问题，其实也是托桂林的福，如果我不是桂林人，或者不在桂林、广西工作，可能也就不会去关心旅游和研究旅游了。”

阳先生仍旧口口不离桂林。

“除了从基本理论上研究之外，再就是从战略上思考旅游。我发表过《广西旅游发展的战略选择》《在中国—东盟自贸区框架下，广西深化与东盟旅游合作研究》《走向区域合作大战略——再论泛漓江流域旅游圈》《试论乐业旅游的发展战略》等。在与黄伟林共著的一本书《多维视角下的旅游文化》里，我着重谈的也是广西旅游发展的战略问题。另外，我在指导学生写论文时，也是让他们注重战略研究，如《生态经济》2012 年有一篇我和学生署名的文章《广西入境旅游市场提升战略研究》，《广西大学学报》2009 年有我和学生的《导入 CIS 战略塑造广西北部湾经济区旅游形象》，还有《旅游品牌竞争力的评价及提升对策研究》，等等。”

“发生在桂林的大量的旅游实例，能够让有心研究旅游的人去捕捉研究的高度，所以说桂林是一个能够让你去研究也能够让你出研究成果的地方。”

又说回了桂林，我干脆请他说说对桂林旅游发展的战略思考。

“对于桂林，其实我想的更多。我认为桂林的旅游，是大有可为的。我专门写过一篇文章，叫作《新时代桂林国际旅游胜地建设战略新思考》，并应邀在

2018 年年底桂林的一次旅游研讨会上做了主题演讲。”

“我认为，经过几年的艰苦努力，桂林国际旅游胜地建设取得了阶段性成果，旅游接待总人数、总收入增幅不小，旅游产业结构、质量效益均有较大提升。现在必须要明确胜地建设的中长期目标，进一步缩小差距，使桂林国际旅游胜地真正成为‘世界一流’的旅游胜地。这个中长期目标，就是今后 30 年新时代桂林旅游的战略目标。我提出是分两步走：一是到 2035 年，奋斗 15 年，建成‘世界一流’国际旅游胜地；二是到 2050 年，再奋斗 15 年，将桂林建成超一流、结构立体优良、引领世界休闲潮流的现代化国际旅游都市。”

“在我的设想里，桂林要建设‘世界一流’国际旅游胜地，其路径是打造‘世界休闲度假旅游之都’。我认为，桂林建设世界一流旅游胜地阶段性目标，就要适应世界旅游发展潮流发展‘休闲度假旅游’，建设‘世界休闲度假旅游之都’。把旅游城市发展成为休闲城市，除了世界潮流，在我国，这也是提高人民对美好生活向往的客观需要，这样做既适应国际旅游发展也适应国内旅游的发展趋势。同时发展休闲旅游对提高本地市民的生活水平、质量又大有好处。桂林这方面的资源、发展潜力不小，优于很多城市，是大有可为的，在现有基础上加大力度即可。”

“如何打造‘世界一流国际休闲度假旅游胜地’？我的建议是：①科学布局休闲旅游空间，优化以场域功能为主体的休闲旅游空间要素结构体系；②创新休闲度假旅游体系，优化服务于休闲度假游客的休闲旅游产品体系；③不断解放思想，以‘世界一流’的高标准确立桂林休闲度假旅游的新发展理念；④大胆采用倒逼机制，推动桂林跨越式发展；⑤加大桂林文化、体育、中医药扶持发展步伐，形成标志性的休闲健康产品。对上面每一点，我都还有更具体的考虑。”

不愧是大家，说起来就是不一样。我一边听着，一边也陷入了沉思，仿佛自己就已经走进了他设计的这个“休闲之都”里面。跟着阳先生的思路，桂林国际旅游胜地的美好未来已在脑中，已现眼前。

三说：“希望‘泛漓江流域旅游圈’构想能实现”

十多年来，“泛漓江流域旅游圈”这个话题都还时常出现。最早提出这个概念及其构想的，就是阳国亮先生。这次访谈，我自然要再次就从构想和有关情况做些请教。

“那我先说说这个构想是怎么来的吧！过去我还很少谈到这一点。我在广西师大主要是分管学生工作的。2002 年的暑期，我们开展了一个很好的活动，就是漓江流域全面建成小康社会的调查，组织了两届 2000 多大学生参加。其间，我们几乎走遍了桂林 12 个县，因为漓江发源于猫儿山，连猫儿山我们都是从山脚爬到山顶的，也就是说，整个漓江流域那更是走了个遍。调查主题是漓江流域怎么建成小康社会，自然也就谈到旅游业的发展。如何发挥旅游在漓江流域全面建成小康社会中的作用，我一直不停地进行思考。我们这个课题延续了两年，形成了一个关于桂林经济社会发展特别是漓江流域全面建成小康社会的调研报告集。这个课题的完成过程，让我最终比较系统地形成了‘泛漓江流域旅游圈’建设发展问题的构想。也就是说，‘泛漓江流域旅游圈’的构想就是从这次大型调研活动中而来的。”

阳国亮先生对这个构想又用简短的语句做了概括。

“我提出的‘泛漓江流域旅游圈’的概念，是在大量调研活动的基础上经过全面思考提出来的，指的就是以桂林为核心，以漓江的自然流向关系和旅游流向关系为基本依托的区域旅游合作系统。这一系统的基本架构呈核心轴圈结构，即一核心、三圈层、四轴线的区域网状格局。所谓一核心即以桂林市区为中心形成核心圈层；三圈层即漓江中上游围绕桂林市已初步形成的环城游憩带、环城风景带两圈层，加上正在形成的邵阳、贺州、柳州、三江的辐射带为第三圈层；四轴线即东向广东、西向贵州、北向湖南、南向南宁及北海的四大辐射轴。”

“2005 年 9 月，为了论证和宣传这个构想，在桂林市政府的支持之下，由桂林市旅游局、桂林高校旅游发展研究中心、《改革与战略》杂志社、广西师范大学旅游研究所、桂林工学院管理学院等单位共同发起‘泛漓江流域旅游圈’发展战略研讨会。当时我已完成了两篇论文，一篇是《论泛漓江流域旅游圈》，一篇是《走向区域旅游合作大战略——再论泛漓江流域旅游圈》。后来这两篇论文被《改革与战略》杂志刊用了。在这两篇论文里，我较为全面系统地阐述了我的构想。我认为，从‘大桂林旅游圈’到‘泛漓江流域旅游圈’是我对桂林旅游发展战略思考的产物。我在这次研讨会上做了主题演讲，我用图示的形式对‘泛漓江流域旅游圈’做了深入浅出的阐述，也对构筑“泛漓江流域旅游圈”的意义和可行性，培育和构建的路径和措施进行了论证和分析，提出‘桂林旅游要在广西旅游强省的建设中发挥“龙头”作用必须走协作的道路，实施区域旅游合作大战略’。并论证了‘泛漓江流域旅游圈’是实施区域旅游合作的良好平台。由于通知联络较早，大家大都是有备而来，不少与会者也介绍了他们的观点。桂林市副市长潘建民博士、桂林旅游高等专科学校校长李丰生博士等均做了比较有质量的发言。潘建民认为，'泛漓江流域旅游圈'区域旅游合作的战略具有重要的意义，从研究方向上丰富了市政府和各县政府发展旅游和地域经济的战略构想；从理论上创新了旅游区域合作的理论；李丰生提出了建立'无限制旅游'的观念，建立跨区域旅游营销的网络，建立化竞争为合作的旅游方式，树立新形象、明确新角色的建议。与会专家也都认为，从'大桂林旅游圈'到'泛漓江流域旅游圈'，是新形势下区域旅游合作战略的要求。培育和构建'泛漓江流域旅游圈'，有利于做强做大桂林旅游龙头，有利于发挥桂林旅游在广西建设旅游强省中的带动作用，有利于适应旅游市场的新变化，实现广西旅游业的可持续发展。研讨会开得非常成功，自治区有关部门和桂林市政府及有关部门的领导、学者以及联合国官员伯纳德·吉米内斯先生都参加了会议。"

"最后要说说我的希望，那就是我的这个泛漓江流域旅游发展的构想没有引起真正的重视，当然也还没有成为现实。希望能够再创造机会引起人们的重视并在桂林旅游发展中发挥作用。"阳国亮先生这样说道。

我个人也始终认为，这个构想是非常不错的，2005 年 9 月我已经在市旅游局局长的任上，所以我大力协助办成了那场研讨会，但我也感到遗憾的是，阳国亮先生的这个构想已经提出 15 年了，至今也确实还没引起重视。阳先生自己也说，2006 年，他还把这个构想和那次研讨会的文集交到了自治区主要领导的手上，因为他认为这个事情涉及面较广，需要从自治区层面来大力推动。不过后来可能是由于自治区忙于中国东盟博览会了，没顾上桂林泛漓江的发展构想。不过不管怎样，至今我依旧觉得现在去促成这个构想的实现照旧合适，也仍然不晚。

此刻的我，和阳国亮先生的心情完全一样，就是希望"泛漓江流域旅游圈"的完美构想能够得到实现。

对阳国亮先生的这次访谈就结束了，访谈使我更加深入地了解了阳国亮先生，他研究探讨旅游业发展重大问题的态度、他从理论和战略高度解决实际问题的思维和行动方式、他严谨的治学和把握、探索关键问题的敏锐度等，都给我们做出了很好的榜样。

刘洪发先生访谈录

（访谈时间：2020 年 10 月）

早在 1935 年，爱国民主志士吴迈先生写了《桂林山水》一诗，其中“群峰倒影山浮水，无山无水不入神”被世人广为传颂。其实这首诗的前两句，是“桂林山水甲天下，阳朔堪称甲桂林”。吴迈的诗，赞美了桂林，赞美了阳朔，说阳朔风光在桂林又是最好的。实际上这后两句，也同样流传于世。正是这样一个阳朔，以其优美的自然风光，多少年来也一直名气超群，成为中外游客所喜爱的旅游名县，每年吸引着大批国内外旅游者。

对桂林旅游发展情况进行访谈，当然不能不包括阳朔。我左思右想，决定找一下曾任职阳朔县县长助理，也担任过阳朔县旅游局局长的刘洪发先生。我在市旅游局工作时，他刚好在任，我清楚地记得当时我们经常聊起阳朔旅游的事情。他给我最大的印象，是他有思想、善作为，对阳朔旅游发展充满激情。退休以后，中山大学教授、联合国世界旅游组织旅游可持续发展观测点管理与监测中心保继刚主任还特聘他担任阳朔观测点的观察员，可见保教授这样的大家对他也是非常看重。

前几天，刘局长正好有事从阳朔来到桂林，我便抓住机会约他，我们利用半天的时间，就我所要访谈的内容，整整聊了几个小时，后来他还通过微信传来了一些补充资料。

一说：“中国县域旅游发展中有一个‘阳朔现象’”

阳朔旅游资源独具特色，旅游业在全国率先起步，发展迅猛，在国际上也有着极大的影响力。旅游业带动和促进了全县经济社会的发展进步，阳朔早已成为中国旅游的名县、强县。阳朔的这些成功实践，被称作“阳朔现象”。多年来，“阳朔现象”作为中国旅游业发展过程中的一个特有名词，常常出现在各种旅游专业会议以及旅游专家的诸多文章之中。这次访谈，我们很自然就首先聊起了“阳朔现象”。

“的确，中国县域旅游发展中有一个‘阳朔现象’。关于这一现象，很多专家学者研究过，这方面的文章、专著不少。我对这个问题也做过思考，我认为‘阳朔现象’的内涵比较丰富，现象之一是阳朔县党委政府长期坚持‘旅游立县’战略，确保了旅游产业可持续发展。”

看来，刘局长平时常有所思，话题一扯开，便显示出他的系统性见解，我不去插话，专心听他一口气说完。

“阳朔县1990年党代会确定‘旅游立县’发展战略，至今已有30年，从未改变过。发展目标从最初提出‘从旅游中转站成为旅游目的地’，逐步明晰为‘从旅游资源大县成为旅游经济强县’‘从中国旅游强县成为世界一流旅游目的地’。这一发展目标定位，几十年一以贯之，不因党委政府换届和领导人更替而改变，实属不易。确保了阳朔旅游产业发展的可持续性。”

“现象之二是坚持旅游产业发展与当地居民生活水平提高相结合，社区居民参与程度高，百姓受益面广。阳朔不同于国内某些以外地人投资经营受益为主体的旅游目的地，由于景区景点遍布乡村，可以说是在老百姓中间发展旅游业。我们32万人口，直接或间接从事旅游服务的人数就达10万人以上，居民参与程度之高，百姓受益之广，在中国县域旅游中罕见。以遇龙河景区为例，景区范围涉及3个乡镇，9个村（居）委，40多个自然村，人口20000多人。沿河两岸群众每年从遇龙河景区旅游发展公司直接分红就达1000多万元。仅竹排漂流一项，解决了当地3000多个村民就近就业问题。在阳朔，一江一河，十里画廊、百里新村、千亩茶园、万亩金橘以及广大乡村，既是旅游观赏胜地，也是居民创收福地。通过旅游产业拉动、推动了乡村振兴，实现了旅游脱贫和旅游富民。”

“现象之三是与时俱进敢闯敢试，先发展后规范，不断创新旅游新业态，保持旅游产品多元化，新玩法新亮点层出不穷，永葆目的地的特色与活力。以产品多元化为例、山水观光、漓江、遇龙河、龙颈河风格各异的排筏漂流、自行车骑行、攀岩、洞穴探险、泥巴澡、徒步（其中杨堤到兴坪的徒步旅游曾被列为全国十大著名徒步游线路的第三名）、热气球、滑翔伞、直升机空中览胜、房车营地、如意峰空中花园、西街泡吧、《印象·刘三姐》、《桂林千古情》、中式保健、休闲养生、英语修学等，应有尽有，阳朔被业界戏称为‘中国最大的高级旅游超市’。再以酒店、民宿产业为例，阳朔正在走高端发展路子，整体提档升级。悦榕庄、阳朔糖舍、香樟华苹、阿玛瑞、碧莲江景大酒店、河畔度假酒店、希尔顿等一批高端酒店和精品高端民宿正在崛起，阳朔旅游新业态不断呈现，全面进入高质量发展阶段。”

“现象之四是一些重大项目和标志性的事件，不断助推阳朔旅游快速向前发展。比如，阳朔西街保护性改造，把县城一条普通街道打造成为知名度、影响力很大，客流量长盛不衰的国家4A级旅游景区，留住了游客，拉动了阳朔旅游夜间经济，是一个奇迹。再如，张艺谋大型山水实景演出《印象·刘三姐》，对阳朔旅游乃至经济社会发展产生深刻影响。一是延长了游客在阳朔停留的时间；二是增加了地方财政的税收；三是提升了地方形象和旅游吸引力；四是拉动了相关产业；五是解决地方百姓就业，提高了居民收入。还有桂林千古情景区的建成、漓江升格国家5A级旅游景区及入列中国南方喀斯特世界自然遗产、遇龙河升级国家级旅游度假区等，这些都促进了阳朔旅游经济的快速发展。另外，桂林机场升级改造，桂梧高速、贵广高铁、桂阳高等级公路等‘三高’项目，也都极大提升了进出阳朔交通的便捷性。”

“现象之五是旅游推动地方经济发展，旅游产业拉动效应大，旅游业对GDP、财政贡献率占比之高，全国罕见。2019年，阳朔接待中外游客突破2000万人次，实现旅游消费收入近300亿元。以旅游为龙头的第三产业占全县GDP的65%，对财政贡献率超60%，旅游业对地方经济、社会发展贡献显著。”

“现象之六是引资引‘智’并重，善于发挥专家智库作用，促进阳朔旅游业健康、持续发展。一是与世界旅游组织合作，2005年设立了世界旅游组织旅游可持续发展阳朔观测点，对阳朔旅游产业发展每年进行监测并撰写一份监测报告，反映阳朔旅游发展现状与旅游可持续发展中的问题。在总结成功经验的同时，针对问题适当提出建议，在一定程度上，促进了阳朔旅游的可持续发展。世界旅游组织前秘书长塔勒布·瑞法依曾为阳朔题词‘旅游元素完美胜地，山水人文和谐典范’，对阳朔旅游产业发展评价很高。二是与中山大学旅游学院合作，在保继刚教授主持下，先后编制完成了《阳朔旅游发展总体规划》《遇龙河景区旅游发展总体规划》等重要旅游规划。在保继刚教授大力支持协助下，完成了十里画廊321国道改道工程，这一举措，为遇龙河景区开发建设升格为国家级旅游度假区，发挥了重要作用。”

“现象之七是长期坚持‘绿水青山就是金山银山’理念，像保护自己眼睛一样保护阳朔山水生态环境，确保了旅游产业可持续发展。阳朔是国家首批全域旅游示范区，随着生态环境保护进一步强化，辖区内居民的生产、生活也受到越严格的限制，难免造成生态环境保护与地方经济发展，居民生活水平提高的现实矛盾，如何解决保护与发展问题，促进阳朔经济社会协调发展，阳朔的做法是：一方面对环境污染问题零容忍，不惜以牺牲眼前利益为代价，拆除了漓江、遇龙河流域 17 家工厂企业，关停了县境内几十家采石场和石材加工厂，从源头上根治了环境污染问题，五拆五迁五建成为管理常态。另一方面，大力发展乡村旅游，建立资源共享、利益共享机制，引导辖区居民参与旅游业，就近转移农村富余劳动力。同时，给当地居民适当的经济补偿，做到旅游产业发展与当地居民生活水平提高相结合。以乡村旅游的大发展，促进了阳朔县域经济协调发展和社会和谐。”

刘局长用七个现象作为载体，讲述“阳朔现象”，使人对阳朔旅游发展进程和成就认识得更加清晰。

二说：“世界旅游组织‘阳朔会议’和‘阳朔观测点’”

2005 年 7 月，联合国世界旅游组织“旅游可持续发展指标国家研讨会”在阳朔举行。这是一次十分重要的会议，发表了关于旅游可持续发展方面的《中国桂林（阳朔）宣言》，世界旅游组织在中国设立的第一个旅游可持续发展观测点也同时建立。

这次访谈，我请刘局长回忆一下当时的一些情况。

“这是阳朔旅游发展史上的一件大事，是有史以来首次举办的级别最高的国际会议，就会议内容来说，也是举世瞩目的重要会议，我有幸成为整个过程的亲历者，这次会议确实深刻地留在了我的记忆深处。后来，我还在阳朔县政协《阳朔文史资料》上发过有关文章。”

“大家知道，世界旅游组织是联合国的一个专门机构，致力于促进和发展旅游事业。世界旅游组织选择在阳朔开会并设立全球第一个可持续旅游观测点，源于桂林市与世界旅游组织的合作，以及阳朔旅游产业发展的重要示范意义。”

“2002 年博鳌亚洲论坛在桂林举办了首个专业论坛——旅游论坛，桂林市抓住这次机会，促成世界旅游组织参与主办和该组织秘书长到会致辞，这也意味着桂林与世界旅游组织开展交流合作的正式开始。2004 年 5 月，时任市长王跃飞和你到世界旅游组织访问，在工作会谈以及签署的合作协议里，都包括了在阳朔建立世界旅游组织观测点的内容。”

刘局长谈到的这两件事，我都是当事人，也有着清晰的记忆。2002 年，我陪同弗朗加利秘书长到过阳朔，神奇的阳朔山水和兴旺的旅游发展景象给秘书长留下了抹不去的印象。2005年我陪同王市长去西班牙马德里与弗朗加利秘书长见面，秘书长还几次提及阳朔。为落实双方合作有关事项，当年9月，世界旅游组织官员瓦拉齐先生专程来到桂林，与桂林市旅游局、阳朔县商讨已建立的阳朔观测点具体操作办法。

“2002年11月在桂林举办的‘博鳌亚洲旅游论坛’、2003年12月世界旅游组织在桂林举办的‘旅游目的地开发与管理地区合作研讨会’、2004年5月王市长对世界旅游组织的工作访问，桂林市旅游局紧锣密鼓策划的这些活动，以及这些活动期间安排的到阳朔考察，都成为2005年7月‘阳朔会议’和阳朔观测点正式建立的重要基础。2005年年初，弗朗加利秘书长正式来函，确认世界旅游组织决定在阳朔举办联合国世界旅游组织旅游可持续发展指标国家研讨会。”

一个县级城市，举办世界旅游组织会议和筹备设立世界旅游组织的观测点，在全国恐怕是绝无仅有的，在里面除了世界旅游组织和桂林市的大力支持之外，阳朔县本身所付出的辛苦以及努力是不言而喻的。当然，阳朔是一个有着这方面努力的地方。不过我还是想请刘局长说说当时的工作情形，这实际上也是一个很好的工作案例。

“我从筹备说起吧。这次会议，是世界旅游组织第一次在中国一个县级城市召开的国际会议。我们从会议决定在阳朔召开时，就对会议的规格和影响性有着比较充分的认识，阳朔县委、县政府高度重视，专门成立了会务工作领导小组，制定了详尽的工作实施方案，对会议安全顺利举办、观测点征地以及利用会议众多专家参会时机评审《阳朔旅游发展总体规划》一并做了周密的部署。筹办工作拉开大幕，全县上下共同付出了精心努力。总体上看，会议是顺利的，圆满的。”

“也遇到了一些问题和困难。一是会议地点，阳朔没有国际会议中心，当时也没有高等级的大型酒店，会议选址几易方案均不理想，直到开会前三天才确定最后方案，确定阳朔百乐来度假酒店为主会场。百乐来酒店接待国内外参会正式代表；瑷源宾馆为分会场和新闻中心，接待广西各地旅游局局长及中外新闻记者；丽景假日酒店为市内部分代表驻地。不过，这种分散式的安排给会议所有代表、媒体记者以及会议会务、安保都增加了许多的工作量。二是阳朔没有同声传译设备和专业人员，这让筹办工作领导小组一时犯难。好在后来市旅游局出面帮助，桂林漓江大瀑布饭店答应把整套设备借给阳朔。设备解决之后，会务组又联系北京、上海、广州等地高校和外事部门，最后从广州聘请了两名同声传译人员。就这样，会务工作上的困难就都一一克服了。三是观测点的征地。这件事情不很容易，会期临近但土地征不下来。后来经过乡镇和有关部门反复深入细致地做工作，也加上阳朔的老百姓在关键时刻识大体、顾大局，涉及的农户给予了大力支持，在临近开会的几天前征得了观测点用地，从而保证了观测点奠基仪式的如期举行。”

“7 月 25—28 日，‘世界旅游组织旅游可持续发展指标国家研讨会’在阳朔隆重举行。这次会议由世界旅游组织和桂林市人民政府主办、国家旅游局旅游促进与国际联络司和中山大学协办、阳朔县政府和桂林市旅游局承办，世界旅游组织官员、国家旅游局领导、国内外专家学者以及国内一些省市旅游局人士、旅游企业代表参加了会议，《人民日报》、中央电视台、新华社、中新社、《中国经济时报》、《香港文汇报》、《广西日报》、广西电视台等 30 多家媒体对会议进行了采访报道。”

“会议期间，与会专家学者以阳朔为中国县域旅游发展典型案例，提出了许多研究见解，对旅游可持续发展观测指标的建立和观测数据内容等进行了充分的研讨，对阳朔旅游发展状况做了实地考察。三天的会议采用了报告、研讨、考察等多种形式，开得很热烈、很圆满、很成功。作为会议成果，会议还发表了《中国桂林（阳朔）宣言》。当然，我们当初设计的《阳朔旅游发展总体规划》的评审也如期完成。”

15 年前的这次会议以及阳朔观测点的建立，对阳朔旅游乃至桂林旅游发展都有着里程碑的意义，值得大家永远记住。

三说：“阳朔旅游的发展进程和前景”

“阳朔现象”“阳朔会议”“阳朔观测点”都是一些重要的标志性词汇，其实讲到阳朔旅游时，常常被提起的词汇还有很多。以“阳朔现象”为例，“西街”“地球村”“月亮妈妈”“没有饭店”“法国兄弟”“疯子”等，就能举出不少。从这些词汇上，不仅可以看出阳朔旅游发展进程中的许多故事，也能够从中理出阳朔旅游的发展脉络。

聊完“阳朔现象”等话题之后，我们又聊起了阳朔旅游的一些基本情况。

“保继刚教授对阳朔旅游做了不少研究，他把阳朔旅游发展分了几个段，比如 1973 年到 1980 年这一段，是外事接待阶段。1973 年阳朔革命委员会里面已经有了这么一个外事组，后面改成了外事办。再往上追溯，1958 年广西壮族自治区成立之前还是广西省的时候，当时广西省有三个负责对外接待的饭店，南宁的明园饭店、桂林的榕湖饭店，第三个就是阳朔迎宾馆，即阳朔饭店。后面进入大发展爆发期，保教授也划分了几个阶段。真正发展得比较快，步入快车道的时期，应该是1999年以后，1999年的一个标志就是‘十一’黄金周，就是国家刚开始实行的第一个黄金周。这个黄金周开始后，阳朔旅游便不断向前发展，而且速度还越来越快，国内旅游快速地跟上来了。”

我请刘局长说说有关“地球村”的事情。

“著名的西街，位于阳朔县县城中心。原先西街仅是一条小街，是县城最古老的街道之一。一条青石板路，两排低矮的砖木房，小青瓦、白粉墙、坡屋面、木门窗、吊阳台散发着浓浓的古香韵味。阳朔旅游业起步发展以后，特别是全国改革开放以来，西方游客发现了西街，那些被大都市的喧嚣和快节奏工作搅得身心疲惫的西方人，在这里找到了休憩的‘港湾’。于是，这里常年集聚着数不清数量的外国游客，他们在这里散步，在这里喝啤酒、喝咖啡，在这里吃饭、在这里购物，他们有住几天的，有住十天半月的，也有一住几年的，有的干脆到西街成婚、开店。呈现出一派悠然休闲的场景。很多年以前，这里就被称为中国最大的‘洋人街’和‘地球村’。”

“国外有一个杂志，叫《孤独星球》，它很厉害，早期刊登了老外在阳朔旅游体验的文章，我搜集了一点杂志的原版，尤其20世纪80年代末90年代是比较多的，它对境外游客吸引力比较大，为什么西街能够成为一个‘地球村’，‘背包老外的天堂’？这本杂志起到了一些作用。”

“西街上很多家各式酒吧、餐馆、咖啡厅、民俗小店和工艺品店，其中有20多家是‘老外’开的，300多对涉外婚姻的夫妇在这里居住和生活，中西文化在西街接触和融合，使这条街道充满了国际情调。我再顺便说一下，阳朔有多少涉外婚姻，县政协开展阳朔中西文化调研，我们到市县民政部门做过一次调查，包括港澳台在内，做过登记的一共有2100多对。阳朔涉外婚姻也多，讲外语的人也多，所以国际化程度也上来了。”

保继刚教授曾在第八届、第九届世界旅游组织旅游趋势与展望论坛上，两次讲到西街“地球村”的情况，说外国人发现阳朔的时候，大量的西方年轻人、老年人来到阳朔，阳朔成了中西文化碰撞的一个地球村。那时候来的游客都在做体验，阳朔所有的地方都是英文，都是学习英文的本地人，美丽的阳朔不仅仅是风光，这里的文化使得大家愿意来这里体验，体验阳朔的山水和文化。外国人在阳朔可以很开心地开店，可以很开心地旅游，可以很开心地到农家去吃、住，阳朔已经是一个国际性的旅游目的地。西街，阳朔，就是这样一个地方。

“‘月亮妈妈’，阳朔的一位普通老人，用她的‘外语’给老外做导游；‘没有饭店’，西街上的一家普通饭店，在老外那里深受欢迎；‘法国兄弟’彼得在西街中心地段开办了一家较大的西餐馆；‘疯子’在阳朔定居现在还开着一家民宿，还有‘香港警察’一直开着的‘玫瑰木餐馆’；等等。这些都是二三十年前开始就有了的特色‘打卡地’。”

“现在，西街在发展着，原来是外国人多，现在是中国人也多，很多新的店面不断出现，西街也不得不横向延伸。今天的西街，每到周末，都是人的海洋，就是平日，也是人流不断。后来，西街还变成了国家4A级景区。”

“阳朔旅游整体上的发展更是在加快。前面提到过，一些知名酒店如‘悦榕庄’等先后落户阳朔，一大批特色民宿在阳朔建成营业；《印象·刘三姐》之后，又一台大戏《桂林千古情》受到游客欢迎；‘三千漓’大型旅游区等新项目建设还在接连展开；遇龙河旅游度假区贴上了‘国家级’的重要名片，阳朔这一老牌旅游名县正焕发出更靓的青春。”

我看得出来，刘局长作为阳朔人，讲起阳朔旅游的现状和前景时，满脸都是自豪和自信。

“旅游产品方面，我在前面讲‘阳朔现象’时提到很多，阳朔现在确定是一个旅游产品的大超市。很多产品生命力经久不衰，自行车旅游20多年了，还是一如既往；遇龙河漂流始终是阳朔旅游的主打产品之一；攀岩延续至今，11月13—15日便是第十三届阳朔攀岩节；旅游演艺一直是国内外旅游者的重要选项，世界旅游组织秘书长曾说过，这是一次值得从全世界任何地方专门买飞机票来欣赏的演出，还有很多产品，我一时都列举不过来。”

“当然，旅游发展过程中也有一些问题，比如旅游业虽是阳朔的支柱产业，但由于‘一业独大’产业单一，在遭受“非典”“新冠”疫情重创时，损失就尤为惨重。今后，如何改变产业单一现状，提高阳朔经济抗风险能力，是值得认真探讨的重要课题。再比如阳朔前几年因阳朔十里画廊封闭收费事件，也曾一度引发社会各界负面反响，今后，在旅游行业管理方面，应进一步遵循市场规律等。”

“不过总体来看，阳朔旅游的发展前景一定是美好的，当今世界正面临百年不遇的大变局，旅游产业发展也一定会发生新的变化，但我相信，只要顺应时代发展大势，坚持阳朔旅游创新发展，推出更多多样化、高品质的休闲度假旅游产品，当前疫情背景下的阳朔旅游一定能够走出暂时困境，阳朔旅游的生命力将更加旺盛，打造国际一流旅游目的地的目标一定会实现。”

讲起阳朔旅游，刘局长有说不完的话，他对家乡阳朔的情感、对曾从事过的阳朔旅游工作的热爱、对阳朔旅游的深刻认识溢于言表。

我一直认为，看阳朔，不能光从桂林的角度、广西的角度，必须要从全国的角度、全球的角度去看阳朔，去认识阳朔。否则，便没有办法看清楚阳朔的旅游，没有办法说清楚阳朔的旅游。

访谈虽然结束了，但“阳朔旅游”这几个字在我的脑海中却始终萦绕着。

李克强先生访谈录

（访谈时间：2019 年 12 月）

李克强先生，桂林旅游界的一位知名人士，无论政府旅游部门，还是各类旅游企业，说起他来，竖起大拇指的人还真不少。他从事旅游工作几十年，履历丰富，成绩不凡；他目光炯炯，思维缜密，善于策划，勇于开拓新的领域；他工作扎实，讲求实效，被称为“实干的人”；他对漓江有着特殊的情感，谈起漓江头头是道，以“漓江铁嘴”闻名。

对李克强先生，我又习惯称他为“克强兄”。一来他和蔼可亲，是兄长；二来他学识渊博，是学兄。1996 年与他相识，二十多年间，每每接触，都深深感到叫他“克强兄”，实属再合适不过。

“1984 年 5 月，桂林市旅游局成立，我 11 月到旅游局工作，在旅游局一共 14 年。1998 年年初转职旅游大型企业，开始在旅游企业界奔忙，直到退休，又是 14 年。可以说，我生命中最灿烂的时光都献给了桂林旅游，算是同桂林旅游一路同行，参与和见证了桂林旅游业的发展历程。”

对李克强先生进行访谈，是我一直以来的一个愿望。上个月联系了他，他欣然允诺，令我十分高兴。前些天一见面，李克强先生开门见山，就对我讲了上面这段话。

几个半天，就他与桂林旅游这一话题，我们聊了很多。

一说：“围绕漓江做足文章，非常重要！”

“漓江是我们的母亲河，是桂林旅游的生命线。没有漓江，就没有桂林山水，也就没有桂林的知名度和桂林旅游的今天。”

对李克强先生进行访谈，话题自然从漓江开始。

“1984 年秋冬之际，我作为局办秘书，参与陪同国家旅游局韩克华局长游览漓江。韩局长说他这次来到桂林的主要目的，是要审定一个饭店的选址，即悦来饭店。当时香港胡运湘先生打算在叠彩山和伏波山之间的福隆洲建一个五星级、比广州中国大酒店还气派的饭店，做两千间客房。韩局长说他阻止了这一计划。他说搞两千间客房，按一般运作规律，需要 2500 名员工，入住的客人如果满员，又有 4000 人，加起来一天就有 6000 多人，排污的问题怎么解决？我很佩服韩局长，他这是 1984 年的眼光。还是这次游江，看到游船刮底，他又为我们桂林办了一件大事，就是由国家旅游局报国家计委，动用 3000 万元资金治理漓江，启动漓江补水工程。当时国家旅游局一年可用经费才是 5 个亿啊。韩局长说，漓江是国际级的一流的风景，把漓江要保护好、建设好。韩局长所讲的事情和他为漓江所做的事情，让刚进入旅游局的我记忆深刻，使我在后来的工作中保持着环保意识。也由于大家的共同提议，1985 年，市政府把漓江保护列入了《桂林市城市总体规划》。”

做足漓江文章，首先就是保护好漓江，建设好漓江。克强兄从他陪同国家旅游局老局长韩克华游江时的所见所闻说起。

接着我请他说说漓江游览管理方面的事情。

“我们为什么要统一管理漓江？改革开放初期，1982 年交通放开，有路大家跑车，有水大家行船。1984 年以后，桂林车船也就多了起来，漓江无序经营的现象开始出现。市政府开始逐步探索对漓江游览进行管理。1986 年 9 月，外事旅游专用的竹江码头投入运营。1987 年 2 月，市旅游局成立交通管理科。当时旅游局把行业管理一分为三，分设旅行社管理科、宾馆管理科、交通管理科。旅游有食、住、行、游、购、娱六大要素，其中‘行’，至少是排行前三，从某种意义上说，甚至是排行老大，因为可到达性在旅游里是第一位的。为解决涉外旅游的有序管理问题，市旅游局成立了交通管理科，这是第一步。我被任命为交通管理科首任科长，从建章立制，制定管理职责开始。一次在杨堤，一游船公司经理问我，旅游局有交通科，经委也有，我们到底归谁管？我跟他说，你这条船，拉东西拉货物我不管，但要拉外宾我就必须管。”

“后来对游船实行统一管理，包括统一调度、统一结算，经营有序了，质量提高了，漓江保护加强了，效益也上来了。竹江码头管理处，是 1988 年 4 月设立的统一管理漓江涉外游览的部门，1988 年 8 月正式运转，隶属于市旅游局，我是管理处主任。管理处从筹备开始，到后来于 1989 年 5 月我把它改为漓江涉外游览管理处，整个过程我都是参与其中的。”

话题从漓江保护切换到游览的统一管理。有序经营是成功的，入境旅游从产品到服务，还给桂林旅游业发展起到了标尺的作用。这也为后来漓江管理体制进一步深化、游览服务质量进一步改进、桂林山水黄金旅游线路进一步维护、桂林旅游整体竞争力进一步提升，奠定了坚实的基础。

做足漓江文章，当然包括创新旅游方式。李克强先生还说了他搞“漓江银座”、漓江夜游、漓江两日游、开发草坪冠岩和桂林山水旅游节的一些事情。而这些，恰恰都是当时影响很大、效果很好的大事。

“我在漓江上做过一艘船，就是漓江银座。把它固定在原 2 号码头，里面有茶吧、酒吧、咖啡厅、卡拉 OK、歌舞厅，还有文艺节目表演。‘漓江银座’成为游客晚上的一个去处。我们还做了 4 条夜游漓江的游船，让‘漓江银座’作为夜游漓江的码头，同时推出了梦幻漓江、夜游漓江。这在当时反响很大，很受欢迎。这都是我在交通科长岗位上做成的。后来接待夜游客人，最高时一年 30 万人，夜游漓江成为桂林旅游的一个产品。实际上，这个夜游，开辟了一个旅游的夜生活，游客夜晚有了去处。”

“桂林山水旅游节，1992 年开始举办。当年做方案的时候，我提出节庆活动一定不能离开漓江。后来就确定在江岸设立观众席，把水面和游船作为舞台，让一艘一艘游船开过来，一艘游船一个主题。实施之后，很是壮观，效果非常好。首届山水旅游节就这样搞起来了。这届山水旅游节还是和国家首届金鸡百花双奖电影节一起做的。我和苏叔阳老师带领的电影节队伍对接方案，我们山水旅游节的创意得到了苏老师一行人的称赞。苏老师感叹道：‘桂林还有这样的人才！’我还俏皮地说，我们桂林可是一个文化名城，一县八进士，三科两状元，还有三元及第。创意中的在江岸设观众席，事实证明是个创举。后来中秋晚会等，都是由这个创意引发的。1993 年第二届山水旅游节，我们正式推出了漓江夜游旅游项目，还做了一个重要的活动，叫作‘放河灯’。放河灯，这也是我出的主意。其目的，一方面是让气氛更热烈，另一方面是市民参加进来，以强化市民对旅游的意识，让全体市民来爱我桂林，珍惜旅游，推动桂林旅游的发展。我们还在漓江市区段下游拉了个大网，收河灯、收垃圾，促进漓江保护。”

有为就有位，正因为他的努力和贡献，李克强先生 1985 年就做了旅游局团委副书记；2 年后便成为新建立的局交通管理科科长；1993 年又晋升为市旅游局副局长。他是桂林市旅游局成立 20 年来，唯一从科长岗位提到副局长的人。

篇幅所限，只能把李克强先生所说的关于漓江的往事记录到这里。好在访谈中听到他有一个想法，就是打算出一本书，初定书名为《漓江往事》。我想他如果能够抽时间，献出这本大作，我们一定会有更多的收获。我衷心期待这本书早日问世，也弥补一下我这次访谈没能全部记下他所说的一切的遗憾。

二说："旅游和文化融合发展，非常重要！"

访谈中，李克强先生多次说到桂林旅游必须要和文化相结合，"旅游和文化融合发展，非常重要"。

"我们桂林，应该为贺敬之先生办一件事情才对。他的一首《桂林山水歌》，收进全国统编教材的学校课本，影响太大了。'云中的神啊，雾中的仙，神姿仙态桂林的山；情一样深啊，梦一样美，如情似梦漓江的水！'那个荡气回肠，那种对祖国山河的歌颂和赞美，镶刻进每一个人的心灵。只要现在是60岁左右的人，那无人不知。贺老一直对桂林抱有深厚的感情。2000年中秋，是在我们桂林象鼻山'象山水月'度过的。他带领100多世界华文诗人，在桂林开笔会，我陪同过他。当时我对贺老说，您的三个里程碑，延安时期的《白毛女》剧本、1955年的《回延安》、1963的《桂林山水歌》，都非常了不得！我们都是很认真地学习，都能背诵出来，贺老听了非常高兴。贺老跟我的同学刘桂阳也很熟，他还把《桂林山水歌》手抄了一份，供其刻石。后来是刻了出来的，就放在漓江剧院侧门口的绿地里，我看到过，是一块很大的石头。我认为作为一个文化的有纪念意义东西，这块刻石不可多得，应该好好保留。我们应该在最好的地方，比如在城市的文化广场这样最显眼的地方，把《桂林山水歌》石刻摆放出来。"

谈到贺敬之先生，克强兄显得十分动情。

接着，我们聊到旅游项目开发如何与民族文化、生活文化、历史文化、温泉文化等相结合以及酒店文化氛围营造等内容。

"广西是壮族自治区，很多老外问壮族什么样？于是我们策划了展现民族文化的项目。1992年是'中国旅游年'，桂林搞了不少活动。比如，在竹江码头，我们请桂林歌舞团的音乐编导周泽江教授，让他用自己全套的壮族乐器，做了民族交响乐表演，叫作'七彩乐府'。搞这个活动，是我提出来的。后来又引发一个想法，就是把龙胜主要的四个民族，以克隆的方式，在桂林找个地方集中展示出来，这便是漓江民俗风情园最早的创意。这个创意也是我提出来的，在此期间，我还引进了三江民族歌舞团、广西铜鼓艺术团，第一次把芦笙踩堂和铜鼓石琴引进了桂林。项目经营后非常火爆。"

"桂林山水旅游节，从第一届到三、四届，我都参与并组织策划、实施。我始终强调旅游节庆要和文化很好结合，体现出文化是旅游的魂。比如，1993年第二届山水旅游节我们做的‘漓江渔火’，就体现出漓江渔民的生活文化。什么叫漓江渔火？据桂林地方志记载，它是300年前流传在阳朔白沙的一种夜间捕鱼方式。漓江渔火，它利用了两大原理：一是万物都具有趋光性的原理；二是渔民把驯养的鸬鹚鸟，就是鱼鹰，脖子上套一个铜环，大于环的鱼卡在脖子里，鱼鹰吞不下去，渔民就让它把鱼吐出来。这样捕鱼是当地渔民赖以生活的一种手段，他们用这样的捕鱼方式维系了漓江渔民的繁衍和生息。我们的渔民用这样的生活方式，创造了‘漓江渔火’，它反映了勤劳智慧的漓江渔民的生活，我们山水旅游节就再现了这种生活。总体上说，我们当时就意识到了文化对于旅游的重要性。”

“1998年我离开旅游局，担任桂林旅游发展总公司、桂林旅游股份有限公司双董事双副总、党委委员，总共6年。这6年，公司在桂林市区50公里以外的投资开发，几乎都是我当董事长。如何把文化作为魂贯穿到旅游项目中来，是我重点考虑的问题。文化要素很重要，你看现在的民宿酒店，都是旅游与文化相结合的产物，往往它的装饰不是最豪华的，但是它能够勾起你的乡愁，能够让你留下美好的记忆，具有一种文化的符号。我在做了我们公司收购的第一个项目‘荔浦丰鱼岩’的董事长之后，到兴安灵渠做副董事长。我是公司方面的代表，董事长由兴安出任。我们策划做了18个项目，天平戏水、南陡采风、阡陌采摘、秦堤流莹等，四个字里面都有内容，每个项目都有故事。这是文化导入，做历史文化的文章。我们还建了一个秦文化广场、搞了一条百龙路。各朝代书法家、帝王将相写的龙字，我们收集了100个。还把郭沫若的《满江红》刻在鲤鱼洲上的那个碑上并盖上亭子予以保护。我们遵照袁凤兰副主席的指示，聘请西安古建筑设计院进行规划设计，其中总公司陈青光董事长也提出不少思路，令我印象深刻。我是按照展现历史文化的思路来做的。之后去龙胜做董事长，我给龙胜温泉的定位是高山峡谷氧吧温泉。这是由于特殊的地理构造所形成，我用文化的思维去总结和提炼的。日本的温泉多是硫黄温泉，硫黄对人的皮肤非常好，但是气味难闻，而我们龙胜的温泉，含多种微量元素，没有难闻的味道，水体晶莹透明。它发源于地下1800米的一个断层岩隙，泉口冒出的水有70多度。龙胜，特别到了山谷里面，植被好、环境好，群山环绕、绿树成荫，氧气特别足，负氧离子比一般的地区高出4倍。所以，我给龙胜温泉定位，叫‘氧吧’。岩隙，就是岩石缝里冒出来的温泉。龙胜温泉是高山峡谷氧吧温泉，这是一个文化定位。”

李克强先生说，从他的经历和体会上看，旅游只有和文化融合起来，生命力才旺盛，开发经营的效果、效益才好。

我对他的观点十分认同。

三说："做实做好我们该做的事情，十分重要！"

第三次聊天，话题自然谈到今后桂林旅游发展应该考虑好哪些因素，注意好哪些问题。这也是我访谈的内容之一。

"我们如果要发展，当然现在已经有了一种新模式，我觉得可以搞。过去单纯的观光旅游已经不时髦了。应以休闲、康体、教育这些各种各样的方式去搞。实际上旅游就是一个过程，寓教于乐，有利于身心健康，有利于开拓视野，有利于提高人的精神品位，这就是旅游，就是我们应该做的。旅游不光包括看山看水，其实体验城市生活、了解现代时尚也是旅游。现在各地旅游都搞起来了，好山好水也不少。中国地形地貌复杂，具有多样性。我觉得未来的旅游更多的是一种体会式的，如果不走体会式的路，旅游将来可能走不通。现在早已是'秀才不出门，全知天下事'的时代，所以要走体验的路。看飞机和坐飞机是两码事，所谓的体验就是这样。注重体验性，这是很重要的。首先，我们做产品，或者完善旅游产品的时候，就要增加体验性。另外，桂林现在提出的，是建设国际旅游胜地，那就应该站在世界和国际的高度上来看问题，来进行供给侧结构性改革。再有，我们在做规划的时候，更多地要从经营的角度、综合地进行考虑。就像我们当初建那么多的酒店，住宿问题是解决了，但如果我们有计划地再搞点景区、搞些道路，会搞得更好、更协调些，发展的步子更坚实一些。不过那时候也没有能力。如今大不一样了。桂林就如同一块很好的绣花布，我们要往上好好绣，绝对不能简单搞搞就算了。与其稍微发展得慢一点，但一定要看得准一点。要把整个建设规划、投资这一块，跟经营、发展整个策划契合起来。"

"旅游项目开发，过去是有教训的。有些项目需要控制，比如溶洞，17 个开放，收门票，造成了恶性竞争；再比如游览漓江，针对韩国市场，我们一开始做得很好，后来搞了'冠—堤—冠'游江线路，就是冠岩到杨堤，又回到冠岩，漓江全段特别是漓江的精华没游。杨堤是漓江游览华彩的开端，杨堤到兴坪，才是漓江上最精美、最漂亮的一段。韩国人一看，漓江，漓江，不过就这样。这就是某一个企业，为自己眼前利益，把一个市场毁掉了。所以，我觉得有些开发是要控制的。没有新点子，没有好思路，没有经过充分论证，宁可放着，也不要乱动。"

李克强先生说道，我们旅游未来的发展，建设国际旅游胜地，还是要以文化来贯穿。我们有很多文化旅游项目，应很好地寻找它的亮点和卖点，往往亮点就是一个好的卖点。我请他详细谈谈。

“我们的《刘三姐》，可不可以建一个点，天天演。《庐山恋》不是创造了一个纪录吗，现在每天都在演。《刘三姐》这个电影，应以现代技术，在当年拍胶片基础上，将其数码化，每天演个不歇。这是桂林的文化，它可以把客人留下来。看到有《刘三姐》在放映，很多人就会坐下来听、坐下来看，顺便还会买点纪念品。当年木龙洞对歌的地方，将刘三姐的那些船恢复一下。应该把刘三姐的文化捡回来，《印象·刘三姐》，它的能量就不可低估，它使阳朔变成了国际旅游的一个重要目的地。”

“再比如说我们的红色旅游，军委在全州搞了很大的一个纪念地、一个博物馆，纪念突破湘江，纪念红军长征。这是不忘初心。这一块，怎么做，有些东西不能做得苍白。有很多红色文化资源我们过去没有利用，错失了良机。”

“游乐园项目，实践证明，是不长久的。因为它都是机械化、工业化带来的，它的克隆极其容易。广州的东方乐园，今天还在吗？迪士尼搞在上海，有整个长三角人口群，再加上上海城市本身对游客的吸引力。我敢说它的未来会超过美国的迪士尼。迪士尼是成功的，它利用所有现代手段，声光电、高科技，又以寓教于乐的方式，打造老少皆宜的乐园。另外它也在不断增加项目。迪士尼玩三天都玩不透，里面的自然博物馆，从植物光合作用到最后收割，采摘、打包、运输，展示了一个时尚的农业；到未来去旅行，是一个 36000 块钛金板的圆球。未来的汽车，是将氢氧分离的汽车，只需灌水进去就行了。就是这种寓教于乐的方式，使人们很容易得到一种启发。”

“我们与别人的差别在那里？你不要搞得跟别人没有差别，没有差别人家就不到你这来了。我们桂林，应该多搞点绿化，搞点公园，搞点楼台亭阁，做些舒适的空间。画家最高的境界是留白，而不是把它塞满。现在，老城疏解不了，还越来越满。太满，就和别人没有差别了。我们每一个点，要么就不做，要做就做精。现在有些东西做得很好，比如东西巷，它突出了一个东西巷的文化，整体一看，多好！还有，就是七星公园桂海碑林这条路，桂花一开，芬芳、美丽，树又不高，围墙全是文化，一扫码，就能详细了解其文化内涵。我觉得这些就是我们的差别。游客就是在寻找这样的差别。同样是碑林，西安的碑林建在房子里面，我们的碑林都是与山崖石壁共生的。龙隐岩，有山、有水、有洞，还有故事。龙隐，破壁而飞，几个榜书大字往上一写，然后龙的鳞，在岩洞旁边，当然是水的纹了，清晰可见，这是很精品的景点，所有的人来了都会为之一叹。我们要让游客住下来，慢慢看、慢慢游，一次不行两次。我们要讲好桂林故事，让国际知道桂林值得多次来，来了还想再来。”

“另外，我们不妨下点功夫，搞点教育。教育说起来好像与旅游无关，其实是真正值得做的旅游项目。30 年计划生育，涉及差不多三代人。‘70 后’的子女都差不多二十五六岁，很多大学毕业、谈婚论嫁、结婚生子了。现在交通这么发达，环境这么好，比如在临桂新区，能不能搞一些有特点的学校，不一定要大，但是一定要有名。我觉得，我们在这方面开展些活动，它带动的效应是多少？‘50 后’‘60 后’‘70 后’，来到这里买一套房子，住下来。把孙子、孙女带来，这边有最好的小学、初中、高中，方便将来考学。这将是一大消费群体啊。”

“还有康体和医疗这一块。我们桂林的医院不少，医疗人才也挺多。人们通常都是经过检查，得了病再去医院。要给大家传播健康常识。教人怎么健体康身，怎么健康生活。桂林这么美，又有这么多资源，我觉得可以做做，可以把更多的人吸引到桂林来。”

克强兄讲得滔滔不绝，我也听得非常入迷。我深深感到，他说的主意一来很具体，二来很务实，没有口号，没有大话，拿来就能用。

沈林杰先生访谈录

（访谈时间：2020 年 12 月）

1956 年 10 月，桂林成为对来华外国人开放的旅游地区；1957 年 3 月，桂林成为一般外侨游览的开放地区，这时桂林能够接待境外旅游者的住宿地，只有建于 1953 年的“广西高级干部疗养院”。随着桂林接待工作的需要，这家疗养院于 1959 年改建成涉外饭店，并正式更名为“榕湖饭店”。到 1973 年桂林正式对外开放旅游时，桂林还仍只有这一家饭店；1976 年 8 月桂林漓江饭店建成开业，才有了第二家接待境外游客的酒店。因此桂林榕湖饭店作为桂林一张漂亮的名片，对于桂林而言，特别是对于桂林旅游业而言，其地位和作用是不言而喻的。

在后面的岁月里，榕湖饭店作为桂林第一家涉外饭店，也作为接待了许多国内外领导人的“国宾馆”，不断成长壮大，已成为由 1953 年的十几间客房发展到拥有大小 8 栋客房楼的大型饭店，在桂林旅游业发展中日益发挥着举足轻重的影响力。2018 年，桂林市政府为扩大其接待品牌优势，壮大桂林旅游接待业的实力，决定成立榕湖饭店集团。目前，榕湖饭店已开始启动扩建改建工程，可以期待不久以后将展示出全新的形象。

沈林杰先生，是榕湖饭店集团的董事长兼总经理，也是榕湖饭店的总经理，他还是中国名酒店组织副理事长。1980 年进入榕湖饭店的他，在榕湖饭店已经整整工作了 40 年，是饭店不断发展壮大的奉献者、领导者和见证人。

我 1988 年调入桂林，工作过的市外办和市旅游局都位于榕湖边上，离榕湖饭店很近，又由于工作关系，常常会来榕湖饭店，因此也就有了与沈总经常见面和聊天的机会。榕湖饭店的接待量很大，国内外领导人接连不断，国内外游客也络绎不绝，沈总的确很忙，他抓接待质量、抓饭店建设、抓经营管理，既注意全局把握，又关注细节的落实等，样样都必须操心。他给我的印象，始终是低调、务实和敬业，以及站位高和善谋略，做事总能做到点子上，总能做出成绩来。

沈总当然是桂林旅游业的“深耕者”，自然是我必须访谈的对象之一。于是，前些天，我对他进行了一次访谈。

一说："我和榕湖饭店见证了桂林旅游的发展"

"我 1980 年 12 月进入榕湖饭店，已经 40 年了。我从厨师做起，在厨师岗位上一干就是 5 年。这 5 年我的收获不小，1983 年全市技术比赛我参加的项目是拼盘的比美，我获得了第一名的好成绩。那时候我才 20 出头，工作上很努力，刻苦钻研技术，在工作中崭露头角，敢于创新、乐于担当，还获得了广西'振兴八桂青工能手'称号。那时候的桂林，境外客人多一些，国内旅游还处于起步阶段。桂林的酒店，除了榕湖，就是 1976 年建成营业的漓江饭店，所以桂林的旅游设施是以榕湖饭店为主的。那时候，来到榕湖饭店的香港人、日本人较多，欧美人也有一些。我们当时的宴会很多，每天都有 20 桌、30 桌、40 桌。我做的是食品雕刻、食品拼盘，这些东西都是唯美的，美食也有很好的经济效益，在当时很受称赞。"

沈总访谈一开始就逐步进入主题。首先介绍了榕湖饭店与桂林旅游的渊源。

"榕湖饭店 1953 年启程，当时叫'广西高级干部疗养院'，就是一个招待所。据饭店元老回忆和后来查证，1953 年成立时是依靠原有的两栋建筑——白崇禧公馆和夏威公馆，客房也只有 12 间，设施设备十分简陋，酷暑时节房间里就是一把大蒲扇；数九隆冬时，只是加一床棉被。1956 年饭店建了六号楼，1959 年前后建了一、二、三号楼，1983 年建成七号楼等，榕湖饭店逐步发展成既有国宾接待区，又有以五、六号楼为主的境内外旅游者接待区域。1980 年之前的历程，我常常听到元老们、师傅们说起；1980 年以后的事情，我都是亲眼所见，亲身感受的。"

听着沈总的述说，我仿佛感觉到了当时桂林外事旅游业起步的艰辛，也感觉到当时接待上对技术和服务要求的严格，正如沈总所说的，当时接待条件虽然差些，但接待人员热情的服务，精湛的技艺，给客人们的印象总是好的。

"可以说我们榕湖饭店，当时的餐饮也好，其他接待也好，在全国是排前面的。中国当时经济不发达，旅游城市也不多，在北京、西安、杭州、桂林里面，桂林还是往前靠的。我们的技术当时在全国是靠前的，在社会上更是知名度很高。"

"20 世纪 80 年代的 10 年，桂林旅游是红红火火的，基础设施虽然一般，但是整个城市有它的味道，我们的资源尤其是山水风光是世界一流的。当时的桂林城市看起来有些陈旧和简陋，但是它有独特的味道，对旅游者来讲，他的心态，要么看最好的城市，要么看最好的自然风光，城市建设落后一点他并不在乎，何况我们还保持着淳朴的民风，还有那种原始的文化魅力，作为旅游者，他喜欢来这里探寻。看城市，他要么去上海，要么去纽约、去法国巴黎。所以那个时期在榕湖饭店，感觉我们很纯朴很有亲和力。我们确实见证了整个桂林旅游发展早期的情况，桂林的起点很高，当时从业人员的素质我认为远远高于现在。”

沈总当厨师，那么钻研业务，全区全国经常搞技艺比武；当管理者，那么营造环境，这些就是当时的旅游服务；桂林优美的风光，淳朴的民风，这些就是当时广受欢迎的桂林旅游的状况。我很有兴趣听沈总继续说下去，听他多说一点。

“那时候来桂林旅游存在住宿难的问题，20 世纪 80 年代前半期，整个桂林的住宿设施非常不足，‘来了桂林睡地下’这句话是对当时情形的描述。那时候榕湖饭店客房不够，来到榕湖也是住地下的，整个榕湖礼堂打地铺，5 块钱一张铺都是满的。这时候桂林开始着力解决这一瓶颈问题。80 年代后半期，一批中外合资、合营酒店建了起来，应该说一举解决了住宿难的问题。我是做酒店的，对这个情况看在眼里，先是深感着急后是深感欣慰。”

“到了 90 年代，酒店业经过 80 年代的发展，就很成型了。90 年代桂林旅游的发展是比较正常的，你想酒店很爆棚也不太可能，但供求关系基本上比较平衡，所以那时候酒店整体水平还是比较高的，有桂山、帝苑、文华、丹桂、桂湖，而且有一些外资酒店。他们都是 80 年代下半期，一大批十几家建起来的。我们饭店的梅花庄，1984 年建的，是和香港的合资企业，也是桂林第一家中外合资酒店，90 年代也非常红火。90 年代桂林的酒店水平在全国也是高的，那时候不仅平均水平比较好，而且在全国排名比较靠前。当然酒店建设是有债务的，这些债务因为受汇率的影响，而且包括电的使用、劳动力成本等，都是影响酒店发展的制衡因素。90 年代酒店整个的业态还算不错，虽然有 1989 年的政治风波和 1992 年的空难，对旅游影响很大，但桂林还是都扛住了。”

“我在榕湖饭店工作中，亲眼看到了国务院总理李鹏支持桂林建设两江国际机场的整个过程，这个机场全部是用总理基金建设起来的，它对桂林旅游发展的重大作用不言而喻。再往前说，也看到了时任国务院总理赵紫阳给桂林外汇额度支持桂林建设发展的整个过程，他给了连续五年，后来李鹏总理又延续了五年，这对桂林旅游城市发展也是起到了极为重大的作用。”

沈总说的这些，我以前也都知道，但他当时是参加接待的饭店领导，听他讲起来似乎更有味道。

接着我问了沈总个人的一些经历。

“我做厨师 5 年，后来被调到饭店团委做干事，再做副书记。1987 年我到自治区团校脱产学习了两年，补上了研究生的文凭。回来以后又干了两年共青团的工作，之后当总助两年，副总两年，1994 年 11 月做了榕湖饭店的总经理，直到现在。桂林这一重要的城市，榕湖饭店这一重要的平台，都一直让我不敢放松自己，努力再努力成了我人生的座右铭。作为厨师，工作期间我取得了‘高级技师’的最高的职称，并多年担任桂林餐饮协会的会长；我主编过《桂林美食地图》，全面介绍了桂林的特色餐饮；作为酒店高管，我努力让榕湖饭店变成今天这样一个知名度和影响力均超过以往的品牌酒店，我还出任了中国名酒店组织的副理事长。市领导对我的工作也给予充分肯定，前年市里决定成立榕湖饭店集团，还任命我担任董事长和总经理。多年来，我一直做着市政协委员、常委。”

榕湖饭店是成功的，沈总是成功的，这些都与辛勤努力分不开，收获总属于耕耘者。我问沈总的经历，是想印证他看问题的高度和精度，果然我达到了目的。这从他出任饭店总经理后榕湖饭店的大发展中可以看得出来，也从我下面的访谈里可以看得出来。

二说：“文化特色对酒店乃至整个旅游业十分关键”

“我在做厨师的时候，1981 年、1982 年我就跟着当时饭店的总经理丛绍全去广州的白天鹅宾馆，到南京的金陵饭店、北京的北京饭店和香山饭店，还在人民大会堂待了一个星期，外出学习和工作，让我印象深刻。有一次在当时是水利部长李鹏的 60 桌宴会上，我就看到第一桌是长条形的，桌子上全是萝卜雕，非常漂亮，我就下决心把它带回来，桂林的那种原料萝卜雕就是我带回来的。用雕刻的艺术形式体现中国的餐饮文化，是我最初就用心体会到的。后面大量的工作实践中，我不断认识到文化特色对酒店发展乃至对整个旅游业都是十分重要的。”

话题开始切入文化了。沈总还讲到他也喜欢看画，当时榕湖饭店有个荣宝斋，10 多年来他经常去那里看裱画，见得多了，自己也可以画画了。

我问沈总，榕湖饭店庭院里那些刻字的石头，是不是也与你的文化意识有关？

“这个整体上叫作‘中华金石园’，2000 年筹划的。进入新世纪以后，我思考着这样一个问题，就是榕湖饭店启程已有 50 年历史了，怎样使这座‘国宾馆’在山水甲天下的优美绝佳的自然环境里进一步提升它的文化品位，怎样能够让宾客在饭店的庭院内，在中华文化的浓厚氛围中多一些流连忘返；就是老牌子的饭店怎样多些新的文化生气。这个时候，我有机会与我国著名篆刻艺术家胡擎元坐到一起了，可以说我们一拍即合，决定在‘金石’上做文章，建一个‘中华金石园’，于是我着手启动这个‘工程’。2013 年我主编的《榕湖家书——致榕湖饭店成立 60 周年》一书里，专门有关于‘中华金石园’方面的文章，描述了其基本情况，写得不错。其中有这样几段话，建议你引用一下。”

我接过沈总递过来的书，看到了他说的那几段话，按照沈总的意思，我抄录如下：

中华金石园的设计者，将从来都是居于从属地位和“补白”功能的方寸印章，放大几倍甚至几十倍，让能工巧匠们精心地镌刻于形态各异、大小相殊的天然石上，让其成为艺术主体；周边衬以印主的书法墨宝，再添上黑色和墨绿色，与朱色印章相衬托，让人鉴赏，供人玩味，使人兴趣平添。

中华金石园的作品，不仅形式新颖，内容也相当丰富。已经制作完成的两百余件作品中，有远古时期的良渚文化玉器，仰韶文化陶彩，商周青铜器纹饰，东汉画像及京剧脸谱，也有近现代名流大家如吴昌硕、徐悲鸿、齐白石、黄宾虹、李苦禅、李可染、李骆公、宗其香等客居桂林时留下的印章墨宝，还有伟人毛泽东、周恩来、孙中山，以及历史名人于右任、李宗仁等的印章和手迹。每一个人物，都有一段与桂林的因缘；每一块石头，都有一段精彩的令人回味的故事。

中华金石园的建成，其环境之优雅，创意之新颖，内容之丰富，就目前说，在全国堪称首屈一指。正如中国书法家协会秘书长、著名书法家谢云先生所说：桂林中华金石园是“选择了一流的传统艺术，集中了一流的艺术人才，在一流的地方，建了一流的艺术工程”。

沈总接着说：“这三段话，应该是把‘中华金石园’基本上说清楚了。这个园子的建成，不仅为饭店平添了文化品位，也使饭店庭院成为一个文化景点、一处人文景观。20 年来，在这些‘金石’面前驻足观赏的中外游客以及本地市民络绎不绝。”

我又问了榕湖美术馆的相关事情。

“我们做了一个美术馆，在刚刚拆掉的 5 号楼那里。我们以后还要建一个榕湖的容容艺术馆，其中会搞一个李骆公的专馆。‘容’就是一个宝盖头下面一个谷子，可以包容万象，现在按文化去做，它也是榕湖的榕字去掉木字边，叫容容艺术馆。我们还要把榕湖饭店画库建立起来，专人管理。现在已经存有接近 1000 幅文人的作品了，我保存下来了。我认为，桂林有两次文化迁移：第一次是抗战时期，大批文人到桂林来；第二次就是改革开放以来。我们这批字画就是改革开放后很多文人聚集桂林最好的记录。若干年以后，这批字画就可以证明这又是一次文化迁移。如果没有这些东西，你怎么去说？你没有证据。”

我非常赞赏沈总的说法和做法。

“榕湖饭店现在正在改建，之前的五号楼、六号楼这一带现在是一个大工地了，不久以后建起来的将会是一座汉唐风格、文化味道很浓的新酒店，榕湖饭店走的就是与中国特色文化相融合的路子，新的酒店是值得期待的。它将来会以新的面貌引领一些新的、比较大的国有酒店的发展潮流，我估计是会开一个好头的。”

“我认为，不仅是酒店，整个桂林的旅游业都是这样，桂林是一座历史文化名城，‘文化＋山水’，就是特色文化加上甲天下的山水风光，是我们独特的优势。我看在中国，在全世界，像桂林这样‘城在景中景在城中’的城市是不多的。我们的独秀峰和虞山，这些文化含量不差的街心公园都很有特色。虞山你去看看，这块石头蒋介石躲日本的飞机就有几次。山名用了‘虞’字，肯定有文化含量的。桂林的中山中路有一处八路军办事处，再往北有一个八路军办事处的军需处，是当年中国共产党的指挥中心。再往北的兴安、灌阳、全州有红军长征的遗迹，这些都是红色旅游资源。桂林的阳朔，山水景观非常不错，‘阳朔山水甲桂林’，但是只有山水，文化含量有待研究和提升。整个桂林2300年的历史文化含量全在市区。怎么去把它给发掘出来，就是一个课题，它对整个桂林旅游是很有好处的。你熟悉日本，日本的京都也好，奈良也好，其实全是汉文化，但在他的大和民族的发展中融化提升了。日本有些做法值得我们去学习，我们需要认真研究怎么去提升我们中华民族的文化元素。”

是的，其实桂林可以在这方面努力成为一个案例地。

“我们桂林应该是可以的！据我所知，一个日本人就把我们市区的摩崖文化拍了一万多张照片，大概出了一本书。我有一个朋友，是广东的文化人，他爱人是我们饭店的一个女孩子，他回来住到虞山附近，天天去拍摩崖，因为他是搞艺术的，所以他的角度找得好，拍得也很好。我觉得，像这些历史文化的东西，桂林都还没有很好地开发。所以我说，这些文化，在2300年历史的老城区才有体现。在其他山野里面，山水体现的是另外一种状态，文化性只能在老城区这里。开发好这些文化性的东西，对桂林旅游是有意义的。”

“我有一年在参加市政协会议时，把这一点作为了我提案的内容。我还提到，在原地区行署幼儿园，骝马山那里有一个唐代摩崖，那是立了国务院保护的牌子的，很多人却在那乱烧香熏得黑黑的，搞得很不像样。现在管好了，我觉得我这个提案起作用了，一看那种唐朝的风格还在那里。我觉得文化这篇文章，将决定桂林以后旅游发展的高度，桂林这2300年的文化是存在的，是可以当载体的，就看你怎么规划和利用了。再一方面，大概你我只能呼吁了，我们不在主要的位置上了。”

沈总说得对，这个问题应该大力呼吁。

“如果后面做旅游还是按原来那种方式，再想起飞那是很难了。所以期待新一代人更有智慧，也更有财力来做这篇文章。我们期待他们，因为原来这些东西都摆在这里了，但他们要了解我们的想法，所以你访谈的这些内容，希望他们能够看到。我们是走过来的人，只有走过来才总结得出来，否则总结不出这个命题。”

沈总认为，今后做酒店也好，做整个桂林旅游也好，在新的时代，必须要有新的作为，不能再沿袭过去粗放式的做法，而是应该面向未来，走好与文化融合发展的特色之路。我作为长期在桂林旅游领域工作的一员，也非常同意他的观点。访谈时，我们共同感到，桂林有着自然资源的优势，有着历史文化资源的优势，又有着融合发展的巨大空间，没有道理做不好，没有道理不在今后的竞争发展中继续领先。

三说：“对桂林旅游发展方面的一点思考”

沈总是“老榕湖”，也是桂林旅游的“深耕者”，尽管他所在的榕湖饭店十分特殊，既是桂林的“国宾馆”，接待国内外政要的任务非常繁重，他做得又非常出色，但他的这些“业绩”和思考不是我访谈的主要内容，因此我也只能把话题紧锁在“桂林旅游”方面。我自然要再了解一下他在桂林旅游发展方面的一些想法。

“旅游业方面，现在需求在不断发生变化，新的业态也出现了不少，所以现在面临怎么走的问题，需要加强顶层设计。其实讲完了，做这么多年，我认为一个城市的品位决定了你的酒店和旅游业态的走向。比如，这几年搞了东西巷逍遥楼，那边就很火了，但它还只是局部，不过城市品位也是靠一个个局部组成起来的。西巷还不太行，另外整个正阳路牙老化了，它的文化含量没有了，已经全是商业的那种状态了。”

桂林一些局部要改造，一些局部要提升。

“我做政协委员，曾写过一个提案，内容是经过桂林城区的三条水，是可以做好的一篇文章。现在我再来说说这‘三条水’。一条是漓江，漓江东岸现在基本上成型，国家明年就是2021年可能要停止大面积的拆迁，棚户区改造基本上结束了，但是桂林抓到了这个机会，把它改造了。你现在到解放桥看看，漓江郡府起来了，那一带是有点样子的了。30年前国家就给桂林定了一个限高，包括文华大饭店建设时也限高，也不好去评价限高对还是不对，结果就都是些矮房子，而且摊得很宽。桂林的山并不高，这样一摊其实和山差不多，山的优势也没显出来。反而如果让它高一点，但把距离控制好，山倒是可以露出来。两江四湖（现在有了五湖），第二条水。这条水目前来讲，恢复旅游后游人如织，游客是很多的。两江四湖的品位相当不错，只是到今年也有二十几年了，面临着清淤等问题。如果继续抓好，这条水总的来讲还是能够保持城市品位和继续产生旅游效益的。接下来就是桃花江，桃花江今年的开发力度不小。桃花江只要规划得好，在全世界它也是一条很漂亮的江，但就是开发不能过度。”

以“三条水”来做旅游大文章，沈总的思考有特点。

“这三条水之外，最要紧的王城一带的开发，这几年做得相当好，现在已经能围绕王城走上一圈了，有特色且比较受欢迎。不过，其他如市里公园的问题，现在基本上都是围起来收费的。桂林的这些旅游景点都是围起来靠卖票养人，还做不到像西湖那样打开。我跟市领导也探讨过这个问题，桂林太穷，因为你还没有钱，那些国有职工要养。当时我写的提案是这样的，把王城和宋城开发出来，沿着它的轨迹继续开发，然后有能力了就把公园放开。放开以后，靠民宿和酒店来收钱，游客一来可以多留住，就不像现在这一天两天或者一天都不到。他在这里想到处看看，有兴趣他就可以不走了，就会花钱了。我在桂林旅游发展总公司也待过，对他的公园围起来养人比较了解，他们的负担比较重。随着年龄的增大他们逐渐退休，就可以不进新人，然后，就把一些年轻的人变成那些物业的管理，当这些人转变身份以后，公园门就可以打开了。”

沈总想问题很具体，也很现实。

“那样以后，来桂林的游客留在这里修身养性发呆的就会多起来，生态效应、山水效应、经济效应那就不一样了。我还是那句话，在中国，在全世界，像桂林这样城景交融的城市是不多的，而且整个桂林2300年的文化含量又全在市区。把文化和自然景观融合好了，整个桂林旅游会上一个大的台阶。”

在沈总看来，桂林国际旅游胜地的建设必将促进桂林旅游的大发展，桂林旅游今后的前景一定是美好的。

李素萌先生访谈录

（访谈时间：2020 年 10 月）

“我接触桂林旅游，是从 1987 年开始的。那年我大学毕业到桂林漓江航运公司工作，后来又做了几年的购物商店，不过没多久便投身做景区，‘古东瀑布’是我的第一个作品，现在正做着第二个作品‘东漓古村’，基本上做完了。”访谈李素萌先生时，他一开始就这样介绍自己。

这段时间，我在对桂林旅游业的一些“深耕者”做访谈，琢磨景区方面的访谈对象时，不知为什么，很自然就想到了李素萌先生，可能是因为“古东瀑布”和“东漓古村”做得太好，也可能是因为他的性格有魅力，就是那种一直低调做事、扎实做事、不愿太与外界接触的性格。

李素萌先生，现任桂林古东旅游有限公司董事长、桂林致和文化传播有限公司董事长、桂林汇景园艺有限公司董事长、桂林古村研究会会长。

联系上他，我便径直来到他的“村”上——“东漓古村”。在一间看似普通却挑不出施工上毛病的屋子里，我们聊了起来。“我还是第一次这样和别人聊自己做景区的经历和思考。”他对我说。

他的话匣子被我“激”开了，我们一聊便是半天。

一说：“把文化植入进来，用心做景区，必有所获”

旅游景区的概念，是 20 世纪 90 年代中期开始引人注意的，不过那时候还不是很普及。进入 90 年代，深圳的一些主题公园，如锦绣中华、世界之窗等先后开业，极为引人注目，这不仅带动了后来国内许多主题公园的建设，事实上也促进了旅游景区的开发。国家旅游局从 1996 年开始组织拟订旅游区（点）质量等级划分与评定标准，1999 年获国家质量技术监督局批准施行。2001 年评出首批国家 4A 级景区，桂林七星景区、芦笛景区、漓江景区、象山景区（原象山公园、

家'的生活就延展到这两边去。如果你老局限在桂林，更何况还要跑到山上去，那就太小了，自己把自己的路给堵死了。所以我就想着延展，因此就觉得可以做这么一件事。中国最传统、最根本的，就是乡村，实际上开始就是这样设想的。"

"我们有两个体系，一个叫作地理体系，一个是时间体系。时间的话，那时候鸦片战争，洋人来了，开始开放；太平天国之后，桂林当时被破坏得不得了，就又开始重建。所以时间是从太平天国后重建开始，然后到民国结束，这是时间上。地理上，我们主要是分为南北两派，加上本地的山地民族有一派，三派融合。我们大量的房子是北派，包括受徽州的一些影响。但是有变化，建筑它是一路变化着的。武大王教授正好研究这个东西，他刚好研究到我们这里就结束，所以他说，从徽州一路过来也就是距离越远和当地结合得越深。第二个就是从闽派过来的广福建筑。从广东福建那边过来，又到我们这里交会。第三的话，就是我们本土的山地民族，有些吊脚楼，像这种房子都有点吊脚楼的形式。同时还融汇了主要是体现在不以山地为主的，就是以水为主的一面。水边的建筑和平原建筑、山地建筑有些不同，因为生产生活习惯造成了不同。我这里修建 10 年了，2010 年开始到现在 10 年了。现在还在强化文化特色，还没有正式开业。"

聊到这里，我问他担不担心这里被说成是人造的村子。

"客观讲，我这个村子实际上是属于人造的，但是如果真实的这样的村子你倒是找不到，是不是？村子都被破坏了，即使没有被破坏的，也很难开发出一个系统性的村子。当然，传统的东西它首先是强调一种原真性。但原真，其实我的东西都是原真的东西，包括我使用的材料，我的尺寸尺度，包括它放的位置。首先我的规划就是讲求自然和原真的。第二是它的系统性，就是我讲了我在原来的大圩古镇也好，什么熊村，那些村子我都去过，而且当时在灵川的话，我要改造哪个村，政府肯定会支持我去做。但我为什么没去做，因为刚开始我也讲过，我是讲系统性的，还有一个就是包容性，因为中国的古村它是一个族群文化，老大说了算，其他人是排斥的。但我们现在规划的时候就可以有各种各样的包容，一个是族群的包容，再一个是生产生活方式的包容，比如说我这里荟萃了农耕、打鱼、织布，手工就是靠种地生活的、靠水生活的、靠手艺生活的，我有三种形态在这里面，当然还有靠读书当官的。但是你在中国哪一个村找得到这么系统的？没有的。所以你说这怎么叫假，你去哪一个真的村，它都是片面的，必须要加新东西，难道那不假吗？只是假百分之几而已。如果说'假'的话，我觉得反过来倒是一个宣传点、一个卖点。我找武大王教授谈过我的这个观点：合理性、系统性、包容性、原真性。我说我做这个项目我就抓住这几性，他说很好，非常好，他说你这好像跟北欧的哪个学者的观点一样，他说有一次听学术报告的时候就听到过这种观点。我说我觉得就应该这样做，而且我这里也正是在这样做。后来他讲什么无原真还是无什么，他现在也在帮我们想一个东西，就是怎么去讲这个事。我是全国唯一的，别处没有，没有第二个，反正据我所跑，包括乌镇，说是水乡，实际上现代化了，他把人都赶出去，也是假造了一个，你在那吃饭，每个小房子里的菜单都是一样的，价钱也一样，然后就是统一管理，你负责这个小餐馆，你就要打扫客房，好像是给外面人看是你们家一样，那也是假的，也不是原真的。我说我这里下一步还要去餐厅化、去厨师化，就想回归到原真，正像陶渊明《桃花源记》里面写的那样。你客人来了，我们请你去吃，怎么样就怎么模仿，哪怕是演戏也要演得真一点，让他来这几天的感受是一种生活。纯粹的原真你也肯定受不了，肯定地说也是没有的。什么都是后来经过人手加工的，是不是？我想做的实际上倒是真的原真，我一直在慢慢摸索这种真的东西。我的责任，是做一个真实的村子，一个系统的、包容性的村子出来。”

原来，李素萌先生对此早已有自己的思考和答案。

近几年，桂林、广西、国家三级文化和旅游部门主管部门都给了“东漓古村”相应的认可：2017 年被评为“桂林市文化产业示范基地”；2018 年入选“自治区非物质文化遗产代表性项目”；2019 年入选“全国乡村旅游重点村”。

二说：“建景区做项目真的不容易”

古东瀑布也好，东漓古村也好，应该说整体上看上去都是很讲究文化和很有品质、质量的，目前听到的各方面的反映都是点赞的。作为访谈的内容之一，我向李素萌先生询问，两个景区都建设了这么长时间，除了仔细设计和精细施工之外，还有什么比较艰辛的地方。问这个问题，我是想了解开发一个特色项目的相关情况。

“我拿东漓古村来讲吧，”李素萌先生说。

“先说我在收集古旧房屋建筑时的感受，这实际上是我开发方面的一个难点。涉及古旧房屋建筑的现状问题，我也说不出是什么感受。到一些村子的时候，我们当时遇到很多漂亮的老房子，都想把它保护下来，想以两种方式保护，一个是租，一个是买了拿走，但就是搞不定。当年土改，地主老财的好房子大都比较大，1 户分给 3 家 4 家 5 家贫下中农。他们住进去后，各管各的，所以老房子整体上就眼睁睁看着垮了。我们当时去时，只能收一些残砖烂瓦回来，整栋的没办法收来。另外，最近这几年我也不下乡了。因为老房子几乎都没有了，有一些也是假的了。前几年搞保护古村建筑，政府的力度非常大，但是如果能做到更科学就更好了。一个村子你既然要保护它，它肯定有一点‘硬货’，不可能就是一栋两栋，有的村往往是十几栋几十栋。你不可能在半年一年之内完成保护，但是项目基金就是要一年或者半年做完验收。怎么可能做到呢？没有足够的专家、设计师、工匠、原材料，所以难免不能达到预期的效果。历史和文物这个东西，失去了它的原真性是毫无价值的。大概每个村都或多或少有类似的情况，这属于一种保护性破坏。所以这几年我再也不出去看了，虽然能看到飞檐翘角什么的，但表面上看起来挺漂亮，实际上也是被破坏了的。因为必须在半年内、一年内验收，很难做到完全科学，我从古村研究的角度，感觉这非常可惜。”

他谈到的问题我觉得不一定是所有的现象，但一些所谓“政绩工程”“任务工程”也肯定是有的。新农村建设如何做好传统保护，实际上是一个课题，的确应该认真破解好。

“设计开工也不容易，刚开始我想发动一些人来做这个古村，共同来做这件事，因为我们民企能力太有限了。开始是大规模做规划，我记得2012年我就自己试做了一个规划，之后我约了桂林旅游界、文化界十几个人，他们看了我的规划，都觉得这件事情做不了，认为没有做的价值。后来我又请了一些人过来，我开了十几个课题，我希望大家帮我解决。我也按照通常做法付课题经费，但没人接，有人说做你这个项目太费劲，你太较真了。还有人说做这些项目不能去评职称，没有现实意义。就是这样的情况，否则我们的项目不会拖那么久，我们能力太有限了。后来，我就是带着几个学生自己做。规划、建筑设计的专业队伍，我请不来。”

我问道，你自己设计，规划部门对你没有什么红线等方面的要求吗？“有，我们的规划，他们都要看的。一开始我们办不到证，施工证，房产证，规划许可证等，他说你用这个材料不行，你不能用这些砖，不能用木头，他的力学实验不行，不能抗震，不能防火，不能防水防潮什么，你必须用现代材料。像那种老旧的传统材料不行。现在只有城市规划法，要套用房地产规划，算你容积率，算你开间、道路等，我说你那哪叫乡村，更何况是传统乡村，他说那就不行，所以就批不下来。我说比如消防道要我修个五六米宽，哪是农村的道路，有火情时，我打电话给消防队，人还没到就烧光了。郊区或者农村有自己的消防办法，以前古代人怎么消防？乡村有乡村的办法，似乎不应该生硬对待。说力学实验，人家故宫那么多年也没垮，这是可以保护的，为什么非要用全是西方的一套计算理论体系？当时有些人也是反对的，说传统的东西是好，你要去抢救，就要赋予其时代生命感，要为现代所用。他们也承认学术上有两个观点，你应该要发展。我说我这个项目是做文化，政府应该支持一下。没想到有几位领导过来了。走了一圈，都觉得非常好，看到我做的就是一个村，一个活态的历史的再现。其实我们走了一个小面积，就是我们的房子不超过300平方米，有300平方米就用防火墙把它隔开。后来不断有一些专家和领导到这里参观指导，我也经常向他们介绍和说明，他们都对我的项目感兴趣，表示项目很好，这样我的项目也就进行得越来越顺利了。”

我在想，旅游业中，民营经济是一支重要的力量，发挥着不可替代的重要作用。桂林的旅游项目中，外资和民间资金开发的好项目不少，而国有企业一些景区，凭资源优势的很多，真正开发得很好、经营得很好的项目，却不是很多。像古东瀑布、东漓古村这样民间资本开发的景区，一路上付出诸多艰辛，仍十年如一日地在坚持，实属难能可贵！

三说：“希望形成景区开发经营的一些新格局”

我请李素萌先生谈谈他对桂林旅游景区整体上有些什么看法和思考。

“对桂林整个景区的发展情况，我的相关研究倒是真的不多。不过我是桂林人，热爱家乡，热爱桂林，我把我的两个景区努力做精做细做好，也是出于这样一种情怀，不做则已，做就做出个像样的东西来。可以横向比较一下，比如说当时做古东瀑布的时候，桂林的景区里面，民营景区是搞得不错的。那时候国有大公司的景区有点走下坡路，后来，我们所谓民营的古东瀑布，还有演艺性质的《印象·刘三姐》，做起来效果都很好。你看玉龙河漂流都很有生命力，老百姓做起来的。这可能是个体制问题，不是桂林人的能力问题，不是智慧问题。我们有些景点，包括现在还是抱着景点门票不放。西湖十几年前就拆开围墙了，我们完全可以学。两江四湖，开放型大景区，而且把一个市政工程巧妙地变成景区了。本来是个市政工程，做成景区出来，这真的是非常不错的。这是四两拨千斤，而且有生命力，可持续的生命力，环城水系也做得很好。这些问题，可能都需要做进一步的研究。”

“其实政府应该把漓江管好，把漓江文章做好。政府一定要把漓江管好。因为漓江有两个问题，第一不能破坏，一旦破坏了生态是无法修复的。如果让个人搞的话，难免有些人缺乏那种自觉性的保护意识，他受利益的驱动，对短期利益的追求等问题就出来了。第二个就是政府的收入，就是从漓江上要。将来绝对不是磨盘山买张票，看看睡睡游下去，绝对不是。它肯定是分段游，分时游，也许只游半个小时，但是你 80 元门票照收。只要你下了江，就得买票。我就抓这个，你徒步也行，都随便你，爱怎么玩都可以，只要到了漓江，哪怕做气球来也要付门票钱。坐直升机也可以，买门票。就是这个意思，政府只要做好这个就可以了，剩下的简单的竞争可以适当放出去，就集中力量把漓江搞好。我认为桂林的旅游肯定靠漓江了。除了还有些少数民族猎奇的东西，比如去龙胜去资源，这种有点猎奇的也可以，但是主流应该是漓江。漓江的上段就是桂林，中段就是我们这里，下段就是兴坪以下，其实我认为到大圩到草坪、杨堤兴坪这一段精华，我称之为东部漓江。西边，就是一条路通到底。东边随便走走停停都可以游玩。政府就拿漓江来做文章，这样也把产业带动起来、民宿带动起来、农业带动起来了。然后抓集群，桂林市的集群，阳朔市的集群，中间把大圩、草坪、兴坪搞好，这个漓江就可以充分地发挥它的作用。这一段非常好，政府就做这件事，集中兵力打歼灭战。剩下的就交给企业去做。”

“还有就是做好文化资源的开发利用。有一次和王城景区谈了文化桂林这么一个概念，就是说我们可以一起做文化，我‘东漓古村’是其中之一，古东瀑布也是，我们三家，包括大圩古镇的公司，做村镇城三个体系，我是村，大圩是镇，王城是城，这就是桂林历史文化的一个重要方面，我们就是做好城里怎样，镇里怎样，村里怎样，如果我们把它做好了，打个包，我们找准一些局部的市场做深做透，因为这些市场的人不缺钱，缺产品，也不缺时间，缺队友。当然像‘桂海碑林’一类的也应该继续做好。”

“上面这些，是我构画的桂林景区开发建设经营的一些新的格局。我真心希望它能够形成并一直发展下去。”

作为桂林人，又一直从事着旅游事业，李素萌先生是有责任心、事业心的。一位民营企业家，他不急功近利地简单追求短期和眼前的效益，而是十年磨一剑，用心做景区，用心做文化，对家乡桂林整个景区开发经营的大局也有整套的看法和思考，我觉得实在是令人钦佩。

苏理立先生访谈录

（访谈时间：2020 年 10 月）

我曾在中国作家网上看到：苏理立，笔名李梨、历千，《桂林旅游报》编辑部主任，《桂林日报》《桂林晚报》副总编辑、总编辑，高级编辑。1980 年开始发表作品。1992 年加入中国作家协会。著有长篇小说《第一个总统》（合作）、《李宗仁与郭德洁》《白崇禧传奇》《李宗仁和他最后一位夫人》，传记文学《李宗仁家世》《孙中山在桂林》，散文集《阳朔仙境》《随缘笔记》，主编“桂林文艺家传略”“桂林揽胜”等丛书。

苏理立先生 20 世纪 80 年代末期创办过《桂林旅游报》，还发表过几部有关历史名人的文学作品，他又是老桂林人，从事桂林报业工作多年，我决定对他进行一次访谈。

前几天，和苏理立先生见面时，他送了我一本最近出版的书，叫《大美桂林》。这本书由他主持编写，2018 年 12 月由广西美术出版社出版。苏总说，有关专家学者耗时两年完成的《大美桂林》，以旅游体验感的散文笔调，图文并茂地介绍了桂林的主要旅游景区，是目前桂林旅游的一本全面而且精美的景区“宝典”，对宣传桂林旅游会发挥很好的作用。

我们一聊便是一个上午。

一说：“桂林办过一张旅游报”

第一个话题自然是《桂林旅游报》。

“我作为《桂林旅游报》编辑部主任，编审每一期报纸，我对这份报纸充满感情。”

提到《桂林旅游报》，苏总的话匣子立即就打开了。

“《桂林旅游报》是 1988 年筹备创办的。当时，报刊行业进行整顿，自治区一位领导说没有一张旅游报不行吧？那时候报纸要刊号，就给桂林留了一个刊号。我们报社知道了这个情况，就要了这个刊号。于是便启动筹备开办《桂林旅游报》。”

“开始时，报社只有五六个人干这个活，罗广英、龙丽芳、骆绍刚等。当时确定的是办周报，一周一期。办报纸的时候，我们刚开始还不知道办好一张报纸有多么艰难，也不知道该怎么办，反正大家都很有信心，认为桂林是一座著名的旅游城市，应该有这么一份报纸，也应该能够办好这样一份报纸。在我们几个齐心协力的努力之下，1988 年 10 月，《桂林旅游报》试刊第一期面世了！我记得我们在‘试刊致读者’里说到，旅游是人们对美的追求，对我国来说是一个对外开放的窗口，桂林旅游业正是在改革开放中创建和发展的，《桂林旅游报》和大家见面了，人们期望她有所作为，我们决心把她办好。我们还说，《桂林旅游报》从她诞生第一天起，就会同广大读者同欢乐、共呼吸，我们立足旅游，面向社会；立足桂林，面向全国。我们会融思想性、趣味性、知识性、服务性于一体，愿以热忱的服务，成为广大旅游者和读者的挚友，成为旅游界朋友们的伙伴。从这一期起，《桂林旅游报》正式启航了。”

“报纸是这样设定的，每周一期，每期 4 版，第一版是新闻和综合版，第二版是旅游服务版，第三版是旅游博览版，第四版为文艺副刊版，整体为 4 开报纸。”

“当时在广西，是第一份旅游专业报，《广西旅游报》后来也开办了，但比我们要晚。全国有旅游报的地方也不多，就是几个城市。全国同行还经常聚到一起开会，交流、研究如何办好这种专业报纸，我常常去一些地方参加这类会议。广西旅游局对我们的《桂林旅游报》比较重视，认为对提升整个广西旅游业有好处，还不时通知行业扩大订阅。”

几天后，我曾到桂林日报社查阅《桂林旅游报》，感觉报纸办得还真是很用心。其实报纸问世那一年，我刚好从北方调来桂林。报纸停办的第二年，即 1996 年我又调到桂林市旅游局工作。这期间，我也曾偶尔看过这张报纸，但相对系统地和比较全面地翻阅，还是这次在报社的资料室里。后来主政桂林市旅游局工作后，我很想找办报的人士聊聊，或者把报纸都找来再看看，这一直是我心中的一个愿望，只是忙来忙去没有实施自己的想法。这次访谈苏总和到报社查阅，实际上也是实现了自己多年来的愿望。

我继续听着苏总的讲述。

“《桂林旅游报》的信息量还是很大的，因为稿件比较多，我们的记者也不辞辛苦整天到处去跑。‘旅游博览’版里，国外的、国内的、区内的、市内的，古代的、现代的，各种趣闻、各种介绍都非常多，我记得什么日本的古街、泰国的美食、杭州的丝绸、昆明的米线，宋代桂林的旅游宾馆，什么都有；‘旅游服务’里，旅行社的做法、酒店的新招、旅游业界的一些技能竞赛、商贸对旅游的支持等，也比比皆是；‘文艺副刊’方面，描述这里的风景、记述那里的历史，还有许许多多的游记，比较吸引人。”

“第一版里，国家、自治区、桂林市对旅游工作的政策和要求、国内外和桂林市旅游行业的大事、与旅游发展有关联的各类其他大事小情，都能找到。可以说，《桂林旅游报》做到了我们办报之初的设计，在落实办报宗旨方面是成功的。”

“我们的报纸是受到欢迎和肯定的，我记得在办报二周年召开的座谈会上，到会人员在发言中称赞报纸坚持正确舆论引导、宣传广西桂林旅游经济和开展社会服务以及在版面上‘新、实、趣、美’取得的成绩；办报五周年时，市委书记、市长专门为报纸题词，广西旅游局发来贺电说报纸为推动广西旅游业发展做出了贡献。”

“《桂林旅游报》从报纸的角度看，办的应该还是不错的，有相当的特色，报界同行给予了不少好评。毕竟桂林是这样一个旅游城市，国家、自治区都非常关注和关心；毕竟市领导和报社领导非常重视以及放手让我们大胆去闯；毕竟桂林旅游业界的大量实践产生出大量的新闻和趣事；毕竟写桂林的游记、作品比较多；毕竟我们报人也十分用心和努力。我们是很有动力坚持办好这张报纸的。”

后来为什么停办了呢？这也是我一直想了解的。

“停办确实是非常可惜的，非常可惜。我们也常想为什么，可能一个是周期太长，一周才一张 4 开的小报纸；另一个来桂林旅游的人不买这张报纸，你每一期是有一些内容，他来这里不是去这个地点，对他来说可能不太适用。重要的是没有广告，没有广告养不起报。后来在 1994 年 10 月份的时候，又掀起了一个办晚报的热潮。没有办法，我们便想把这张报纸的刊号保留，改成晚报，面向百姓面向生活。我觉得非常可惜，很可惜，但是没有市场啊。改成晚报之后，旅游方面的东西也还是没少登，但是接近百姓的东西，生活的东西多了一些。《桂林晚报》是从 1995 年 8 月份开始的，算起来，《桂林旅游报》一共是办了六年半的时间。”

“这 6 年多也确实很难，没市场，很难。那个时候，如果说面向全国发行倒是可以，可那时候太早，也好像没这个氛围，我们算是超前了，当时全国好像有个《江苏旅游报》，那是无锡办的。还有一个西安，有一张旅游报，我们经常开会，普遍反映的问题就是没有广告。本来是可以登广告的，但大家都不太在专业报上登广告。《桂林旅游报》当时一年广告收入也就是几十万块钱，没办法维持，只能改晚报了。”

“那时候有《中国旅游报》，发行方面也是有一定难度，好在它是面向全国的。广西后来办了一张《广西旅游报》出来，我知道也没办多久。”

“1995 年 6 月，最后一期《桂林旅游报》发表了‘本报改刊致读者’的文章，题目是‘拓展新天地，更上一层楼’，回顾了《桂林旅游报》走过的 6 年半艰辛历程，说明了改刊成《桂林晚报》的具体安排，同时也表示晚报会继续为桂林的‘两顶桂冠’锦上添花。”

关于《桂林旅游报》停办一事，苏总也一口气说了这么多，可见他觉得可惜是发自内心的，刚才的话里，连续讲了几个“可惜”，足可以看出他对《桂林旅游报》充满感情。

二说：“历史文化资源应当用好”

苏总对桂林的历史文化有相当的研究，我们的话题接着便扯到了这一方面。

“在谈到桂林旅游的时候，很多人认为桂林的历史文化资源没有用好，或者是没有用到位。桂林山水甲天下，桂林自然山水风光得天独厚，这确实是桂林最大的发展旅游的优势，桂林旅游业现在也主要是靠自然资源。但桂林历史文化资源也是相当厉害的，很厚重的，却不为国内外旅游者所深入认识。目前像王城景区等，也开发出了一些，但还远远不够。随着旅游业不断向前发展，桂林应该把‘国家首批历史文化名城’这张名片擦得更亮。”

“最近几年，桂林的一个做法我觉得非常不错，就是‘挖掘文化的力量，寻找文化的价值’，这个挺好。你看，《桂林历史文化大典》出来了；逍遥楼重建开放了；东西巷历史文化街区开街了。这些都是历史文化，都是有吸引力的。不过，灵渠、相思埭、桂海碑林还没有用好，没有发挥它们应有的作用。历史文化方面，可以挖掘的潜力还有不少，我觉得在发展旅游方面是能够起到作用的。”

“逍遥楼是唐代建筑，这次是重建。下面有个‘状元廊’，把桂林历史上出现的八位状元都立了像，做了说明。桂林很厉害的，广西历史上共有十一位状元，桂林占了八位。八位状元中，赵观文、裴说是唐朝的，王世则、李珙是宋代的，陈继昌、龙启瑞、张建勋、刘福姚是清朝的。其中陈继昌是三元及第。广西历史上两个三元及第，一个是宋朝时的冯京，平南人，一个是清朝时的陈继昌，临桂人。中国1300年的科举制度，最后在清朝时结束。单是清朝，桂林就出了几个状元，都是临桂（桂林）人，这可能与当时这里的那种提倡学习的风气有关。三元及第的陈继昌，是最厉害的。整个清朝268年，只有两个三元及第，260多年才出了两个。浙江文化比较发达，出了一个，再就是临桂。还有那时候的‘一县八进士三科二状元’，这也是相当厉害的，这都是临桂（桂林）创造的奇迹，所以说科举文化这一块太有文章可做了。清朝末年还出了一个临桂词派，王鹏运、况周颐他们兴起的，那时候整个临桂的氛围就是读书。民国时候，临桂出了李宗仁、白崇禧等名人。李宗仁，是临桂普通农民的一个子弟，能够当这么大的官，肯定也是有很多故事的。他当上代总统，据说桂林米粉还起了作用。共产党的干部，临桂出了李天佑。我们临桂是个很奇特的地方，后来新中国时期还出了很多举重冠军，临桂了不得。这些历史文化的东西，其实从旅游角度讲也是有市场的，我们没有挖掘好。桂林，即便是现在的临桂区都没有用好这一块资源，没有让它在旅游业发展中起到相应的作用。”

“桂海碑林、灵渠、相思埭都是现成的东西，可在旅游发展方面它的影响力也没有发挥出来，我觉得潜力是有的，我们可以有所作为。”

作为桂林文人，苏理立先生对此感到惋惜。

“名人故居也是旅游资源，可以吸引一部分游人。李宗仁故居是一个，另外还有很多，比如唐景崧故居，不是月岭古民居，是他的新居，还有他在桂林的住所。唐的故居也不简单。民国时期阳朔还有个徐悲鸿故居，也不错。”

“1994年，国家旅游局确定当年的旅游主题是‘94中国文物古迹游’，《桂林旅游报》还刊登了国家旅游局和国家文物局的‘活动方案’。方案中应该是列出了十多条旅游线路，其中徐霞客旅游线包括桂林柳州，桂林靖江王墓列入中国著名古迹景点。方案包括了桂林，非常好，但同时又感到桂林很多极具特色的东西没有列入进来，这也间接说明了我们自己开发和宣传推介得不够到位。徐霞客不是桂林人，但他在桂林考察的时间不短，他的游记里关于桂林的内容还很多。徐霞客是大名人，我们‘用’他也还用得不够。桂林的古迹非常多，可以列入或者借助这一年的机会把历史文化资源好好整理整理，做一个开发利用的计划。”

“历史文化都是以名人、古迹、石刻、书籍、故居等为载体的。前面说了一些名人，桂林出的名人其实不少，如中国画坛上的石涛，他是靖江王的一个后代，后来落魄没办法，隐名埋姓在全州待了差不多18年，也是很奇葩的。石涛最后成了清朝的名画家。我觉得这些都是可以开发成旅游产品的。”

“我们正在做着一个项目，叫‘名人堂’，是白崇禧的公子白先勇倡导的，他出钱，地点也在榕湖饭店里面的‘白公馆’，用原来办公那个地方，来做百姓文学馆。当初设想从唐朝开始一直搞到现代，在桂林出生的或者与桂林有关的找了280 位名人。后来觉得人太多，调整为清朝晚期、民国、新中国三个时间段，人数先定在 200 人左右。我们大概搞了 4 个月，现在已经基本上做完了。这些人的姓名，他们的简历，他们与桂林的关系，对桂林的贡献，都理出来了。他请了北京的一个编辑，电影的编辑来帮他把这些人搞成展板式的，一块一块挂在白公馆里面。‘名人堂’今年要搞出来，这个挺有意义，像个小博物馆一样。实际上，它就是名人博物馆。这个项目在内容上，工作量还是很大的。所收名人主要是桂林籍的人。对不是桂林籍的，就考虑贡献特别大的人。我们 6 个人整理有关资料，一共搞了 4 个月。‘名人堂’对旅游肯定有作用。我们的资料，很多还是很难得的，都很有价值。”

“通过古迹、故居、名人等宣传桂林的历史文化，宣传桂林城市的厚重性，在旅游上是可以做一些事情的。古迹游、博物馆游、名人故里游，都是旅游方面的重要内容。桂林不是光有山水，还有历史文化，历史文化资源还特别有特色，开发利用好了是会有市场的，关键是怎么开发，怎么推介，怎么安排旅游项目。山水观光、休闲度假旅游要提升品质，历史文化旅游产品也是一样。‘两顶桂冠’我们说了很多年，我感觉还是没有开发利用好，‘历史文化名城’的影响力还不是很大，桂林应该继续研究，不间断地做好这一篇文章。”

听着苏理立先生讲起的这方面的看法，我又一次切实感到，早就存在的这个问题，的确还没有解决好。我作为在市旅游局工作多年的人，回想起来深深认识到也是有责任的。总体上看，即使站在现在的角度看，桂林也还是有着继续做好这方面工作的巨大空间。

三说：“还有几个方面可以继续加强”

聊完了《桂林旅游报》和历史文化资源两个方面之后，我继续把访谈话题扣紧在旅游上，想让苏理立先生多说一点。我想苏总作为老桂林人、老报人和大作家，对桂林旅游一定是有思考的，想从他那里“挖”些东西出来。

“我对桂林旅游虽说并不陌生，但专门的思考和研究还是不算多的。”苏总一向是很低调的。

我坚持说苏总肯定是有思考和研究的，一定要请苏总说上几条。

“那就说点粗浅的看法吧。”苏总拗不过我。

“我是做报纸出身的，先谈谈旅游宣传。旅游要发展，旅游宣传是必不可少的。我认为除了广告和推介会之外，出些游记、散文之类的书籍，会有相当的作用和效果。很多人可能愿意看这些东西，看着这一类的作品出游。小学课本里的《桂林山水》一文，让多少人期待来桂林旅游，宣传桂林的效果怎么说都不为过。我之前出过散文集《阳朔仙境》，不少人看了说要来阳朔。我还编过一部“桂林揽胜”丛书，介绍和宣传桂林旅游。这次送给你的《大美桂林》，也是出于相同的考虑。尽管这本书是市社科联的一个项目，他们找到我的，不过这样的书籍我很愿意去做。桂林旅游方面的书出了很多，可在景区介绍方面，却没有一本很全的。这一本我们登了300多幅照片，每个景点基本上有一幅，过去的书没有这么多照片。好的照片，可以鼓动别人去这个景点，这一本书相比过去好了这一点。《大美桂林》有300页那么厚，大约有50万字，等于是个景点大全，包括了12个县，加上桂林市，一共13个单元。我相信，这本书会产生一定的影响。所以，旅游宣传应该多多加上这种形式，它有时候可能比广告和推介会的效果要好一些。”

“再一个，总体来讲，我们做旅游好像烧红薯，烧一截是一截，没有个整体上的谋划，或者思路。我首先去做什么，谁去做，一路下去接着怎么做，这也是一个问题，就是系统性差，烧出一截吃一截。这一点，刚开始发展时可能也没有办法。后来回想起来，就像那时候叫我去办旅游报，可是怎么办？什么都没讲。就给我们自己闯，让我们去探索。不过现在不一样了，我们一定要把系统性讲起来，按照总体思路去做，尤其是现在建设国际旅游胜地，具体做起来时，就是必须要按总的设计一步一步地做好。”

的确是这样的，不管是全市，还是一些具体的项目，拍脑袋的时候不少，浪费了时日的事例也有，苏总讲得极是。

“美食是与旅游密切相关的，桂林美食很多，可以继续挖掘。比如桂林米粉，现在有些新的发展，但还应该让它更加响亮。就说桂林米粉，它也有很多故事的，讲好故事，对米粉发展和对旅游发展都有好处。白先勇，我写过关于他的两篇文章，他有桂林情结，我就写过他回来时怎么找米粉吃，写他一定要去花桥头吃米粉，写他一吃就是两碗。米粉的故事再往上说，有‘半壁民国一碗粉’的说法，说的是当年李宗仁选代总统，桂林米粉发挥了大的作用。类似的其他故事也还有不少，讲故事就是一种文化。把美食和文化结合起来，是大有好处的。桂林一定要在现有美食的基础上，挖掘提升出一套享誉中外、讲食材讲健康的‘桂林菜’出来。”

这一条我也是非常赞成的。

“旅游商品很重要，做得好能够提高旅游收入。《桂林旅游报》在头两年，广告虽然不多，但刊登过几次‘桂林三宝’广告。一个地方的特产，应该一直坚持下来，让它成为无论过了多少年，也还是叫得响的特产。这方面好像现在东西多了，‘三宝’也没那么响亮了，其实我们也可以做好，应该坚持去做。我们曾经讨论什么叫旅游商品、本地特产，三花酒、豆腐乳，这些东西不是什么必需品，不是非要不可的，但是它确实能够做成游客都买的特产。这个也可以通过讲故事来做。我记得刚办旅游报没有多少时间，贺敬之来过一次桂林，我们陪着他，他书法也可以，给桂林写了一幅字，里边有一句话是‘三花酒掺一份漓江水，祖国啊。对你的爱情百年醉’。这话说得非常好，不过立即有人就提醒他，掺水好像掺假，他从那以后就改作了‘三花酒兑一份漓江水’，这个事情当时就在旅游报上登过。贺敬之很有名气，他把三花酒和漓江连在一起，他的这段故事，就可以用来宣传桂林三花酒，他这个资源我们就没有用好。特产商品方面，我们当时有点‘夜屎佬’了。我们曾建议过，说三花酒可以做一种小瓶比如二两装的，做特别精致的瓶子装上酒，放在象鼻山，买门票，就送给他一小瓶，宣传并加上请他品尝，他有可能多买一些带回去，自己喝或者是当礼品送人。后来他们没做，舍不得吧，另外当时大概也不愁销售。可看看现在，我感到三花酒并不算做得很好。三花酒是个例子，其他特产、商品也是一样。总之，搞好生产，讲好故事，做好销售，旅游商品也是大有文章可作的。”

“民宿，也是一个方向性的业态，我们报社张迪在阳朔做过，他还当了民宿协会的会长。他在遇龙河的那间民宿，我去体验过，感觉很好。我认为小型民宿在桂林是有广阔天地的。”

越听越感觉苏总思考到的旅游领域还真不少。

“过去，关于旅游和工业谁为主导，常有争论。我是这样认为的，要现实地看，你不把旅游摆在一个重要的地位，肯定不妥，但你把它摆得很重要，它也产生不了多少收入。问题就在这里。不过，桂林最终还是很早就确认了旅游经济的主导地位，好像 1985 年就确定了下来。时至现在，更不存在这个问题了。旅游和其他产业，都已经选好了各自的发展路径、发展方向。旅游对桂林自身的发展，对扶贫，对扩大桂林的知名度和影响力，作用是非常大的。从旅游角度讲，桂林要把很多产品开发和经营好，包括历史文化产品，也包括生活文化、民族文化产品，还要把这些产品宣传好。”

时间已到中午，我不得不建议这次就聊到这里。我一边说一边在心里想，我今后一定还要再找机会，拜访苏总，听听他讲讲桂林的历史文化，讲讲桂林的旅游。

庞铁坚先生访谈录

（访谈时间：2020 年 4 月）

庞铁坚先生，桂林旅游学会会长，2005 年担任至今。

早在三十多年前，我就知道了他的名字。那时候我在大连一所大学旅游教研室工作，对全国各地旅游研究开展情况收集过一些资料，得知桂林旅游学会 1980 年成立，是在全国较早成立的一个学会。查阅桂林旅游学会有关资料时，看到了该学会署有庞铁坚名字的文章。后来我调到桂林，没过几年又被安排到桂林市旅游局工作，巧的是后来庞铁坚先生也来旅游局工作了。两人在一起算是比较投缘，很谈得来，还不时探讨一些问题，我叫他铁坚至今。

铁坚先生，是一个对工作非常认真、精于耕耘的人，对旅游的钻研探讨也非常执着，从未间断。他在工作和研究两个方面都有许多成就，受到多方好评。2005 年，他当选桂林旅游学会会长，由于他的水平和威望，后来又两次连任。

最近，我选择一些在桂林旅游界有三十年左右经历的人进行访谈，铁坚先生自然成为我必须要约的一位。

不过，对他的访谈，正值举国上下防控新冠肺炎的特殊时期，因此访谈的方式和时间跨度也与对别人的访谈不同。1 月中旬约定，2 月下旬通过电话开始，3 月中旬采用了书面形式，4 月上旬才得以面对面进行一些问答。

一说：“工作上我做了些有益桂林旅游发展的事儿”

铁坚的工作经历，最早是在桂林市物价局，后来去市雁山区，之后到市社科联，再之后就是市旅游局，先后担任过物价局信息科科长、物价局涉外价格科科长和公用事业价格科科长、雁山区副区长、社科联副主席、旅游局副局长和调研员。他在每一个岗位上，都实实在在做了许多“有益桂林旅游发展的事儿”。

“1980 年起，我从学校毕业后就在物价局工作，长达 17 年。因为是旅游城市的物价部门，工作上自然对旅游价格考虑得多一些。20 世纪 80 年代，由入境旅游带动的旅游业蓬勃发展起来。由于入境旅游消费水平高，国内旅游消费水平低，市民的消费能力更低，怎样合理制定旅游门票，就成为一个比较突出的问题。在景区票价制定思路上，我提出在旅游价格中，分别按照入境游客、国内游客和市民三个层次制定不同的价格，兼顾三个层次来考虑不同的价格水平。这样的定价策略，能够尽可能地增加旅游城市的地方收益，又适应旅游者的消费能力，故很受地方领导和旅游景区的欢迎。同样，我也按照这个思路提出了旅游饭店的定价思路，报自治区物价局批准后实施，使得旅游饭店也有较好的收益。在计划经济时期，这种做法无可非议，也被许多旅游城市所借鉴。”

“在旅游业发展早期，旅游所带来的相对高价格在旅游业形成了突出的高额利润，而地方政府却无力对旅游基础设施进行必要的改造，这成为桂林这类经济落后、但名气较大的旅游城市所面临的一个重要矛盾。1986 年，我提出在旅游价格中设立‘旅游资源保护费’，即在旅游收入的超额利润中切出一块交给地方财政，用于旅游基础设施的建设和维护。1988 年，这项收费更名为‘旅游资源维护基金’，物价局承担这项收费的征收工作，我是具体负责人。1988 年，该项基金入库 800 多万元。1996 年，该项基金入库为 2600 多万元，成为当时一项重要的非税来源。《中华人民共和国价格法》实施后，根据形势变化，此项收费更名为‘价格调节基金’，仍然由物价管理部门征收，但用途已经有了改变。”

“1997 年元月，我调到雁山区任副区长，分管经济和旅游工作。为推进冠岩景区发展，1997 年，雁山区成立冠岩景区开发区领导小组，时任区委书记的袁绪祥任组长，我和崔英智担任副组长，具体组织冠岩景区建设工作。当时的设想就是把草坪乡打造成一个旅游小镇。我还在《桂林日报》上写了文章向社会介绍这个思路。1998 年 4 月，我担任愚自乐园项目的乙方（雁山区）首席谈判代表，与投资人曹日章的首席代表叶鸿鹏先生进行了长达 4 个月的谈判，最终于 1998 年 8 月签署了愚自乐园项目投资协议。”

“2000 年 7 月，我调到桂林市社科联任副主席，并于 2000—2004 年主持社科联日常工作。社科联是个联系社科界的群团部门，在社科联，与许多学界人士成为朋友，对我帮助很大。这期间，我写作并出版了《山水甲天下的桂林》《推开桂林的门扉》《阳朔旅游草皮书》等著作，这些著作，都是以桂林旅游为主题，内容包括桂林风景和历史文化、民族风情等方面。在这一时期，我还先后担任了‘关于旅游成片开发的几点思考’和‘桂林旅游景点价格的调研与思考’两个课题的执笔人。”

"2007年7月，我调到桂林市旅游局任党组成员、副局长。先后分管过旅游规划与法规、旅游酒店、旅游景区、旅行社、旅游安全、旅游统计等工作。期间，经历了漓江景区、乐满地景区的5A级景区挂牌和整改，阳朔碧莲江景五星级酒店挂牌，独秀峰·王城景区升5A级的策划、规划和挂牌，两江四湖·象山景区申报5A级景区的规划工作。2009年6月，国家发改委课题组在杜鹰副主任率领下到桂林调研，我与李志刚局长等人在递交的汇报材料中提出了'建设桂林国家旅游综合改革试验区'的建议。年末，国务院下发《关于加快广西经济社会发展的若干意见》(国发〔2009〕42号)，文中明确提出'建设桂林国家旅游综合改革试验区''打造桂林国际旅游胜地'。2010年年初，随市考察团赴海南考察学习海南省提出建设"海南国际旅游岛"的经验，正式向上级提出建设桂林旅游综合改革试验区的设想。3月，随自治区、桂林市领导赴北京向国家旅游局和国家发改委汇报有关设想，得到上述两部门的支持。在北京期间，经国家发改委体改司司长孔泾源推荐，中国体改研究会副秘书长、《中国改革》杂志社总编辑袁绪程(也是我在旅游学会认识的老朋友)应邀担任《桂林国家旅游综合改革试验区建设发展规划纲要》起草组组长，我成为桂林的唯一代表加入起草组。我主要负责"桂林国家旅游综合改革试验区战略定位"部分，我拟了五条要点。在将草案报送送国家发改委听取意见时，国家发改委建议将文本改为立足于"国际旅游胜地建设"。当月，由发改委社会司牵头，国务院15个部委组成的调研组到桂林进行了为期一周的调研工作。调研组在桂林分为三个组，到市区、阳朔、龙胜、兴安、荔浦等县并在阳朔与桂林市委、市政府交换了意见，确定了新的规划文本写作方向。国家发改委宏观经济研究院杨玉英应邀担任《桂林国际旅游胜地建设发展规划纲要》起草组组长，桂林市发改委派出李惠民、桂林市旅游局派出我和唐飞鸿为课题组桂林方成员。课题组再次聚集北京，进行封闭式写作，本人仍然主要担任战略定位部分的起草任务。这次完成初稿历时约一个月。在这一版文稿中，'战略定位'中由原来的五条压缩为四条。2012年5月，国家发改委社会司在北京组织听取国务院各部委意见的座谈会。之后，根据各部委的意见再次进行修改后，由桂林市将《桂林国际旅游胜地建设发展规划纲要(请求稿)》报自治区人民政府，自治区人民政府在听取各厅局意见后，定稿上报国务院。2012年11月1日，中共十七届中央委员会第七次全体会议开幕那天，经国务院同意(温总理及各位副总理均签了字)，国家发改委批复了《桂林国际旅游胜地建设发展规划纲要》。这个文本，为桂林旅游发展树立了更高的标杆，可以说是桂林旅游史上一份重要的历史性文件。有幸成为这个文件的策划人之一和参与者，对自己而言，是件很荣幸的事情。”

二说：“我一直坚持对桂林旅游的关键问题进行研究”

铁坚是一位善于并擅长做学问搞研究的人，早年他就是桂林旅游学会的第一批会员。多年来，在工作期间和工作之余，他一直坚持开展一些研究探讨，而且成果颇丰。这次访谈，我自然要和他扯扯这方面的话题。

“桂林旅游学会是 1980 年 11 月成立的，我算第一批会员。当时，我对《学术论坛》一篇谈旅游的文章有不同看法，于是我写了《我国旅游经济政策初探》一文，发表在 1981 年第 4 期的《湖北财经学院学报》（季刊）上。这个刊物的每一期目录都会刊登在《光明日报》上，我也是最早从《光明日报》上知道文章发表的。这篇论文提出将桂林建成‘旅游特区’的设想，这篇文章的亮点还在于提出对旅游城市要有相应政策倾斜。同样是这一年，我写了一封信给《人民日报》，就外汇兑换券出现的问题提出自己的看法，从市场秩序规范的角度出发，建议停止发行外汇兑换券。《人民日报》发表了我的来信。1994 年，国家决定停止发行外汇兑换券。当然，这个重大的政策变化并不是因为我的那封来信而调整，而是整个外贸体制改革的重要组成部分。这两篇文章，算是我最早结合对桂林旅游的观察与思考就旅游经济相关问题进行的探讨吧。”

铁坚先生从在物价局工作和加入桂林旅游学会开始，就没有停止过对旅游问题的研究。他早期写的《园林票价的几个问题》一文，对桂林旅游价格的制定产生了积极的影响；他针对旅游饭店最低保护价问题，写的相关文章，先后在《中国旅游报》和国家旅游局主办的《旅游调研》上发表；1988 年，桂林旅游学会组织编写《旅游基础教程》一书，由中国人事出版社出版，他承担“旅游市场”一章的撰写，对“旅游市场的概念”“旅游需求与旅游供给”“世界旅游市场细分”“中国旅游市场的现状及展望”做了清楚的阐述；1992 年，他在中国人民大学研究生院的研究生进修班学习投资经济专业，撰写的论文《论旅游投资与效益》，被收入广西社科联出版的相关文集中。

“到旅游局工作以后，我有了更多更为直接的机会和时间思考、研究桂林旅游的一些现象，阐述我的一些观点。我的主要著作有：《走遍中国——广西卷》（2008 年，合著，中国旅游出版社）、《漓江》（2010 年，广东人民出版社）、《行走龙脊》（2010 年，广西美术出版社）、《推开桂林的门扉》（2010 年，再版，广西师范大学出版社），《桂林旅游发展研究文集 2000—2010》（2011 年，主编，北京大学出版社）、《桂林国际旅游胜地核心竞争力研究》（2015年，主编，广西师范大学出版社）、《愚自乐园——一个台湾人的文化情怀》（2016年，广西师范大学出版社）、《提升桂林国际旅游胜地核心竞争力路径研究》（2017年，主编，中国旅游出版社）。还先后发表了多篇论文，主要有：《建设桂林国家旅游综合改革试验区的几点思考》《桂林国际旅游胜地建设前瞻》《关于旅游统计的几点思考》《桂林国际旅游胜地建设的若干思考》《桂林近年入境旅游市场变化分析》《关于做好桂林旅游宣传工作的几点思考》《桂林旅游发展：应该朝哪个方向使力》《扎根现实的理论创新成果》《乡村文化与乡村旅游关系之思考》。这些论文，分别发表在《中国旅游报》《中国旅游评论》《社会科学家》《中共桂林市委学校学报》等报刊上。其中，《乡村文化与乡村旅游关系之思考》被湖南旅游学会收入相关文集中。”

我请铁坚就桂林国际旅游胜地以及桂林作为国际旅游胜地的核心竞争力谈谈他的研究成果。

“我在《提升桂林国际旅游胜地核心竞争力路径研究》一书中，在对‘国际旅游胜地’‘核心竞争力’‘旅游目的地核心竞争力’等一些重要概念进行了清晰阐述之后，我提出：桂林得天独厚的山水资源和自然环境是桂林作为国际旅游胜地最核心的竞争力，同时我们需要借助一般竞争力的提升将桂林特有的山水资源和自然环境彰显出来，进而达到提升桂林国际旅游核心竞争力的目的。而要达到这一目的，我认为桂林需要做到：一是将丰富的旅游资源转化为差异化的旅游产品体系；二是不断加强交通等旅游公共服务体系建设；三是推动建设‘无景点’的全域旅游模式；四是提高全市旅游从业人员的整体素质；五是推动国际知名的旅游产品、旅游企业、旅游节事活动蓬勃发展；六是通过体制创新，促进桂林旅游市场持久良性发展；七是加强文旅融合，实现旅游与文化等相关产业共同繁荣。”

“我在《桂林国际旅游胜地核心竞争力战略研究》（见广西师大出版社《桂林国际旅游胜地核心竞争力研究》一书）这篇论文中，阐述了《桂林国际旅游胜地建设发展规划纲要》的出台背景和桂林国际旅游胜地的战略定位。桂林的战略定位有四个：世界一流的旅游目的地；全国生态文明建设示范区；全国旅游创新发展先行区；区域性文化旅游中心和国际交流的重要平台。在这四个战略定位中，我认为，‘世界一流旅游目的地’处于核心地位，后三个属于重要支撑条件。四个战略定位的落实过程，就是桂林核心竞争力的形成过程。我强调，要实现上述战略定位，桂林必须扬长避短，发挥优势。比如，要在城镇化发展、生态环境建设方面下足功夫，多建设一些特色城镇，多体现山水特色，多调整产业比关系，多注重文化因素，多加强公共服务，多维护生态环境等。这些具体事项，往往都是建设胜地、提升核心竞争力的重要实现路径。”

铁坚思维缜密，看问题深入精准，这自然是他平时积累了扎实功底的结果。听着听着，我又一次感到，他在行政管理的岗位上，产出了不亚于一般学者的研究成果；他在会长的位置上，推进了对桂林旅游的探索研究。如果他有旅游行政或者旅游研究的更好平台，那他一定会有更多的业绩和更大的成就。

铁坚刚刚完稿一部大作，是《桂林旅游发展史》，这是他对桂林旅游的又一个贡献。我有幸成为一个征求意见的对象，先读到了这部作品。真心期待它早日呈现在更多读者面前。

三说：“下一步，我觉得应该强力做好的几个工作”

我们的话题自然又扯到关于桂林旅游下一步应该怎么发展上，这也是我对每一位访谈对象都要提到的问题。

“桂林旅游最早是从观光旅游起步的，桂林也是因为独特的山水风光闻名于世，才在早期的旅游发展中占据有利地位，取得了相应成绩的。随着时代发展，一方面是旅游者多样化的旅游需求变得突出，另一方面则是许多不具备传统旅游资源的城市意图发展旅游业。两个方面共同作用的结果，就是旅游业的主要形态从传统的观光向观光、度假、会展、商务、休闲、研学等多元化方向转型。这个转变，桂林也在很早就注意到了。《印象·刘三姐》和地中海俱乐部度假村，就是这种转型的产物，一个是文化演艺，一个是度假，因为很好地顺应了时代发展，又借助桂林这个旅游热点城市，所以一炮走红，在业界起到标杆作用。这是桂林适应旅游发展需要的体现，是可圈可点的。”

“说到观光旅游，过去我们的观光是非常粗糙的观光，风尘仆仆坐着没有空调的车，沿着坑坑洼洼的道路去码头，上一条船，在那个喧嚣的马达声中听导游拿个喇叭声嘶力竭地喊，是这样一种观光旅游。我们可以开发很有品质的观光旅游。比如说，我坐着一艘非常静音的游船，像那种很豪华的游艇一样，戴一个耳麦调到自己熟悉的语种听讲解，面前摆着很好的咖啡。这一步，现在还没走到呢。观光的市场，对于桂林来说，一定是个大市场，但是，直到现在，桂林的观光产品也没做出细分。现在能做的，无非就是三星船、四星船、五星船，上去是一样的，服务是一样的，票价不一样，上去以后服务是一样的。可是，服务不一样，这一点非常重要。漓江的游船，原来我就设想过，我们做好广告做好营销，比如可以把世界围棋比赛放在漓江游船上。为了安静，赛事游船根本就不用在这个主航道，可以安排在桂林市区到大圩这一段，没有别的船，很安静，船在江上慢慢漂，赛手在甲板上对弈。我认为旅游是很有潜力的，产品要细分，服务要细分。我们在认识上有个偏差，往往以为度假旅游比较高端，观光旅游比较低端。其实观光旅游有高端产品，有大众产品；度假旅游也有高端产品，有低端产品。我们坐一架飞机，都还有头等舱和经济舱，那头等舱不只是座位宽吧？它还给你准备了拖鞋，餐饮也是不一样的。我们的问题在于大家都是滚大龙，跟着走，都是在玩概念。桂林旅游界很少有人愿意花力气去做高档市场，都在走低端。发展观光旅游绝对是有潜力的。”

“桂林旅游在历史上立足，它是一个文化现象。我在《桂林旅游发展史》上也写了这个问题。桂林这个城市的历史，是与旅游连在一起的，但它在历史上不是作为经济现象出现的，主要是个文化现象。从这点来讲，桂林旅游的文化价值还没有被充分认识到，人们往往重视的是它的经济价值。改革开放初期，桂林旅游在创汇和引进外资的示范方面，起到过很好的作用。但我们更多的，包括一些各级官员和一些学者，目前看中的就是这个经济作用。这是让我比较失望的地方。旅游最要紧的东西，我认为，它是一个展现文化软实力的平台。旅游目的地的第一竞争力是文化的亲和力。我们人民是和善的，友好的，对外是平和的。别人来到你这个国家，跟平民接触，跟社会接触，看到的是友好而不是排斥，是热情而不是冷漠，这个非常重要。所以我觉得桂林的旅游，是一个文化展示的平台，是一个很好的文化输出的载体，是我们软实力的重要展现。可惜的是，在这一点上，我们做得还非常不够。”

“在旅游产业上，旅游也是从来就离不开文化的。真正好的旅游产品，一定是有文创在里面的，有创意在里面的，是独一无二的。就像我们看电影一样。一个国家，一年可以出几百部电影，但是电影市场的繁荣不在于一年拍了多少部电影，而在于一年有多少票房。你拍几百部上千部，最后挣票房的就是那十几部。这十几部为什么挣票房？第一，产品有原创性，就是这个电影的故事好，拍摄的手法也好，能够吸引人能够打动人；第二，它的营销有方，靠明星也好，靠话题也好。像今年春节档期这个《囧妈》，在电影院停业期间突然上线网络，吸引了大量受众，投资人获得了合理收益，网络商赚取了流量，这就是营销高手。文化要有创意，市场要有营销。电影业要繁荣，不是看你拍多少部电影，没有创意的电影拍出来就死掉。旅游产品也是一样，没有创意的景区或者其他旅游产品，也是出来就死掉。我经常看到，很多景区挂牌的消息，但这并不代表它有市场意义。第一，投入不够，基本上是做了些修修补补的工作，甚至把资源破坏了；第二，原创性不够，这是最核心的。什么叫原创性？就是文化，是最重要的内涵。旅游要挣钱，就一定要和文化结合。没有文化的旅游不叫旅游。以前我们讲桂林山水，桂林山水是最好的文化，是山水文化。中国人几千年都是受山水文化的熏陶。一看到桂林山水，就从他以前受到的教育来看，啊，这就是最好的山水。所以，与文化很好地融合，强化创意理念，强化营销理念，都是我们下一步需要做好的。"

"谈到这次的疫情，它对旅游业影响太大了。但市场是存在的，复苏是可以期待的。今年入境旅游肯定是不能指望了，你看现在对国际航班的调整，今年还会有入境团队来？可能基本上没了。国内旅游，疫情结束以后，会有一个相应的恢复性增长，但是主要是恢复，增长可能还谈不上，我认为不会达到去年水平。不用说全年比，就是今年的下半年也很可能达不到去年下半年的水平。第一，长途旅游难以出行了；第二，团队旅游减少了。疫情的影响，对旅游业来说，挺不过去的企业会离场；不以旅游业为主体的企业会迅速离场。我们社会各个方面，包括国外，对这次疫情的影响，应该说，目前只有很表层的看法，还没有深入的思考。这次疫情，一定会带来国际政治关系、经济关系的变革；一定带来对中国国内社会关系和经济发展的影响；一定带来人际关系的变化。社会生产的发展，不光是旅游，会朝哪个方向走，还不是很清楚。社会上还有很多人，是没有存款的，他们是靠上班挣钱生活的，没班上就没钱了。年轻人要生孩子养孩子，还要还房贷等，这一个链条怎么办？所以说，这个疫情影响非常深刻，尽快复工复产非常重要，稳固市场更为重要。这些影响也一定给旅游业带来变化。这些都是我们需要充分估计、做好准备的。"

铁坚谈到很多关于下一步的考虑，限于篇幅，就先记下这些，也不知道是否把他所要表述的最主要的东西体现了出来。

保继刚先生访谈录

（访谈时间：2020 年 11 月）

1999 年 6 月，“《桂北经济区旅游发展规划》研讨会”在桂林举行，国内十多名专家学者出席。来自中山大学的保继刚教授在会上卓有见地的发言，用时很少，让人感到他在旅游理论方面的深邃思考、对桂林旅游业状况的缜密分析和关于桂林旅游发展总体思路的独到见解，引起了与会国家旅游局和广西壮族自治区旅游局领导的注意，也引起了桂林市政府领导的注意。当年 8 月，桂林市政府便邀请他来桂林主持编制《桂林旅游发展总体规划（2000—2020）》。当时，我作为桂林市旅游局分管规划工作的副局长，有幸结识了保继刚先生。

后来的二十多年时间里，尽管保继刚先生在旅游研究和旅游教育领域不断取得重大成果，已迅速成为国内顶级专家，成为长江学者特聘教授，并被联合国世界旅游组织聘为该组织专家委员会成员，还带出了近 60 名博士，但他仍然一直保持着对桂林旅游业状况的跟踪和研究，对桂林的热爱和关注，在多种场合就桂林旅游发表看法。可以说，桂林市政府、桂林旅游界都对保继刚先生非常熟悉、非常敬重。我本人，与保教授也一直保持着比较密切的联系。

今年 10 月，我去广州看望保继刚先生，提出想对保教授就桂林旅游方面进行一次专题访谈，我感到荣幸的是，得到了保教授的同意。

于是，11 月中旬，在保继刚先生应邀参加桂林旅游学院 35 周年校庆以及在相关旅游论坛发表演讲到桂林时，我便抓住这一时机，实施了我的访谈计划。

一说：“主持编制桂林旅游总规的一些情况”

访谈时，我首先提出了第一个访谈内容：您对桂林旅游的研究，开始于 20 多年前主持编制《桂林市旅游发展总体规划》吗？那个时候，您一定对桂林旅游业起步以来的历史、当时的现状进行了深入的研究，规划应该是对桂林旅游业未来发展的解决方案。请您谈谈那时的情况。

“做桂林规划之前，我对桂林了解不多。读大学时，暑假期间来过一次。当时桂林旅游基础设施比较差，我记忆中住的地方都很难找。招待所不多，我没住到房间，住在了招待所走廊上。当时就听到有人说‘桂林山水甲天下，来到桂林住地下’，我那时还真有这样的感受，如果招待所住不了，就要住到学校教室。当时很多中小学暑假期间将教室腾出来做临时招待所，把课桌并起来就变成简易床铺。”

“20 世纪 80 年代初期，桂林已经有了国内旅游，国际旅游就更早一些。国内旅游刚刚开始，住宿等基础设施跟不上。桂林山水甲天下，很多人都像我们，因为乘火车路过，花费不多，就来桂林看看，到桂林市区，然后到阳朔。我当时印象比较深的，是阳朔碧莲峰的那个‘带’字，一个字可以读出“一带山河，少年努力”八个字。总体上的记忆，就是这个城市好像是挺破旧的。”

保教授说他之前只来过这一次桂林。

“1995 年我去美国和加拿大访学，1997 年初回国。1998 年 5 月，到武汉参加了国家计委和国家旅游局主办的中国主题公园研讨会，那时我一直在做主题公园研究。1999 年 6 月接到桂林邀请，来参加桂北经济区旅游规划的研讨会，据说是国家旅游局的推荐。记得参会专家有北二外王兴斌教授，有中国科学院地理所郭来喜教授，好像还有北京大学谢凝高教授，范业正是作为郭来喜学生来的，有广西师院汪宇明教授，大概就是这些人。你那时是桂林市旅游局副局长，陪我们考察，从桂林顺漓江而下到阳朔，再到荔浦，之后去资源、龙胜、兴安等县，分南北两条线考察旅游的资源和发展情况。”

我那时作为副局长，分管旅游规划和信息化工作。

“考察三天之后，回到市里开会。会议是早上开始的，每个专家给一个小时。到中午 11 点 20 多了，到了我们叫作‘垃圾时间’的时候，话筒谁也不接，就推到了我面前。我年龄最小，没地方推，就发言了，我讲的那段提纲，现在还能找到，在我一个笔记本里。我用了近 30 分钟，首先讲了要重新认识旅游。我刚从国外回来，觉得我们对旅游的认识好像还不够。我讲到了重新认识桂林旅游，要从旅游增加值的研究重新定位旅游业在桂林国民经济中的作用和地位，讲到桂林城市旅游的研究、阳朔山水田园自然公园的研究规划，还讲了资源开发要‘计划生育’，应该市场导向与政府指导相结合，也讲了建立旅游信息中心的重要性等观点。中午吃饭时，康天保副市长说我应该再多讲一点，说给他的印象非常好。桂林我当时谁都不认识，广西也谁都不认识。其他教授，像王兴斌教授做过整个广西的旅游规划，郭来喜做了北海和南宁的规划，他们都是有备而来，都准备了很长的稿子。”

保教授说的可能是对的，有专家可能从自治区旅游局那里打听到了桂林市的意图。

“研讨会实际上是桂林选队伍的一个方式，会后才说是要做一个旅游总体规划。桂林选了几个单位，请这几个单位提供规划大纲。再后来桂林拟定了规划的六大方面，确定由我们中大、中科院（郭来喜）、北二外（王兴斌）三家来做，并把我们请来桂林开工作会。会议期间，你找到我说能不能由我牵头完成规划，希望我来统稿。你跟我说，一个是我比较年轻，将来有可能对桂林旅游发展继续追踪下去。再一个说刚刚从国外回来，观念上比较新，精力也相对充沛。郭教授好像想了一个晚上，头天晚上康市长和我们用餐，大家都挺高兴的，后来第二天你们找到我，说郭先生可能太忙了，没有时间，就把他那两个专题分给了王兴斌和我们，重新分成了两个工作组。”

这么多年过去了，保教授依然是记忆清晰。

“确定下来就开始启动规划编制，那时候是我第一次离开广东，承担一个中国最著名城市的旅游规划。之前我在广东做过韶关，做过珠海，做过广东省旅游发展战略。走出广东的第一个工作就是做桂林的规划，对我本人来讲，是极其重要的一步。尽管是两广，是一小步，实际上可以说是一大步，毕竟桂林的名气在这里。”

“我开始组织编制队伍。当时我刚刚回国不久，没有一个很大的团队。做桂林规划前，徐红罡从国外读完博士回国找到我，她是从泰国亚洲理工大学毕业的，跟我聊过旅游规划，很有想法，我请她加盟到队伍里。再就是广西师院汪宇明教授，他在广西工作多年，也是一个很有想法的人。另外，我在中大请了一位老教授，是我老师辈的人。我还找了比如搞旅游经济的人，加上我当时已经带了几个研究生，就组成了我们这一个队伍。因为我们只负责三个专题的研究，就围绕着这三个专题进行考察。中期汇报之后，市旅游局这边又把北二外原来负责的三个专题一块交给我们，等于说我们要全部独立承担整个桂林规划了。因为原来没有顾及另三个专题，我们便又进行了第二次考察。这样，我们就对桂林应该说有了一个更加全面的了解和把握。”

保教授接着开始讲规划本身了。

“当时我们对桂林旅游规划的认识，有几个方面可能是认识得比较深刻的：一个是战略思想，就是桂林是以外延扩张、规模扩张作为规划的指导思想，还是以提升旅游核心竞争力为主作为规划思想，我觉得这是非常重要的。当时桂林地市已经合并，整个地域扩大了很多，桂林市领导给我们介绍情况时，讲了好几个大，说桂林要有大的思路和大的策划，就像昆明世博会这样的一种大策划；要有大项目、大投入，最后要来一个大的发展。大策划、大思路、大项目、大投入带来大发展，这一种发展方式我们叫作规模扩大、外延扩大的发展思路。特别是地市合并之后，这种思路很占上风。还有就是居安思危、提升桂林竞争力的思路。我们把桂林放在中国旅游目的地中来比较，桂林绝对垄断地位的优势可能会相对下滑。如果说从这样的思路来看，就是一种有危机感的思路。有危机就需要我们考虑保持自身的核心竞争力，提升桂林旅游发展实力。最后在跟市政府主要是旅游局的研讨当中，我们确定了用第二种思路来做这个规划。在这样一个思路下，比如说当时有一种认识，说'三山两洞一条江'老化了。我们在整个调研的过程中，特别是旅行社总经理，酒店总经理，到总经理这个级别，以及政府官员，这个认识特别突出，或者说占了主导的地位。但是当我们做完游客调查之后，发现好像游客的反应不是这样，我们把漓江历年接待的游客人数累加分析，结果是漓江历年只接待了不到 4000 万游客。而我们的游客问卷调查揭示，95% 以上的游客是小学就知道桂林山水甲天下，小学开始就想来桂林。从中国旅游市场的发展来讲，整个漓江才接待过几千万游客，那我们的市场还大着。我们最后确定，说老化的是经常来的人，比如北京来出差的人，第一次来去芦笛岩、漓江、独秀峰，他说太美了。第二次来再去还算可以，第三次还去，他就会问有没有新东西。我们接待的人听多了这种话，就也说我们老化了。我们调查以后，确定这是极少数人，不是大多数游客。所以我们说三山两洞一点没有老化，对于桂林潜在的游客市场来讲，实际上市场还相当大。我们考察完后，首先是明确这些产品没有老化。再一个，我们比较了丹霞地貌，八角寨和资江在全国丹霞地貌里面，谈不上有垄断地位，它跟漓江喀斯特山水相比，不是一个档次。一个是世界一流的，世界级的，一个只能是区域级的，连国家级都有点难。八角寨有特点，但不具有垄断地位，资江有特点也不具有垄断地位，所以我们就把它放在低一个等级来看待。龙胜梯田，把它跟元阳梯田做比较，也不占垄断地位，但是它很特别，作为桂林主菜里面的特色菜，是可以的，但是它也不能作为主菜。关于兴安，很有一些特色，特别是灵渠，所以当时把兴安跟阳朔是放在一起的，作为两个次中心之一。就是说这一个思路之下，我们觉得不应该是规模扩大，要保持我们最核心的、世界级的以漓江为代表的桂林山水产品的影响力。"

"规划思路确定以后，第二个，我们发现桂林的旅游景点不是少了，而是多了。理论依据是如果这个景点不能给桂林带来正的效应，便会带来负面的影响。这种景点只能分流已有的游客市场，我们叫搭便车，最典型的就是在桂阳公路上的‘蛇大王、鳄鱼世界’，也包括阳朔的一些小景点。我们的结论是景点多了反而会损害桂林的旅游形象。所以在规划文本里，我们建议把它们关掉。我觉得这是一个比较重要的看法。接下来的一个考虑，是桂林市区就是桂林这座城市，承载不了甲天下的桂林山水，有点别扭的这句话，念着念着就顺了。在 1999 年的时候，桂林市两江四湖改造刚刚开始，整个城市破破旧旧的，当时的四个湖都污染得很厉害，湖边有臭味。我们提出桂林的增长点在城市，不再是说有了冠岩，或者再开些什么溶洞，当然后来银子岩我们给了充分肯定，因为银子岩的景观在全国溶洞中比，是最好的（之一）。我们说这些外延的扩张都没有发展城市旅游这么迫切，城市旅游能够成为桂林的增长点，所以提出了发展城市旅游的考虑。城市旅游首先是城市的服务功能，或者说是作为集散中心应该起到的功能。还有就是游客到达桂林形成的第一印象，比如说从机场到桂林市区的这条路，房子不能建得太乱，不能让广告牌随意立起。火车站出来，也不应该是什么很大的红塔集团香烟广告。这是山水甲天下的桂林，不应该为了一点广告费就搞这种与桂林山水不搭的广告。作为城市一定要有主要的景观廊道，要有标志性景点（建筑）和代表性区域，一定先要把这些都做出来。作为整个桂林的标志性景点，无疑就是象鼻山，没有其他比象鼻山更有代表性，大自然给桂林市区留下来一个最好的标志性景点，我们在规划文本中强烈建议要把象鼻山露出来，不能围起来收费，1999 年规划时就提出来了，可惜现在也还围着。后来两江四湖，还有比如大瀑布饭店后面的广场，以及中山路这条主干道，桂林老城改造都做好了以后，整个城市旅游也就真正成了增长点。在那个阶段，在全国相同等级的城市改造里面，桂林应该是典范，所以说城市旅游成了桂林一个增长极。强调城市旅游，这是当时我认为第二个重要的角度。”

“第三个角度就是处理好利益相关者的关系。这是在中国大陆首次把利益相关者理论应用到旅游规划的实践当中。就是说，我们一定要处理好游客、开发商、本地居民以及管理部门的关系。按照利益相关者理论，我们首先关注龙胜梯田本地居民的利益问题，当时开发旅游，居民利益考虑得比较少，后来因为农民不断地抗争，政府不断地协调，投资公司不断地妥协，最后形成了一个动态的平衡。这也就是今天我在做阿者科计划最早的起源，我的团队做社区旅游也是从 1999 年开始的。怎样处理好利益相关者的关系，让一个目的地可持续发展？阳朔就是充分地让本地居民参与到了旅游当中，并且在旅游当中获益，它会促进这个地方可持续的发展。阳朔成为世界旅游组织旅游可持续发展观测点时，观测的重点就在社区旅游。也就是从这次规划提出来的利益相关者之间的关系开始的。处理好四种关系之中的社区利益，可以说在全中国最早提出，很多地方一开始都忽略了这一点，后面就发生矛盾，产生非暴力的不合作，有些地方还出现了暴力不合作，最后要不两败俱伤，要不后来有退步有协商，好的情况是最后经过一段时间的徘徊又重新得以发展。"

"另外是在规划中讲到的空间布局。在空间布局里，我们当时始终坚持桂林市区是核心，同时做了两个次中心，即阳朔和兴安。对于阳朔，我的认识是阳朔已经处在旅游大发展的前夜。我看到除了新希望集团当时想来遇龙河投资外，我还碰到了华侨城的人，他们没通知政府就在阳朔调研。我说这就是前夜标志。巴特勒提出的旅游地生命周期理论，说如果一个地方一开始是零星的游客来，本地人提供一点点最基本的餐饮等设施，是本地人参与的阶段。那时候阳朔有李莎为代表的本地人的参与，像包括月亮妈妈也开始参与了，已经是参与阶段，参与的人越来越多。参与阶段之后，就会进入发展阶段，发展阶段的标志是说本地人提供的设施，住宿和餐饮设施已经满足不了旅游者的要求，外面的企业开始要进入投资，这时候是要进入发展阶段了。我看到这些企业来了，企业对市场的把握有时候比政府官员比我们学者还要敏感，因为他的投入是要赚钱的，就是说阳朔要进入发展阶段了。到 2003 年,《印象·刘三姐》开演之后，阳朔整个就变成目的地了，改不了阳朔是桂林一日游景区景点的状态。"

"还有一点，就是规划在科学性方面，做得比较扎实。我们选了大瀑布饭店、桂林宾馆、榕湖饭店，还有一家，就是说五星、四星、三星选了几家宾馆，通过旅游局协调把他们一个年度 12 个月的住宿登记表全部拿出来分析，我们得到 9 万多个数据，把桂林当时国内游客的空间分布地域搞清楚了。比如说国内游客中，广东占的比例相当大，大概占到四成。我们就给出建议，说必须在最大的游客市场——广东着力促销。当时我记得好像是《羊城晚报》，发了一篇讲桂林很好的文章，这篇文章带来了很多游客，所以我说做广告的话，要把重点放到广东去。"

保教授讲的这几点，的确都是相当重要的。一个旅游目的地要发展好，若不注意这几点，其成效一定是不会很大的。规划还鲜明地提出了桂林旅游发展总目标，是成为"世界级、桂林化的国际一流旅游目的地"。这个总目标，是保教授经过分析国内外旅游发展的状况和趋势，紧密结合桂林实际，研究提出的，即便是在今天，看上去也是十分贴切的。

一年之后，以中国科学院院士吴传钧先生为主任、上海社会科学院旅游研究中心主任王大悟先生为副主任，来自国内外一些地方旅游和规划专家组成的评审委员会在桂林对保教授主持编制的规划进行了评审，给予了高度评价，认为在国内旅游规划中居一流水平。

当然，在整个过程中，我本人对桂林旅游因此也有了更深入的认识，对旅游规划理论和方法有了一定程度的把握。

二说：“我一直跟踪着桂林旅游发展的进程”

我对保教授提出的第二个访谈内容是：当时桂林市政府请您主持编制规划，有一个重要的考虑，就是想请您跟踪整个规划期二十年桂林旅游的发展状况，并给予指导。据您的跟踪和观察，二十年来，桂林旅游业的发展状况是怎样一个样子？您可否做一些具体的评价？

“二十年来，我一直对桂林旅游发展状况做着跟踪和研究，也在很多场合讲过我的看法和建议。”

保教授的确是这样做的，我这次是想请他具体说说。

“说到跟踪，我们基本做到了。这 20 年来跟踪桂林，当然更多的是以阳朔为主，桂林市区也做了一部分跟踪。对阳朔的跟踪，我觉得有几个重要事件，一个就是 321 国道的改道，我觉得这对阳朔的空间布局，是极其重要的一步棋。在国道改道方面，我出力帮助促成了。如果 321 国道不改道，十里画廊腾不出来，阳朔旅游就没有一个相对核心的景区。并且在今天这样的交通流量下根本就不够用，现在改道之后有两条路了，都还显得比较拥挤，这是比较重要的一点。当然还有遗憾，比如说荆垭隧道那里，从桂林过去一过那个隧道就进入阳朔，过了隧道之后荆凤路南边和抗战路西边有 100 多亩地，我做阳朔规划是把它作为阳朔的交通中心，建大型停车场和公交站、游客中心等，把绝大部分自驾车辆停放到这里，坐电瓶车或者步行进入到西街一带，老县城不让外来车辆进去，这样就把整个阳朔的老城变成一个完全的旅游小城。后来很遗憾，这块地用做了其他用途。当然，还有我们研究到了但没有实现的，比如说土地的问题，很早的时候我们就研究宅基地变成家庭旅馆的合法性问题，说需要政策上要有突破，有保障。实际上浙江莫干山做了，我们提出的时间比他们还早，但在政策上没有成为全国性的一个典范，我觉得有点遗憾。二十年跟踪研究，可以说在全国的旅游目的地，我们有这么多研究成果，是很少有的，只不过一些成果没有及时转化为实践。在这里可能是我们给政府汇报得不够，也许两方面都有原因。现在我们还在继续做着跟踪，还会继续提出建议。”

“大概在 2014 年的时候，桂林邀请我参加了一次关于旅游竞争力方面的研讨会。我在会上讲了我跟踪研究桂林的一些观点，说凭我长期对桂林的跟踪，可以给出一个结论，就是桂林旅游发展比较正常，说看看前些年，资本大鳄青睐海南时，或者说更早青睐北海时，都出现过那种房地产商成片开发的乱象，而桂林没有，阳朔也没有。我说这是一个基本判断。第二个，我说‘桂林山水甲天下’依然是桂林的第一竞争力，它的吸引力是不断在增大的；桂林的入境客源也一直是中国各大城市里的一个窗口，桂林正在完成从观光到休闲度假的转化，这又是一个基本判断。第三，桂林已经成为有巨大国际影响力的综合旅游目的地，这个判断也是成立的。桂林实际上已经成为一个独立的，终端式的旅游目的地。我讲接下来，就该研究怎样保持好和提升好桂林旅游的竞争力。我始终认为，保护好这份山水是核心竞争力的基础；传承好我们的文化，管理好我们的土地，形成良好的政府管理机制，是形成、提升核心竞争力的关键所在。”

“另外，我在桂林、阳朔还几次讲过，说所幸阳朔的十里画廊还没有收门票，我一直都在跟他们讲不能收，坚决不能收。收了门票，遇龙河沿岸的百姓都没生意做了，政府应该想办法从其他方面把税收收上来。我说过，法国尼斯没有一个收门票的公园，博物馆也不收，但是人家会住下来。公共有轨电汽车票仅 1 欧元，一个小时内任意坐，在我们看来一定是亏本的。政府却收了很多税，游客只要住下来就有税收，酒店、商店、饭店都有税收。所以这个门票千万不要卖。你提供服务了然后从其他地方把钱收回来。但是，2017 年还是开始变相用区间车的方式收门票了，结果真的是出现了很大的问题，听说去年阳朔又改过来了，这就很好。”

保教授说着说着，又提到了阳朔，可见他对阳朔这一桂林旅游重点区域的关注和关心。

“2008 年，应桂林市政府邀请，我又主持做了一次旅游总规的修编，修编稿里，讲述了我们团队在规划之后跟踪桂林旅游进入新世纪头些年所研究的一些结论和建议。这次修编，一是把阳朔提升为桂林旅游的副中心，二是对上次规划后七八年里在国内外旅游发展的新变化之下如何调整桂林旅游的发展手段方面增加了不少新的战略举措，三是强调桂林旅游发展的战略总目标不仅不变，而且还必须要强化努力去实现。这次修编，由著名学者魏小安先生主持评审，同样获得了一致通过和高度评价。”

确定规划修编时，我已上任桂林市旅游局局长几年了，我也同样感到，保教授主持这次修编，他和他的团队依然是非常认真，依旧是从基础调研开始，比如同样找了一些酒店，又是通过抄写住宿表获取了 6 万多个数据等，修编过程中我和保教授多次交流，深感他连续跟踪研究桂林旅游是非常用心的，所完成的修编成果是切合桂林实际和发展需要的。

“还有一项重要的跟踪，就是一直做了阳朔观测点的观测工作。2015 年，世界旅游组织在阳朔做旅游可持续发展指标体系的技术培训会议，你请我们来参与有关筹备工作，又说了你跟徐京决定把观测点放在阳朔，由我的团队负责观测。我们的观测，这么多年从来没有中断过，我想这也是我们的一种跟踪。我们每年提出一项观测报告，里面都有很多结论、建议。我感觉到的一个问题，就是桂林、阳朔还要加大一点力度，研究一下怎样用好我们的观测结论和建议。”

“再就是我的学生，特别是博士生，他们通过写学位论文研究桂林、阳朔。比如，你同班的孙九霞研究社区旅游，她做了两个案例，其中一个是阳朔的遇龙河案例；再如邱继勤，她完全是在桂林做的，研究旅游小企业，特别是阳朔西街的旅游小企业。后面像陈志钢，做旅游和土地利用的关系，在阳朔做的。王亚娟的旅游与贫困，做得特别早，做漓江的旅游与贫困的关系。还有后面杨昀做的目的地地方依恋的博士论文。硕士论文就很多了。”保教授热爱桂林，也带动了他的学生。

保教授讲到的阳朔观测点，从建立到现在，跟踪观测和研究一直没有间断过，也出了很多成果。后来一些地方纷纷模仿桂林，也请世界旅游组织设立观测点。为加强做好设在中国的旅游观测点工作，世界旅游组织在中国成立了旅游可持续发展观测点管理与监测中心，还特请保教授出任主任。

三说：“关于桂林国际旅游胜地的几个观点”

我的第三个访谈内容是：这些年来，您对国内外旅游发展的情况、问题和趋势做过很多研究，发表了许多高见，您可否结合您的研究成果，给桂林旅游再做一个总体上的诊断，对桂林旅游今后的发展提出些建议，比如世界一流是什么，怎样做，等？

“桂林在建设国际旅游胜地？桂林从开始有旅游起，我认为就是国际旅游胜地了。”

保教授首先从大家都关注的国际旅游胜地说起，而且这句话也吸引了我，让我马上就想听听他为什么这样说。

“你想想，最发达的美国，总统来了多少个，全世界元首级的人来了多少？1973 年桂林就对外开放，我说从中国有旅游业，当时不只是改革开放，中华人民共和国成立之后的旅游业，桂林就是最率先的。榕湖饭店和漓江饭店的几面墙上，挂着这些元首的照片。所以我在这里说，70 年代桂林就已经是国际旅游的胜地了，80 年代是，90 年代是，进入新世纪还是，一直都是的。不是说现在我们要建设成为国际旅游胜地，我说桂林根本早就是国际旅游胜地了。国际旅游胜地，我的理解要有国际的知名度，那么桂林是中国的旅游符号，如果中国有国际旅游目的地的话，桂林就是其中的一个，一定是其中的一个！美国前总统克林顿来中国访问的线路是最典型的，西安、北京、桂林和上海，它的线路就很明确。北京和上海是大都市，西安看兵马俑，桂林看山水风景。桂林山水可以说在某种意义上就是中国山水的代表，知名度没问题吧！所以说第一个，桂林有在世界上的知名度。第二，有相应的国际化人文环境。阳朔早就已经有了世界级国际化的人文环境，老太太都会讲英文。90 年代的时候，满街都是英文招牌，我有很多照片。我在国际论坛上讲过，阳朔有世界性的人文环境。2000 年年初阳朔西街改造时有一块牌子，写着“西街保护性整治性施工，给您带来不便，请原谅！Remaking West Street Construction，It MayBe Inconvenient to You!”这就是世界级国际化的，当年阳朔就达到了，我们很多大都市都达不到。反而是今天的桂林，今天的阳朔好像在退步，就是说你这方面的世界级国际化没有保持住。我们很早就有信用卡支付，很早就有外币兑换，很早就有国际长途电话，很早就有互联网，很早就有国际机场，这些都有，为什么不是国际旅游胜地？所以就国际旅游胜地这个话题，我没有发表太多的意见，我只说桂林有世界级的竞争力，有世界级国际化的旅游环境。”

保教授的话是有道理的，我说是不是现在强调的建设旅游胜地，是从整个城市全面发展的角度来说的。

“我们今天要讨论的是，变化的世界和变化着的旅游，消费市场上变化着的旅游方式，在产品供给上，我们有没有跟上世界的步伐？而不是说我是不是国际胜地。桂林一定是国际旅游胜地，我们要研究的是桂林在变化的过程当中，能不能跟上消费观念、消费行为转变所需要的这些旅游供给。”保教授继续讲着他的观点。

“桂林的雕塑公园——愚自乐园当时就跟上了，我个人认为这么多年来各地做跟旅游相关的产品里面，这个雕塑公园是可以一代一代传下去的地方，兴安的游乐园，时间一过全部成为一堆钢铁垃圾。但是这些雕塑都是一些有名的雕塑家来做的，它反而会成为跟桂林这座城市，跟它的文化很贴切、很匹配的，后来我还专门去住过，专门去体验过，我觉得非常棒，认为这类地方时间过得越久会越有味道。再说阳朔，阳朔从家庭旅馆、西街的酒吧到后来的民宿，实际上也一直走在全国前面。”

“说20世纪90年代桂林这座城市承载不住甲天下的桂林山水，后来经过两江四湖为代表的城市改造，桂林城市匹配上了甲天下的桂林山水。在后面的发展中，我提出了桂林这座城市的功能，需要得到继续的提升，比如说跟这个城市地位相匹配的科技、教育、文化、体育、商贸等功能。实际上桂林也都在做，比如会议会展，我们在做世界旅游组织跟亚太旅游协会的会议。当然还没有做到像达沃斯论坛、博鳌亚洲论坛，没有做到那种级别，但桂林的山水是完全撑得住这样的一个论坛，可以往上做的。广西的注意力都去做东盟了，东盟集中到南宁，所以南宁这座城市这些年的发展超过了桂林。东西巷是一个旧城改造加特色街区的项目，很成功，做了一个代表性的区域，但它还只是一个片区，是整个城市大区域的一个文化街区、一个商业街区。桂林这个城市，需要的既是规模扩张更是功能的提升。”

“桂林在教育方面原来就非常棒，有很多大学，但是这些年来广西的经济实力在全国不算好，所以能给教育的投资也不多，这就吸引不到一流的教授。桂林在全国地级市中高校多且质量不错，非常棒，但影响力还不够大。”

“桂林在新一轮城市发展方面上不来，从工业基础上说，受漓江风景区保护的影响，又没有柳州那样的工业基础，所以在广西内部其经济总量，以及政府能使用的税收等还比不上柳州。但是我们算过，桂林的居民储蓄余额和人均两个指标，都大过柳州，从这一点看，旅游确实富民了。从这两个角度可以判断出桂林城市发展状况的一个方面。另外一个方面讲旅游本身，就是旅游新的业态，我们几乎都有但在引领方面我们又有些落后了。”

说到旅游方面，我请保教授进一步说说。

“比如说我们的《印象·刘三姐》，是‘现象级’的一个演出。‘现象级’就是说全中国都在谈论，所有做户外实景演出的都要来取经，这叫‘现象级’，就等于像‘锦绣中华’是‘现象级’的主题公园，现在长隆也变成‘现象级’了。只要你做这个东西，就都要去‘现象级’的地方学。当年的《印象·刘三姐》接待过无数的人，‘两江四湖’也是‘现象级’的。桂林当年有很独特的阳朔西街，是‘现象级’的。实际上，阳朔的家庭旅馆和民宿本来是可以成为‘现象级’的，但是我们被莫干山和丽江取代了，丽江的酒吧取代了我们西街的酒吧，小资天堂变到丽江去了。”

保教授的“现象级”的说法，非常独特，非常给力！

“这些年我们桂林比较沉寂，不是我们没有产品，不是人们说的‘老化’，我还是不同意‘老化’的说法。实际上我们的东西依然很好，关键是说我们没有再引领中国旅游业了。我一直说桂林是中国旅游业的缩影，实际上是在过去每一个阶段里，都是你引领的，你是领先者，但这几年似乎不是了，有点像是在跟随了。这一点，必须要引起注意，我非常希望桂林能够继续当好引领者。”

保教授真是对桂林充满深厚的感情。

“现在都在讲世界一流，我觉得现在讲的这些世界一流，都是国内水平的讲法，可能还不准确。世界一流实际上没有一个统一的标准，但有一点是肯定的，就是大多数人认为好。比如说日本的一流，我们会看到卫生间是一流的，看到居民的素质一流，没有大声喧哗，地铁里基本上只听到脚步声音，不准打电话就没人打电话，地上也是干干净净，一张废纸都没有的，这就是一流，还有旅游安全一流，旅游消费安全一流。桂林呢，几十年过去了，比如我昨天到火车北站，如果没有人接，出租车还是跟几十年前是一样的，都在那里抢着拉客，这就不叫世界一流。当年还是中巴车的时候，桂林到阳朔 5 块钱，老外一来就 6 块，然后老外说‘no’，他就知道骗他们了。所以后来对老外也按照规定的价钱了。我们在西街喝一瓶啤酒 8 块钱，所有酒吧都是 8 块。所以 90 年代末期 2000 年初期在阳朔西街的消费，你是放心的。那时阳朔没有乱七八糟的东西，消费很放心，你走到哪家都放心。所以说消费是安全的，这就是世界一流。桂林的管理如果成为世界一流，大家就都会来。在消费安全方面，这些年没有进步，反而是三亚开始有进步了。三亚原来宰客宰得很严重，现在有旅游警察之后，反而好了。云南，一部手机游云南之后，投诉功能特别好，省政府下死命令投诉之后，多少分钟之内，比如说 20 分钟之内 30 分钟之内，最长 30 分钟内必须回应，然后必须处理。桂林这些年来，我觉得我们的世界一流，还是自然景观的世界一流，当然好的方面出现不少，但消费安全、消费服务方面，继续努力的空间还是很大的。”

“现在，第一没有引领中国旅游产品这样的东西，‘现象级’的产品没有出来。再一个就是旅游管理，我们进步不大。可能比最早期的时候一幅价值 300 块钱字画卖 1 万块的现象好多了，但类似的现象又出现了。在阳朔，本地人卖 5 块钱的米粉，一看是游客就卖 10 块，这种事还成了大家司空见惯的事情。消费安全不解决，怎么叫一流？我们必须注重这些方面，而不是只喊些口号，讲些概念。”

“应该说，桂林山水依然是我们桂林最重要的核心竞争力，但她的垄断意义已经不是20世纪80年代、90年代那样的垄断意义了。张家界出来了，九寨沟出来了，这些都是我们新发现的，在过去都没有这些地方，甚至河南焦作的云台山等，以前都没有那么有名。自然景观的东西，越来越多的不是取代桂林山水，没有人能取代你。但是人们发现，像九寨沟、稻城亚丁、张家界这些地方，大家去了以后都会觉得也是一流的，那就是说跟你竞争的多了，你依然是一流，但是一流多了。一流多了以后比拼什么？就是我们刚才说的比拼安全，比拼我们旅游的各种安全，包括消费安全、卫生安全等各种安全。这个接下来要做一流，像你做过对日本交流的工作，中国桂林作为旅游目的地，如果能学到日本旅游服务和管理的一部分，一定会再次变成一流。”

保教授所言极是，世界一流，是由很多具体要素组成的一个概念，其中很多细节尤为重要，桂林建设国际旅游胜地，除了现在确定的大目标和几个战略目标，就是必须要把这些旅游者最关心的事情都努力办好。实际上，大目标和一些战略目标，也都必须要依靠这些如消费安全等方面的具体内容，才能最终实现。

保教授总是非常繁忙，学校工作之外，国内很多地方请他去演讲、去指导，这次在桂林的安排同样也是很满，能专门抽出时间接受我的访谈，我内心是十分感激的。

钟新民先生访谈录

（访谈时间：2020 年 1 月）

2020 年 1 月下旬，在桂林愚自乐园艺术中心，我对我的前任、原桂林市旅游局局长钟新民先生做了一次访谈。

1998 年 6 月至 2004 年 6 月，我做过钟新民先生整整 6 年的副手，跟着他在桂林市旅游局一起工作。后来他到桂林旅游股份公司当总裁，退休后又被大型雕塑艺术景区愚自乐园聘请担任总经理。他到企业以后的 15 年，我们的联系一直没断，有机会就凑到一起，话题常常离不开桂林旅游。

钟新民先生是一位有思想、有才干、有作为的旅游局领导，也是一位有思路、有创意、有业绩的旅游企业精英。和他一起工作，一起聊天，总是会有这样的感觉。他在旅游局时，我作为副职，从他身上学到不少东西，让我受益匪浅；他到企业以后，我喜欢找他聊天，经常可以获得许多新的启发和收获。和钟新民先生相识 20 多年，我深深感到，他是令我尊敬的一位领导、一位兄长、一位朋友。

这次访谈的话题，依然是请他说说过去所做的一些事情，谈谈对做好旅游有些什么样的思考。

一说："旅游局期间记忆深刻的几件事情"

"1998 年 3 月，桂林进行旅游管理体制改革，成立桂林市旅游管理委员会，由分管副市长任主任。我是从桂林市交通局局长兼桂林旅游发展总公司总经理（总公司首任总经理）的岗位上，被任命到旅游管理委员会担任副主任并主持日常工作的。旅游局的牌子依旧保留。旅游行政体制改革，是桂林市成立旅游局以来，总结改革开放后外地经验，促进桂林旅游业更好向前跨越发展的一个大动作，本身就具有重要意义。1998 年 8 月，自治区党委政府决定桂林地市合并，成立新桂林市。大桂林旅游资源迎来整合开发的历史机遇，这是件很大的事情。按照自治区统一确定的新桂林市部门设置，新桂林市设立旅游局，由原地市旅游主管部门合并组建。当时旅游局长竞争上岗，我得票最多，获得组织上和地市两局同志们的信任，做了新桂林市旅游局局长。这时候旅游局的工作范围，已是十二县五城区，旅游工作的任务更重了。就是这样一年，我开始了从原桂林市旅游部门到新桂林市旅游管理部门的工作。这件事情，首先就叫我记忆深刻。"

"1999 年 12 月，中共桂林市委召开一届三次全会，专题研究旅游产业发展问题，会议通过了《中国共产党桂林市委员会关于加快旅游业改革和发展的决定》。这是我到旅游局第二年时令我最难忘记的大事。当时，各地都在出台决定，以加快旅游业发展。桂林从年初开始进行调研，动手起草桂林决定的稿子。我们到国家旅游局汇报，国家局评价我们桂林稿子的标题，加了改革两个字，说非常好。稿子里讲的几化，就是市场化、现代化、社会化，得到了国家旅游局领导的充分肯定。市委姜书记极其重视这个稿子，多次进行部署、听取汇报。最后以市委全会专题研究的形式，由市委全会通过，用市委名义发布。虽然这个事情是以市委政研室为主做的，但作为旅游局，作为市里面的参谋部门和具体职能部门，在这里面也起了很大作用的。这个决定，对于桂林旅游业的改革，起到了很大的推动作用，特别是旅行社改革，旅游大企业发展，意义重大。"

"2000 年，市政府启动'厕所革命'，把厕所建设管理作为改善旅游环境，提高城市品位的重点工程来抓。这个事情很有意义，旅游局按照市政府统一部署，积极开展行动，在旅游领域贯彻落实。一方面参加建设，一方面对游客宣传，同时向国家旅游局汇报，得到了国家局的大力支持。当年，国家旅游局在桂林召开了《新世纪旅游厕所建设与管理研讨会》，达成了'新世纪中国旅游厕所建设与管理桂林共识'。会议推广桂林经验，使桂林影响力进一步扩大。2000 年这一年，为促进和规范开始不久的假日旅游经济的发展，更加方便来桂游客获得旅游信息、了解旅游动态，桂林还在全国率先启用假日旅游（住房）信息咨询服务系统，在全市游客集中的场所设立电脑触摸屏，采用网络信息技术，为游客提供住房等旅游信息服务，并与北京、香港等境内外 29 个网络建立以相互宣传为主要目的的链接关系。这是桂林旅游信息化发展的一大成果，也是旅游宣传新方式的一大探索。'厕所革命'和'旅游信息化'成为这一年桂林旅游的两个热门词语。"

"'刘三姐桂林旅游形象大使'选拔，是 2001 年做的。我觉得这是 2001 年一件很有影响的事情。'中新网 2001 年 8 月 25 日北京消息'说，桂林市为发展旅游业又出新招，借今年电影《刘三姐》上映四十周年，推出了'刘三姐——桂林旅游形象大使选拔赛’活动，从全国各地选拔 20 名‘刘三姐’充当形象大使。刘三姐形象大使选拔，是我力主做的。我们去拉了赞助，香港珠宝企业‘金至尊’就赞助了部分活动。桂林要找旅游形象大使，最有效的做法就是借刘三姐的名义了。其实海选的过程，就是宣传桂林的过程。立足于本地文化名人和民间传说，这也就是文旅融合。活动非常成功，我记得被选上的第一名是北京体育学院的老师。这次选拔结果发布和受聘颁证晚会也十分引人注目，中央电视台著名主持人朱军、周涛应邀前来担任主持。”

“2002 年的大事，就是我们通过扎实具体的努力，成功办成了具有国际影响的论坛——博鳌亚洲旅游论坛。这个事情，意义可是十分重大。当时市委领导指示联系博鳌亚洲论坛秘书处，在桂林举办一个旅游方面的国际论坛。我当时真觉得难度较大，一时不知道怎么去做。后来，我们潜心研究、克服困难、齐心协力，联系秘书处姚望先生、联系国家旅游局、联系世界旅游组织、精心筹备相关活动，后来竟也终于办成了。很多嘉宾，包括一些国家的政要、旅游官员、企业界人士应邀来桂参会。会议期间，我们还具体设计并承办了‘旅游部长圆桌会议’、桂林市和世界旅游组织合作备忘录签署等多项活动。这当然是市委市政府主要领导和分管领导强有力指挥的结果，但也和我们局成功、高效地做了大量的具体工作分不开，也是全市各有关部门共同努力所取得的成绩。当时，《印象·刘三姐》这场大型实景演出，已经开始筹划了。我们考虑论坛活动得有个晚会，怎么办？我就跟梅帅元说，你就把它放在象鼻山试演一次，就是这么来的。他等于做了一次尝试，这是《印象·刘三姐》的首场试验性演出等。在我们这样一个地级城市，举办这样一个大型国际性会议及相关多场重要活动，以及它所产生的效果和影响，不同凡响，我认为应该在桂林旅游发展史上重重地记载下来。此外，有一个个人的事情，就是活动结束，送走何光暐局长，我才回到家，我老父亲病故了。我头几天就知道父亲已处于弥留之际，可国际论坛任务重要，我是不能离开的，便放弃了个人的私事。”

“1999 年到 2000 年，还有一个重要的工作是旅游局具体实施和组织完成的，就是《桂林旅游发展总体规划（2001—2020）》。这是结合桂林地市合并新形势、桂林城市改造新状况，桂林市政府确定要做的规划。我们从选定编制队伍，到中期研讨，到规划评审，再到规划送审、出版，全程都抓得很紧。规划编制由国内知名专家、中山大学保继刚教授主持，编制历时一年。规划成果得到国家旅游局、自治区旅游局、评审专家的高度评价。2000 年 11 月召开评审会，国内著名专家、中科院院士吴传钧先生担任评审组组长。这部规划的不少成果，如桂林城市旅游等，都极具新意，给我们留下深刻印象。”

“2003 年，最要说的就是抗击‘非典’、恢复旅游发展了。我觉得我们桂林旅游人的意识，还是可以的。全国都在观望、都不敢动，在这种情况下，怎么来调动桂林旅游市场？我们做出了自己的研判：桂林没有出现‘非典’，首先是没有出现，那要使桂林旅游市场迅速恢复，怎么办？我觉得很有意义的一件事，就是我策划了一个活动，写了一首歌《桂林，永远是春天》。我是歌曲第一作词人，苏绍芬是第二作词，歌舞团邵炳坤作的曲。桂林永远是春天，我取的这个歌名，带着这样的意思，桂林没有地震，没有非典，山清水秀，永远是春天。我们在七星公园，摆开了一个较大的阵势，由副市长来指挥，每个领导面前摆一张歌单，大家一起唱。桂林旅游人，有近万人参加。这个活动，充分表达了桂林人面对挑战恢复市场的信心、决心。同时，也显示出一种行业凝聚，表达这个行业的人有一种坚强的力量。我们桂林的做法，取得了很好的效果，旅游市场果然迅速恢复并取得新的发展。”

6 年间，我虽然做过副手，但每件事情当时的具体背景以及领导的总体思路，有些也是后来和这次访谈才清楚的。

二说：“我与台湾著名作家余光中先生”

访谈进行了一些时间，钟新民先生拿出一篇手稿的复印件，上面是一首诗，他让我看看，还告诉我这是他保留的台湾著名作家余光中先生的手稿。我一看，诗名叫《漓江》，诗是这样写的：

黛髻青鬟，南国有恁多丽人
争妍要照影
却苦了地灵
何处去寻找够长的妆镜

于是从上游的湘烟楚霭
聪明的漓江
浅浅地笑着
在两岸的娉婷之间流来

而我们，自幸受宠的美学家
左顾也惊艳
右盼也叹绝
趁涟漪的靥涡顺流而下

错过的比窥到的更多
瞻前便遗后
顾近又失远
贪看岸上，又觉水中更诱惑

目迷，心乱，五十里的奇观
峰外还有峰
峦上更多峦
出不尽七千个峰头的大展

而更多的奇迹在地下深藏
钟乳垂长旌
石笋耸高柱
地府已如此，又何必羡天堂

——2004.4

余光中先生是台湾著名学者、作家、诗人，期盼祖国统一，写过知名度较高的诗作《乡愁》。我觉得这个话题很有意思，便请钟新民先生详细说说。

“2001 年 9 月，余光中老先生来南宁、桂林讲学。我提前得知后，就主动策划，打算把老先生在桂林的活动安排出最好的效果。首先是由桂林市旅游局发出邀请，请他来桂林考察旅游，然后派出专车把他从南宁接来桂林。”

“余光中先生到桂林以后，讲学之余，就由我们安排他考察旅游。几天的时间，请他看了漓江、龙脊梯田、乐满地、世外桃源等景区。桂林之行令老先生十分难忘，以至于在几年之后，还写下这首《漓江》，并把手稿寄给了我。”

“大家都知道老先生的《乡愁》，吟出了两岸同胞的亲情，特别是最后那几句，‘而现在，乡愁是一湾浅浅的海峡，我在这头，大陆在那头’，让人铭记在心。有西部歌王之称的王洛宾老人，1992 年在游览漓江时曾将余光中先生的《乡愁》谱出了曲子，委托当时一起游江的一位叫秦凌雁的年轻人找机会转交给余光中。王洛宾老人1996年去世了，但秦凌雁一直记得这件事，也一直在找机会。我觉得，这次就是最好的时机。于是，我们事先进行了筹划，让秦凌雁参加陪同余光中先生游览漓江，在船上亲自将王洛宾谱写的《乡愁》曲子交给老先生，让他们‘见面’。于是，9月15日，我们在漓江游船上举办了谁也不曾料到的、极具意义的‘交接’仪式。秦凌雁对余光中道出了曲子的原委，把曲子交给了老先生。我清楚地记得，老先生当时十分惊喜，感动得流出了眼泪，还过来握住我的手，说‘钟局长，这就是之前你说的要在游江时给我的惊喜？’我笑着说这不也应了您的‘山水有相逢，终会在桂林’的两句诗嘛。大家当时都很激动，秦凌雁和青年歌手罗三等还在琵琶和横笛的伴奏下唱了起来，余光中拉着他的女儿也一起加入。‘小时候，乡愁是一枚小小的邮票……’歌声在船舱里回荡，‘交接’仪式达到了高潮。老先生在漓江上还特地给我写了一首诗，‘漓江水，不回头，漓江的峰头和歌声，永在我心头’，表达他的心境。我认为，桂林之行最让老先生难忘和动情的，应该是我们精心安排的漓江游船上的这场‘交接’。”

“还有两件事情，也让老先生感到高兴。我们从乐满地开始陪他。去了乐满地，当时很奇怪，桂花竟提前开了。我在这个时候即兴发挥，唱了首桂花开了的歌。老先生看着、听着，非常高兴，这是一件事。还有，就是我们后来到了世外桃源，看到深圳有几个学生跑过来围住了他。学生们说听说他来桂林，专门从深圳跑过来看他，在世外桃源见到老先生了，好激动。老先生听了也是十分高兴。”

“我感到这个事情很有意思。它的意义在于，第一，可以说是制作了一个当代名人与桂林的故事；第二，就是有利于桂林在台湾的旅游促销。那些年，桂林的入境游客在全国地级市当中排名靠前，不亚于很多城市，台湾游客尤其多。我们一直在努力，以保持我们的地位。像余光中这样的老先生，他的诗，不是恰恰能够和旅游业界连在一起吗？”

我觉得钟新民先生这件事情做得非常好，说他有思想、有思路、有创意，完全是正确的。不吝篇幅记录这件事情，我认为很应该。用文化的力量，借用文化名人，来做旅游，这就是一个很好的例证。据说那天游船上还有一些台湾游客，他们都在为余光中喝彩、欢呼，此事延伸效果一定是不错的。

三说：“面对未来，我们应该做些什么思考？”

对桂林旅游下一步该做些什么，我请钟新民先生说说他的看法。

“我来到愚自乐园以后，感受挺多的。历史发展到今天，经济环境、社会环境、人们的需求都发生了变化。在这样的形势下，旅游业作为一个传统的产业，怎样去适应市场的变化，去适应人们对美好生活的向往，是有待研究的。”

这正是我要请教的。

“研究桂林今后怎么做旅游，怎么做好旅游，是个重要课题。可以请上桂林旅院的学生，或其他学校的研究生一起，来研究这个课题。过去我们经常讲的食、住、行、游、购、娱这些基本要素，现在它们所裂变出的东西有哪些？我想已经有一大堆，不是一两个概念能说清楚的了。广西景区协会召开成立大会时，我说过一个观点，我说我们还在讲协会，旅行社协会、景点协会，这都是什么时代的事情？那是在计划经济条件下，国有企业控制市场不充分情况下出现的东西。比如，车船协会，由国有控股大企业牵头。今天的交通运输，已经完全不是这种格局，成立这样的协会，以旅游股份公司的车公司为主体，现在不是这个概念，滴滴打车等各种形式都已经出现了。再如旅行社，网上出现了旅行社，已不再都是传统意义上旅行社。还有酒店业，民宿就多了起来，种类也是多种多样。我们还用过去的思维方式，去找这些理事，还用过去的方法去抓这些工作，可能有点不对了。愚自乐园进来桂林，当时开了先河，走了文化和旅游相融合这条路，自然山水加文化加旅游，今天又加了现代休闲度假，后来又加了体育，推出了足球高尔夫。我们把这个东西融到景区里面，使它成为包罗万象的、一个很好玩的休闲度假的东西，但我觉得它还是落后了，它是 2.0 版。在我们这个行当当中，有 4.0 版了。比如，三亚的亚特兰蒂斯，高大时尚，那就是 4.0 版；比如广州长隆，也是 4.0 版的休闲度假旅游，既有景区又有酒店，又有主题乐园。我们即使不管它什么版，也必须要考虑如何去适应游客的需要。市委原副书记邓纯东有句话，我始终认可，就是‘能满足现代人多元化需求’。现代人多元化旅游需求，这句话永远不会过时。满足老人家旅游的‘夕阳红’，那是一个阶段。现在更要关注的是‘90 后’和‘00 后’，他们对事情的看法。他们现在唱的歌，我们都不熟悉了，那他的消费需求呢，他的旅游需求呢，我们要多想想这些。我们带上几个旅游院校的学生，给他们出题目，大家来研究研究。愚自乐园里面的地中海度假村可以作为一个案例，然后再研究一下其他地方，研究不了提出问题也可以。我们需要探索未来旅游业的形式和模样。不知道现在文旅部门的划分是否已经出现新的旅游方式，我们可以数一下，商务酒店、主题酒店、民宿、乡村游等。还有亲子型、研学型、体育型，又分了多少？以住宿为主的、包容性特强的形式已经在走向市场，长隆等就是其中的一种。我们也可以做些问卷，针对‘90后’的人，让他们说说以后应该怎么去玩。我们把问题提出来，由大家去思考。所有搞旅游的人，面对市场应该琢磨什么？不可能都搞亚特兰蒂斯，100亿元，一般也做不到。全域旅游，那是从政府角度说的，对更多的旅游从业者来说，如乌镇，现代水乡等，名目很多。把中国旅游业目前出现的东西，跟以前做一个对比，看它发生了多少变化。老的景区，改造升级后与之前做对比，比如愚自乐园，过去是雕塑公园，今天走到这样，也是一个例子。比如演出，现在有实景演出，场内演出，沉浸式演出，又是很多。各类旅游，名目繁多，好像现在数不过来了，跟中国的菜系一样。做这样的课题，是我的一个思考，我把它提出来。愚自乐园有个夏令营，叫守望者，包括山水涅槃。我一直讲一个观点，我们最大的特点是自然，怎样把自然之间的元素发挥到极致，怎么利用好自然，就是我们的一个课题，也能形成我们的核心竞争力。”

“我们现在总在说我们有2000多年的历史，有没有一些新的东西可以说说？我现在就在想这个问题，还没有集中整理出来。比如说我讲过的余光中老先生，他是现代人，他对桂林的赞美，《漓江》这样一首诗，就可以很好地加以运用。贺敬之先生的《桂林山水歌》，我们用得也很不够。我们可以说韩愈的句子，同时也可以说一些现代的。需要在有些时候，从另外一种角度、另外一个方式来整理出新的桂林导游词。我们现在好像没有这个，有一点，或者是太散，不集中，或者是不散，但也不集中。比如说我讲的那个《桂林永远是春天》，在某种意义上，它也是从另外一个视角去诠释桂林旅游，去赞美桂林旅游的。”

“满足现代人多元化旅游需求，我觉得这句话很准确，永远不会过时，并且，还可以把旅游两个字同时说成体验或者什么。体验需求，内涵和外延又发生了变化，我觉得都可以考虑考虑。总的思路，核心是跟着时代走，不断去满足现代人多元化的旅游需求、体验需求，与时俱进。从事实际工作，经常会引发我们产生很多思考，如当机器人来的时候，我们的服务员还需要吗。我不说一定要或不要，而是告诉大家，有这么个思考题目，大家共同琢磨。我也经常在想，机器人来了，我们把服务员都撤掉，完全智能，酒店是智能酒店，那中国人的心理会怎样？看不到人，是不是所有人都愿意，是不是感觉不亲切，是不是感觉有点瘆？那从另外一个角度看，‘90后’的人是不是也这样感觉？如果‘90后’不是感到瘆人，而是喜欢这样，那可能就证明它就有一定的方向性。”

一口气说这么多，听起来我也颇感过瘾，足见钟新民先生工作之余，不！也包括平日工作当中，都一直在思考着许许多多、各种各样相关的问题。仔细想来，这也符合他的作风，他就是这么一个人。跟他一起工作的时候，他就这样，总能不断给旁人提出很多问题，并设成甲乙双方，引导大家回答和讨论。他从事旅游工作二十多年，又有这么多的工作经历，他的看法确实有相当的分量。他对未来桂林旅游应该做些什么的独到见解，所提出的思考题目，我觉得都非常合适，也非常到位，研究和回答好这些问题，必将会促进桂林旅游业迈上一个新的发展台阶。而且，钟新民先生所讲到的思路，其实还启发着我们举一反三去把研究范围拓展开来，比如，了解好“90后”这些新一代旅游人的想法，无疑十分重要，毕竟他们是将来参与旅游活动的主力军，但与此同时，即便是“70后”“80后”，由于社会经济日新月异的进步，他们原有的想法也一定会发生很多，甚至很大的变化，对这部分人，事实上我们也需要去研究去琢磨……

凌世君女士访谈录

（访谈时间：2020 年 11 月）

2019 年 4 月，凌世君女士送我一本她刚刚出版的新书《漓江两岸的流年碎影》（广西师范大学出版社）。翻了几页，我便深感这是一部非常“抓人”的作品，内容、文笔都很具有吸引性。我还感到，若读完这本书，自己对桂林的认识一定会更深入，作为桂林人的自豪感一定会更升温，同时认为对想要进一步了解桂林的外地人包括旅游者一定会更有益，而能起到这些作用的好书我认为并不是很多。

凌世君这个名字，三十多年前我就知道了。那时我刚来桂林，参加了几次《世界名人赞桂林》一书的讨论，这本书由市文化研究中心和市外办合作编写，凌世君在文化研究中心工作，是写作人员之一。后来的很多年里，我又经常在一些报刊上看到写有她名字的文章。在我的心目中，一直都感觉她是一位研究桂林历史文化以及旅游方面的学者。后来我查了网上一些关于她的介绍，常看到的果然是“长期从事桂林历史文化与旅游发展研究”。

最近两三年，我常常参加一些学会的活动，和凌世君女士多了一些接触的机会，因为常常一起开会，便对她后来的基本情况、研究进程及其成果有了更多的了解。我进一步地感到，凌世君女士的确不愧为一些报刊和网上所称赞的“历史文化专家”“桂林城史专家”“擅长桂林旅游的研究”。因此，我便请她当了一次我访谈的对象。

凌世君女士，长期在桂林市委市政府研究部门工作。她供职的部门有市政府文化研究中心、发展研究中心，有市委政策研究室、党史研究室。她从普通工作人员，到中层干部，再做到部门领导。她从跟随别人研究共同生产成果，到自己独立研究获得好的“收成”。她还活跃在不少研究团体，如桂林市作家协会、桂林古村文化研究会、桂林历史文化研究院专家委员会、广西桂学研究会、桂林抗战文化研究会等，还在一些团体被推为会长、副会长。

凌世君本人是比较低调的，平常不怎么述说自己研究的东西和所取得的成果，可我这次是“诱导”有方，激得她“聊兴起来了”。

一说：“一张张老照片让人更多地发现桂林”

访谈时，话题首先从她的大作《漓江两岸的流年碎影》开始。我说我曾看过2017年报纸上登过一篇关于你的桂林老照片方面的访谈，访历史文化研究专家凌世君，你的大作也把其中的主要内容放到附录里了，可否先说说那次访谈的情况？

“那篇访谈刊登在2017年8月《桂林晚报》‘文化·访谈’版上，当时记者问了我不少问题，包括我收集了多少老照片、来自哪里、怎样分类，还问到我2011年策划的‘百年光影——桂林城市记忆’、出版的同名图书，又问了我除了老照片，还对桂林历史文化进行了哪些研究、我与桂林民间那些关注和挖掘桂林历史文化的热心人士的联系情况等，我都一一做了回答。最后我说，说到底我并不主张历史文化的功利化和庸俗化，文化的最高境界是以文化人的角度去滋养一地民众的心灵和精神。”

“说到2011年策划的那次活动，我说展览虽在2011年完成，但准备工作从2005年就开始了。那时出现了‘老照片热’，热心人常在网上贴出，我自然也关注到了这个情况，于是我开始跟踪发帖的人并联系他们，开始策划展览和出书，开始了长达4年多的准备。功夫不负有心人，经过我和我的团队的共同努力，2011年暑假，以“百年光影——桂林城市记忆”为题的展览在桂林市档案馆试展了，引起了不小的反响。后来，由广西师大出版社出版的同名图书，更是广受欢迎。”

“我在接受那次访谈时说过，用照片的形式把一座城市整整一个世纪的历史和社会发展、世俗风情直观地进行介绍，在桂林历史上还是第一次。很多‘老桂林’们看展览、翻翻书，都感觉激动，那一幅幅照片上的场景，触动了大家内心的情怀。当时市民对家园的精神守望以及民间人士对历史文化的传承，也都令我深有感慨。同时，我也说了没有去深度解读桂林老照片，是我组编《百年光影——桂林城市记忆》留下的遗憾。”

我说，那这本《漓江两岸的流年碎影》不是解决了你的这个遗憾？我一边顺着话说，一边也把开始时确定的话题继续下去。

“我在《漓江两岸的流年碎影》一书的后记里写了一段话，说了这件事情。

在档案馆做展览之后，后来没过几年，《桂林晚报》副刊部主任也是著名诗人刘春、晚报编辑肖品林，是他们以其高度的文化自觉和独到的眼光，为我量身定制了一个专栏，叫‘桂林晚报·光影桂林’，使我又有机会弥补了心中的这个遗憾。于是，自 2015 年 5 月起，每周一期，一图一文，我又开始用老照片来说桂林故事。后来由于我自己的原因，一年多后改成了两周一期，一直坚持到了 2017 年 5 月。两年下来，一共刊出了 100 幅图片和 75 篇文章。专栏结束后，我接受朋友们的建议，经过一些必要的编辑和修改、增补，最后就形成了去年出版的这本《漓江两岸的流年碎影》，仍由广西师大出版社出版。”

我从书中得知，凌世君女士收集、选取这些老照片是下了很多功夫的，她从大量的、包罗万象的照片中挖掘涉及桂林的山水城池、建筑桥梁、名胜古迹、市井生活、民风民俗、文化活动、街头场景、战场遗迹等，也包括了一些重大历史事件及人物。所以，我认为这本书不仅是百年多来桂林历史文化的展现，对研究桂林旅游也提供了不少线索，很具有一些价值。我请凌女士聊聊这方面的内容。

“书里面有很多有关景点方面的内容，如朱树德与桂林新老‘八景’、柳宗元的《桂州裴中丞作訾家州亭记》、50 年代有关部门编写的《桂林风景胜迹沿革考》、雁山园、虞山等，对旅游业界非常有用。桂林的船家、桃花江上水车忙、鸬鹚捕鱼、漓江上的红帆船和红船、独秀峰下的铁房子等，这些叙述，导游若对游客讲起来，相信游客们也会很感兴趣。还有，如民国的《桂林导游》怎样介绍桂林、那些纷至沓来的旅行团、一张老照片和两度兴安游，对研究近代桂林旅游历史也会有参考作用。从某种意义上说，把这本书算作旅游教科书也是比较贴切的。”

我想也是这样，桂林是文化名城，桂林任何方面的文化都与旅游业的建设和发展有千丝万缕的联系，更何况她这本书还写得如此之好，内容又如此之丰富。

有一次我在广西师大的“独秀书房”翻书，巧遇了凌世君女士，我又请她坐下来聊了一阵子，又谈到这本书和旅游的关联性。她和我说了这样一件事：《漓江两岸的流年碎影》深受各方读者喜爱，出版后反响热烈。其中有一位做旅游策划工作的，叫申时屏。申曾研读此书至深夜一两点，从书中寻找桂林旅游文化的突破点。说申时屏看完这本书后，进一步深化了一个认识，就是旅游如果没有理解背后的历史文化，就是不全面的，是没有灵魂的旅游。

“旅游界一些朋友也和我谈过这本书，说他们从中知道了不少工作上需要的东西。”也许是凌世君知道我曾长期从事过旅游行政工作，更想了解她这本书的旅游意义，所以后来在一次会议期间她又跟我说了上面的这句话。

二说："桂林城市建设永恒的主题是塑造特色"

我看到访谈她的记者写了这样一句话，说除了桂林老照片，凌世君的研究课题还包括外事、旅游、规划、城建、园林等一些方面。因此初步聊完那本书后，我便请她说说在城市规划、城建方面的研究情况，我觉得一个旅游城市在规划和建设上应该怎样去做，是很重要的。

"我在这方面做了一些思考和研究，代表性的文章有几篇。比如，1997 年的《塑造特色：城市建设永恒的命题》，获得了广西并列一等奖的第一名；再如，不久后专访著名规划大师吴良镛先生的文章，发表于《桂林日报》头版头条；还有 2001 年的《凸现历史文化特色 重塑桂林城市形象》，作为会议发言材料，代表桂林入选当年的历史文化名城会议中南片区年会，刊登在桂林市委党校学报上。此外，2007 年我作为文化方面的技术顾问参与过制定的《桂林市城市风貌及特色街区规划设计组织工作方案》，2012 年城市发展与规划大会在桂林市召开时，我作为《今日桂林》编辑部主任、桂林市城市风貌及特色街区规划设计方案征集专家组顾问对与会专家进行访谈；2017 年，我发表过《桂林——从'东方公园'到国际旅游胜地》；2019 年作为本地学者还在《桂林日报》城市雕塑专题栏目中发表过我的见解。"

历史文化学者凌世君在城市规划建设上也有这么多的经历和成果，叫人佩服。

"我是广西大学中文系汉语言文学专业毕业的，1985 年大学毕业分配到桂林市文化研究中心工作，之后也一直供职于市委市政府的研究部门，还在档案部门工作过八年，在世纪之交的城市大建设大改造中，还在榕杉湖景区建设指挥部、夜景指挥部从事过文化、宣传工作，为什么写过关于城市建设方面的文章还在自治区获得了并列一等奖的第一名呢？这还得从头说起。我工作后参与编写过《桂林文化大事记》《抗战文化研究文集》等，后来还参与编过内部刊物《桂林文化研究》。这些工作，使我对桂林历史文化以及近代桂林城市建设情况有了比较深入的了解。1997 年市政府文化研究中心和市政府经济研究中心合并成立市政府发展研究中心后，我仍在中心工作。1997 年广西城市设计与美化研讨会要在桂林开，这个会议规格很高，两院院士吴良镛要来讲学、自治区分管城市建设的副主席袁凤兰、建设厅的领导及区内各市县分管城建的副市长副县长都要与会。会前做了一些准备，其中之一就是由广西市长协会在全区发起了'广西城市设计与美化'研讨会，作为东道主，桂林市政府动员人写文章，规划建设系统写，也叫我们发展研究中心写。时任主任杨清莲说这跟文化有关，就由我去写。我毕竟对城市规划没什么研究，便首先从查资料开始动手，想来想去感觉城市特色问题比较重要，于是决定写这方面的内容，确定了个题目叫‘塑造特色，是城市建设永恒的命题’。写着写着，感觉也就上来了。我以此为题，讲了当下城市精神特色模糊和个性淡化的问题，分析了原因，提出了对策，然后就形成了这样一篇文章。也是歪打正着，还整了个广西的一等奖，一等奖是两个并列的，我排到第一。得了一等奖就受邀参加了这个会，当时颁奖的时候，是吴良镛给我颁的奖，还有人帮我拍了照片。”

著名规划大师颁奖，荣耀！

“我当时年轻，喜欢动脑筋，我想吴良镛要来了，是一个采访的好机会，我觉得报社记者那边可能没有这个心，可能不会做这种准备，或者做不好这件事情，我觉得我应该抓住这个机会。于是，我了解了吴老的住处、行程等，就和他的助手联系，老先生答应了，于是我怀着敬重的心情手持鲜花访问了他。同时我想采访的文稿，他在桂林期间最好见报，就抓紧时间完成了，最后协调报社，终于在头版头条刊登了。”

“这两篇文章，我是非常认真去写的，写作的过程，对我也是一个很大的提升，加深了我对桂林城市特色和历史文化积淀的认识。”

我又请凌女士说说其他几篇成果。

“《凸现历史文化特色重塑桂林城市形象》这篇，是 2001 年写的，当时桂林大规模的城市建设和改造基本结束，取得了不错的成效。我论述了桂林是国务院第一批公布的历史文化名城，在这次大规模的城市建设中，桂林注重了历史文化名城的保护，突出了山水城市的特色，既实施了改造，又从整体上保护了自然环境及挖掘了历史文化内涵，在重塑城市形象方面取得了较大的成功。”

“2017 年的那篇文章《桂林——从‘东方公园’到国际旅游胜地》，用到了我对历史文化的研究成果。我写到桂林自古依托山川形胜建城，造就了城在景中，景在城中，山—水—城于一体的城市格局，写到 1940 年桂林正式设市开始引入现代规划理念建设城市，从 20 世纪 40 年代时任市长苏新民建议将桂林建设为‘东方公园’，到中华人民共和国成立后 1964 年，时任市委书记黄云主持制定了‘64 规划’，将桂林市城市性质确定为住宿舒适，交通方便，服务设施完善，市容整洁，环境卫生，风景优美，轻工业发达的中国式的风景游览城市。再到 1979 年国务院确定桂林市为社会主义风景游览城市，1982 年公布桂林为第一批 24 个历史文化名城之一，桂林的城市性质有了明确定位。2009 年 12 月国务院明确提出‘桂林要充分发挥旅游资源优势，打造国际旅游胜地’，成为桂林市发展的战略目标。当然，‘东方公园’只是昙花一现，后来的‘64 规划’进程也中断了。《桂林国际旅游胜地建设发展规划纲要》为桂林发展描绘了美好蓝图，也是我们应该为之奋斗的建设目标。”

“城市雕塑在凸显城市特色方面的作用，是不可低估的。2019 年《桂林日报》专题报道中，我讲到桂林城市雕塑的现状和搞好城市雕塑的重要意义。我对记者说，由于选点、题材、创作等方面的原因，有些雕塑整体水平不高，没有形成大的影响，一些作品或因与周围环境不协调，或随着时间的流逝而逐渐消失在人们的视野中，如嫦娥奔月、刘三姐、嬉水儿童等雕塑。我还说，进入新世纪后，随着城市建设的日益发展，桂林榕杉湖边上立起了唐景崧、王正功、王鹏运等塑像，阳桥下出现了浮雕墙，伏波山前竖起了马援跃马骑射的铜像，市园林植物园内建起了桂花仙女雕塑，桂林北火车站前立起了不锈钢雕塑——山水之门。特别是 2011 年訾洲公园建成后，安置了柳宗元、裴行立、范成大、张孝祥、白居易、韩愈、杜甫等历史文化名人的雕像。这些城雕，就又凸显了一些特色。我认为，桂林城雕建设需要统一的规划部署，切实反映出桂林的风格和传统。”

我还看到过，凌世君女士在桂林城市的文化建设、园林建设等也都出过文章，如《试论桂林现代化国际名城的文化建设》。她和我说，在桂林研究文化，领域是很宽的，我们应该抓住一些重要的方面，提出可行意见并促成实施。只有这样，才能使桂林这座名城更具魅力。

三说：“我所做过的一些桂林旅游发展方面的研究”

最后，也是我直接挂记的，是“追究”凌世君女士“擅长旅游研究”这一面。当然我相信，她一定是有“货”的。

“我对旅游的研究，开始得比较早，在桂林研究文化，也离不开旅游这块天地。20 世纪 90 年代初期，我首先对旅游方面的书籍做过探讨，写了《桂林旅游书籍简析》。差不多同期，我还参加了《桂林旅游大典》（1993 年出版）的编纂。在此之前的几年，我还参与过《世界名人赞桂林》一书的编写。1995 年，我和曾有云合作编过《桂林山水散文诗十六家》。1997 年，我和闭俊奋合作编著《桂林导游丛书》。那时候，我还给一些旅行社的人员做过培训。这些很早开始了的研究和实际工作，我都是记忆深刻。”

“前面提到过的 2017 年记者对我那次访谈，我也回答过怎样看待历史文化保护与旅游发展关系的问题。到了这个时候，我对旅游的深刻实际上已经很多了。

我回答说文化与旅游本身就有很密切的关系，旅游从其属性上说，就是对异质文化的一种追求。阳朔民宿中，对老旧村落和房屋的改造利用、龙脊梯田晒衣节等民族节庆活动的策划、漓水人家传统村落的活态移植保护、愚自乐园的华丽转身，都是文化与旅游联姻的有益尝试。”

这些话都是很有意味的，说得非常好，也反映了这些年她对旅游研究的深度。

接着，我请她介绍一下差不多三十年前写的那篇《桂林旅游书籍简析》。

“旅游书籍是旅游者开启旅游目的地大门的一把钥匙，是旅游者获取文化知识和精神享受的重要手段，具有树立目的地的形象、传播旅游目的地的信息、吸引游客和帮助他们顺利完成旅游的特殊功能。桂林是一座具有国际声誉的旅游热点城市，既有漂亮的风景，又有深厚的历史文化资源，同时也给旅游书籍的产生，提供了肥沃的土壤。从古到今，卷帙浩繁的桂林旅游书籍对促进桂林旅游事业的发展起着不可低估的作用。三十年前，正是出于这一考虑，我写了那篇文章。”

“我从不同特点、内容和功用，把旅游书籍分为实用和非实用两大类别。实用类旅游书籍，就是那些以实用为目的，包括衣、食、住、行、游、玩，购等内容，解决旅游过程中最一般、最实际问题的书籍。挂林的实用类旅游书籍，发端于20世纪30年代末40年代初。1942年分别由大众出版社、中国旅行社出版的两本《桂林导游》，标志着它的正式产生。1973年，桂林向国外旅游者开放，旅游业迅速发展。实用类旅游书籍的出版也日益出现了繁荣兴盛的局面，数十种不同层次、不同风格的图书相继面世。非实用类旅游书籍，指那些不从旅游的全过程考虑，只选取某一角度或层面，运用某种手段，展示旅游目的地历史、景观、文化内涵、风土人情等，以满足旅游者对文化、知识等方面高层次精神需求的书籍。桂林非实用类旅游书籍源远流长，历经唐宋元明清各代直至今日，年久积累，蔚为大观。由实用类和非实用类构成的旅游书籍在桂林旅游中发挥了很大的作用。我认为，就实用类而言，应该常变常新，迅速快捷地反映桂林旅游中的新变化、新内容，给游客提供准确、具体、最新的信息。就非实用类而言，已有的内容有进一步深化的必要，不应仅仅停留在汇集、罗列先人遗留下的人文遗产上，而应加强对富有桂林特色的人文历史、山水文化的研究，尤其对于以往忽略了的宗教文化、园林文化、民俗文化来研究，应使其成为旅游书籍的表现内容。”

30年前就发表过这样的文章，可见其关注桂林旅游研究之早。

“我对景点景区建设也比较关注，从编辑导游丛书，到景区的建设。举两个例子，一是两江四湖大景区建成以后，我就开始深入阐述其历史渊源，我在《桂林文化大讲堂》上，专门讲了两江四湖的前世今生，讲到‘四湖’在唐代本是桂林的护城河，到明朝由于城池南扩到桃花江，原来的护城河就逐步演变成一个一个相连的湖泊。两江四湖环城水系全长 7.33 千米，水面面积 38.59 万平方米。桂林环城水系最早形成于北宋年间，当时榕湖、杉湖、桂湖上舟楫纵横，游人如织，兴盛一时。为了再现当年桂林‘水城’的繁荣景象，并恢复桂林宋代水上游的城市游览模式，桂林‘两江四湖’工程的构想，经过建设者们 1000 多个日日夜夜的艰苦奋战，于 2002 年 6 月 2 日上午实现了通航，南宋著名诗词家刘克庄咏叹桂林‘千山环野立，一水抱城流’的情景再次成为现实。二是在讨论临桂会仙湿地作为湿地旅游保护区进行开发时，我讲到全国湿地很多，但像临桂会仙湿地这样具有浓厚文化价值的湿地很罕见，在今后的开发建设中应着重挖掘其文化内涵，努力把会仙湿地建设成桂林国际旅游新城的后花园。”

“我还曾写过一篇《重视培育旅游新业态，大力发展无景点旅游》的文章，说‘无景点旅游’，注重的是旅游的过程和体验，并不是抛弃传统景点的吸引力，去开辟新的旅游风景地，它是休闲旅游方式发展到今天的一种诠释。发展‘无景点旅游’，是桂林国际旅游胜地的题中应有之义，而且桂林具有发展无景点旅游的基础。同时，我也提出了相应的对策。这篇文章，比较有新意，引起了一些关注和讨论。”

“积极参加一些旅游方面的课题，贡献我对旅游研究的思路和成果，也是我很乐意做的一件事。十多年前，我主持完成过市科技课题《桂林历史文化名城古街区、古建筑调研》，后来的桂林市政策应用研究会课题组课题《发展高端旅游服务业与建设广西旅游强区——以桂林国际旅游胜地建设为例》、桂林市联合调研组课题《桂林民居旅馆业发展的现状及路径选择》，我也都参与了。市经济学学会编著的《乡村旅游与桂林国家旅游胜地建设》一书，我还担任了副主编。”

“回过头来，再说我那本《漓江两岸的流光碎影》，其中旅游的内容非常多，尤其是对民国年间桂林旅游情况的介绍，还比较详细，这也体现了我对旅游研究的偏爱。”

说起旅游研究来，她照样是滔滔不绝。

凌世君女士在她所追求的事业上不仅是一位十分勤奋的耕耘者，还是一位“要强”且一定要取得好“收成”的“深耕者”。

凌世君女士一直是围绕着桂林这座城在勤奋耕耘。她从这座城的历史文化，到特色塑造到旅游发展，都留有很多研究轨迹和探索成就，很多人也对此有着深刻印象。

徐京先生访谈录

（访谈时间：2020 年 6 月）

2020 年 1 月，徐京先生在联合国世界旅游组织亚太部主任的岗位上退休，圆满结束了他在这一著名国际组织近三十年的工作生涯。对徐京先生而言，不论是在世界旅游组织内部，还是在这些年来奔走过的各国各地，都有他难忘的经历；而对于世界旅游组织以及这些国家和地方来说，大家也同样对他有深刻的记忆。

我想桂林应该就是这样一个地方。

基于这一考虑，2020 年 3 月，我和徐京先生提出了想对他作一个访谈的打算。令我十分高兴的是，虽然最近很多地方、组织、专家都邀请他就旅游业如何应对新冠肺炎疫情发表看法、撰写文章十分繁忙，但仍然非常爽快地答应了我。“这是我的挚友的邀请”，他补上的这句话叫我感动许久。

站在他的角度，我深深理解，他所接触和联络的覆盖面非常之广，而当下又处在疫情防控这样一个特殊时期，马德里的疫情情况仍严峻得让人担忧，他这样说，我自然感动。

于是，尽管徐京先生远在西班牙马德里，我们照旧按照约定实施了我的计划。4 月份，我发了一份访谈提纲给他，5 月中旬，他就以书面形式基本上回复了我。当然，在这期间，我们同时也比较频繁地进行了经常性的微信联络和几次较长时间的视频通话。

6 月份，我终于完成了我的计划，整理出了这份访谈录。

一说：“我与桂林”

“在中国，有几个我颇有情结和钟爱的地方，桂林毫无疑问是其中之一。”

徐京先生一开始就开门见山地道出的这句话，倒是证明了我在本文开始时说的那句话：桂林真的就是这样一个地方。

“世界旅游组织和桂林近二十年的合作是史诗级的，从它的孕育、栽培、发展到结出丰硕成果，我和你都算是见证人，值得欣慰，更值得记载。”

我请徐京先生详细说说。

“第一次和桂林的官方交往应该是 2002 年 11 月，应中国国家旅游局的邀请，我陪同世界旅游组织时任秘书长佛朗西斯科・弗朗加利先生出席 11 月 18 日至 20 日由博鳌亚洲论坛联合中国国家旅游局和亚洲合作对话组织在桂林共同主办的亚洲旅游论坛。这是博鳌亚洲论坛举办的第一个专业论坛，也是世界旅游组织和桂林首次‘牵手’。”

这一年的 4 月，世界旅游组织在昆明举行了亚太旅游信息会议，我参加了这次会议并和出席会议的世界旅游组织副秘书长大卫・德维利尔博士进行过交流，后来不久徐京又受托给我打来了电话，这些实际上是桂林和世界旅游组织的最初接触。桂林作为重要的国际旅游城市，其实很需要与世界旅游组织建立联系和合作关系；需要得到世界旅游组织的指导和帮助。因此我们就抓住博鳌亚洲旅游论坛在桂林举办之机，积极建议并促成了国家旅游局邀请该组织秘书长来桂林出席亚洲旅游论坛一事。

“博鳌亚洲旅游论坛本身取得了应有的成就，500 多名各界代表通过了《博鳌亚洲旅游论坛（中国桂林）宣言》,《宣言》涵盖了亚洲地区的旅游合作与发展、旅游产品开发与创新、旅游业的可持续发展以及旅游业的经济社会贡献四个方面。但是，更为重要的是，从这一年始，在广西壮族自治区和桂林市政府的领导下，桂林旅游行政主管部门的人士又充分利用了这一难得的机会，开启了和国际组织合作的大门。”

“有意思的是，和桂林的合作，一开始并不是世界旅游组织推动的重点，更多是被动接受的过程。我曾戏言，是被赶鸭子上架。到 2002 年，世界旅游组织受国家旅游局的邀请，已经和中国 11 个省有合作项目，以制定旅游发展规划为主，该组织的主要对接点是中央，与地方的合作基本处于饱和状态。但是，桂林抓住博鳌亚洲旅游论坛的历史机遇，顺势推进，促成了世界旅游组织和桂林至今仍大放异彩的合作历史。”

徐京先生继续说着他的回忆。

“合作是从街边共吃一碗桂林米粉开启的，进餐者有时任旅游局长钟新民和后来成为这一历史的幕后主推手时任副局长的你。”

徐京先生还把我也记住并提起了。

“2003 年 10 月，世界旅游组织第 15 届全体大会在北京召开。我们和桂林的合作也开启了实质性的第一步。当年 12 月 2 日至 4 日，桂林作为东道主促成和承办了世界旅游组织旅游目的地发展与管理地区研讨会。在此‘试水’的基础上，2004 年 5 月桂林市市长王跃飞率代表团访问世界旅游组织总部，商讨世界旅游组织对桂林筹建桂林旅游学院技术支持以及将桂林阳朔县定为世界旅游组织可持续旅游发展观测点等事宜，双方签订了首份合作备忘录。此访问奠定了桂林与世界旅游组织的友好合作关系，翻开了桂林旅游与国际合作的历史性新篇章。当然这些都是桂林市旅游局的精心策划。”

“世界旅游组织秘书处的亚太部和桂林旅游局建立了良好默契的工作关系。当年，国家旅游局在世界旅游组织的主动建议下，2005 年 7 月底在桂林阳朔召开了世界旅游组织旅游可持续发展指标国家研讨会。这是一个非常重要的“国家”会议，世界旅游组织首次将旅游可持续发展指标体系（Indicators of Sustainable Development for Tourism Destinations）引入中国，希望把这套 2004 年刚刚研发的标准通过桂林落地中国的各省各市。正是这次会议，在桂林市政府和中山大学保继刚院长的积极推动下，桂林阳朔成了世界旅游组织在全球和在中国的首个旅游可持续发展观测点，也开启了世界旅游组织指导中国走可持续发展之路的科学实践。”

“阳朔会议之后，在桂林市旅游局紧锣密鼓的倡议下，双方的合作进入了蜜月期。2006 年 10 月 6 日，桂林市市长张秀隆率桂林代表团再一次来到世界旅游组织总部，授予弗朗加利秘书长‘桂林旅游特殊贡献人士’证书，我和时任世界旅游组织技术合作部主任沃尔玛很荣幸得到‘桂林旅游高级顾问’证书。至此，双方的互动已十分密切。之后多年，多任桂林市市长和主管市领导都会造访马德里，进一步深化双方的合作。”

“和桂林的合作是世界旅游组织倡导的全球合作伙伴网络的一部分。当时的世界旅游组织有一个目的地委员会，在此框架下，许多目的地组织（DMO）和我们建立了合作关系，如印度尼西亚巴厘岛、马来西亚的兰卡威和泰国的布吉岛等，但是合作的范围基本局限在专业和技术层面，只有桂林是全范围的和长期的合作机制。”

徐京先生这样评价桂林和世界旅游组织的合作。他一口气说了这么多，而且脉络十分清晰，可见他对世界旅游组织与桂林的交往合作有着多么深刻的记忆。我必须在此强调，之所以记忆如此清晰深刻，因为这些事情，几乎完全是他自己亲手操作的。

“世界旅游组织与桂林旅游学院的合作也可圈可点。前桂林旅专成了世界旅游组织的培训基地之一，旅专升本也得到了世界旅游组织一路的支持。学院作为世界旅游组织的附属成员仍然活跃在该组织的各个场合。同样，这些年通过世界旅游组织，有效地引入香港理工大学的智力支撑，协助学院进行课程设计和师资培训，拓展了桂林国际教育的合作空间。桂林旅游学院还举办过几次国际旅游教育论坛。”

“世界旅游组织这些年还通过中山大学的渠道跟桂林互动频繁。设在中大的世界旅游组织可持续发展检测中心通过阳朔观测点常年跟踪桂林的旅游发展，从2005年开始，做了大量的问卷调查、专题研究和论文的发表，很好地为桂林旅游的决策和管理提供了科学依据，也为桂林带来了丰富的人才资源。”

对徐京先生，我想桂林应该把他永远记忆在脑海中。

二说：“桂林论坛”

世界旅游组织/亚太旅游协会旅游趋势与展望国际论坛，每年在桂林举办一次，它的意义和影响已经非常之大，桂林已经成为讨论世界旅游问题的一大平台。对徐京先生的访谈，扯扯这个“桂林论坛”，自然会是一个主要的话题。

“经过了双方五年的交流合作和精心培育，终于在2007年孕育出了‘桂林论坛’。首次会议并没有叫论坛，而是称作‘首届联合国世界旅游组织/亚太旅游协会旅游趋势与展望研究大会’，于2007年6月30日—7月1日在桂林漓江大瀑布饭店召开。从第二届开始，名字便改为联合国世界旅游组织/亚太旅游协会旅游趋势与展望国际论坛。这个论坛至今已经连续举办了十三届，因为论坛需要较大一些的会议场地，举办的具体地点也从漓江大瀑布饭店搬到了香格里拉大酒店。”

“旅游作为一个产业历史很短，对旅游的研究就更为单薄了。1992年我加入世界旅游组织秘书处之后发现，只有在欧洲的意大利比萨我们机构和IPK国际咨询公司有一个主要针对欧洲旅游研究的平台，每年召开一次分析和研究旅游趋势的会议。堂堂的一个政府间国际组织，就这么一个旅游研究的窗口。为此，我的脑海里一直想在亚洲也搭建类似的一个平台，让业界同样听到亚洲的声音，因为我们亚洲不仅有东南亚第一波成熟的旅游目的地，更有东北亚后来者居上的中日韩。当我把这个想法抛给亚太旅游协会（PATA）总部并和该组织中国首席代表常红女士协商时，我们一拍即合，正好也弥补了PATA在研究方面的短板。”

如前面我所发出的感慨，徐京先生用心操作着这件事情，所以谈到论坛前前后后的细节时，仍然是十分清晰的。

“接下来就是在哪里选址了。这一次，又是桂林旅游局的嗅觉敏锐和主动出击，很快就把我们锁定了。之后才知道的一个小秘密，常女士的老家是桂林，当然是好上加好了。之所以我说是桂林主动，是因为我当时并没有把握桂林作为一个非省会城市是否能够挑起这个担子。回忆起来，后来历届论坛的成功举办，充分证明了桂林不仅有能力当好东道主，更是我在中国多年举办活动中看到的东道主最得力的一个城市。市政府高度的重视，旅游局的呕心沥血，十几年如一日，使桂林论坛从后勤组织到技术内容都办成了世界一流的国际会议。”

一个城市只要用心做事，成效就会显现，就会传递给合作对方。在此真心感谢徐京先生对桂林的评价。

“借第三届论坛的召开，2009 年 11 月 16 日桂林市政府、世界旅游组织、亚太旅游协会、香港理工大四方签了合作协议，把论坛永久落户桂林！时任世界旅游组织秘书长塔勒布·瑞法依出席了第三届论坛。”

我请徐京先生谈谈他对“桂林论坛”的评价。

“从技术层面看，论坛不仅提供了探讨世界和亚太旅游大趋势的窗口，更为一系列热门议题提供了大脑风暴的理想场所。迄今为止，该论坛研讨过的主题既有涉及发展理念的可持续发展、区域合作、体验经济、绿色环保和 2030 议题的，也有解决现实问题的危机管理、国内和乡村旅游、创新与产品多元、互联互通、教育与培训、目的地分流等。每届论坛的主题和内容，除了世界旅游组织市场情报部的参与，这些年最主要的技术支持就是论坛四方合作者之一的香港理工大学酒店与旅游管理学院，田桂成院长和宋海岩副院长做了很多工作，肖洪根教授更是多年的操盘手。还必须说到的是桂林旅游学院，2016 年在论坛十周年之际专门整编了论坛文集。”

“从政治层面讲，论坛已经成为桂林的一张国际名片，它更是世界旅游组织在亚太地区的合作与研究的不可多得的桥头堡。这张名片的含金量也越来越大。很多亚太地区的旅游从业人员，不管是官员还是学者，都是桂林论坛的参与者和见证人。很多国际性的会议，由于诸多政治因素都是打一枪换一个地方，但桂林论坛坚持下来了，如同柏林和伦敦旅游展，几十年不变地方。”

徐京先生还进一步道出了他对桂林的深刻记忆。

“我职业生涯里，走过太多的城市，地名能都记住就算是庆幸了，不要说每个人的人名。但是，桂林就有许许多多的名字因论坛深刻地留在了我的记忆中，如奠定了合作基础的高雄书记、与旅游局长同名同姓的李志刚市长、潘建民副市长和陈建军副市长，又如永远精力旺盛的陈丽华副市长。还有，当然，真正的幕后英雄则是志刚局长你领导下的桂林旅游局的各位，如何明华、陈运春、曹健、黄燕等许多默默奉献的干部，是你们大家为论坛构建了牢固的基柱。历史记住了你们。”

“论坛已经是第十四个年头了，我为之自豪，它不仅实现了搭建亚洲旅游研究平台的梦，更为桂林、为广西、为中国同世界旅游大家庭的进一步融合做出了贡献。”徐京先生充满深情地说道。

“世界旅游组织和桂林的合作，最大的亮点当然是这个‘桂林论坛’，但在其它方面也结下了丰硕成果。近年来，世界旅游组织和桂林的合作进一步拓展。每年举办的桂林国际山水旅游文化节和中国东盟旅游博览会，已经和桂林论坛有机地结合到了一起，增加了合力和互动，散发着魅力和影响力。”

听到这里，我不禁再一次感慨：论坛能够举办成功，能够永久落户桂林，能够一直每年延续，徐京先生发挥了极为重要的作用，做出了不可磨灭的贡献。

三说：“让游客在更高层次上体验和享受桂林山水”

徐京先生在世界旅游组织工作了 28 年，阅历丰富，掌握大量的信息资料，又对桂林有着深厚的情谊，这次访谈，我也自然不会错过机会，一定要请他谈谈对桂林旅游的一些观点和提议。

“你让我谈对桂林旅游的看法，我诚惶诚恐，因为我没有发言权。这二十年来，我有幸多次访问桂林，但每次不是陪‘老板’匆匆来去，就是全身心投入会议的组织和后勤，没有机会真正深入了解桂林的景点和景区。倒是现在退下来了，我有一种急切的愿望希望再仔细品品桂林。尽管如此，谈点肤浅的想法，权当参考。”

相当低调，这也是我对他一贯的认识。我一方面表示欢迎他尽快来桂林再“仔细品品”，同时也诚恳坚持和“诱导”他一定说说。

“桂林从来不缺知名度，一句‘桂林山水甲天下’让这座城市的美誉传遍祖国大地。桂林在海外也同样享有盛名，桂林市市长接待的国家元首比省长和部长的机会都多。正是这美丽如画的自然山水让桂林的旅游推广工作变得相对轻松。多年来，去中国旅游，除了北上广，就是西安、杭州和桂林了。必到之地让桂林的旅游常年处在优势的地位。”

话匣子终于打开了。

“然而，正是这种优越感，二十年前看到的桂林，颇让人担忧。漓江的秀美和市区的杂乱形成对比；产品的单一陈旧反映了皇帝女儿不愁嫁的吃老本心态，甚至还有野马宰客的抱怨等这些旅游目的地典型的负面现象，当时的桂林几乎都能看到。”

“不过，进入新千年，桂林意识到了这种产品周期的‘疲劳感’并决定改变目的地形象。首先，桂林抓了旅游品质的提升，不管是美轮美奂的《印象·刘三姐》大型演出的引入，还是让市区焕然一新的两江四湖项目，以及龙脊梯田、阳朔老街等多项新产品的深挖和开发，让桂林及时跟上了时代的步伐，城市漂亮了许多，配套设施多了许多，更让漓江山水这朵大红花有了浓浓绿叶的陪衬。”

“也是在这个关键的历史时刻，桂林在国际合作方面取得了可喜突破，为品质桂林打下了良好的基础。世界旅游组织 / 中山大学在阳朔设立的旅游可持续观测点为桂林的升级换代提供了决策参考。香港理工大和桂林旅游学院的长期合作使得桂林旅游的学术支撑进一步完善。桂林在湄公河次区域合作框架下的积极参与和表现，更让桂林增加了类似曼谷、河内、胡志明市、金边等国际接入点，为桂林海外客源多元化提供了新的机遇。把中国东盟旅游博览会放在桂林更是国际窗口的新亮点。桂林这些年和世界旅游组织、亚太旅游协会、东盟秘书处以及湄公河次区域旅游协调组织等的合作已经改变了这个城市的国际地位，对桂林的社会经济发展产生了深远的影响。”

话题也扯到了这次的新冠肺炎疫情。

“新冠肺炎疫情发生后的世界旅游已经很难回到过去的老路，复游不再是单单的恢复和振兴，更是旅游归零后的再出发。疫后的社会更加注重健康生活和安全出行，旅游 + 养生、旅游 + 运动、旅游 +SPA、旅游 + 乡村等将成为新的市场热点，休闲度假产业将成为再出发进程中最重要的角色。”

“桂林在新形势下，需要考量一整套的变更，包括发展理念和产品设计，但是最重要的就是应该抓住国内旅游明显升温、产品明显向城市休闲和乡村度假倾斜的机遇，顺势加快从观光向休闲旅游转换的战略进程。”

“对于桂林而言，去‘观光化’不仅仅是疫后权宜之计，更是品质旅游在桂林扎根的长期需求。桂林具有得天独厚的旅游资源，近年来，已经在调整新业态结构上取得了长足进步，开发了一批可观的休闲产品，但是一定要把握疫后新趋势，从根本上树立休闲文化和度假文化，为桂林重新定位，把桂林打造成满足人民美好生活的新型休闲度假胜地，让游客在更高层次上体验和享受桂林山水。”

徐京先生是热爱桂林的，打开话匣子后还是有不少“硬货”的。我就知道，他对桂林旅游不可能没有思考过。

“不同于观光游览，休闲度假讲究缓慢游和住下来，各种各样的慢都可以体现在产品中，有野外徒步的，有赏花悦目的，有户外采摘的，还有农事体验、农家美食以及悠享民宿的。这种慢节奏的情感产品，和桂林当前大部分的快节奏攻略产品是背道而驰的，这就为管理者和涉旅企业提出了新的要求。”

“休闲度假的战略调整更能让桂林旅游的红利全方位辐射到各区县和乡镇，作为建设新农村和城乡一体化进程的一部分，进一步刺激当地经济和旅游产业链的形成。可喜的是，2019 年开始，桂林文化广电和旅游局已经邀请了国际旅游专家，进一步调查各地资源并开发多元化的旅游产品。”

“一路走来，桂林不仅是广西旅游的开拓者，更是中国旅游的一面旗帜。随着桂林和东南亚各国的进一步联动、同国际旅游界进一步融合，桂林的未来一定将更加美好！我有幸作为联合国世界旅游组织的前雇员参与和见证了同桂林的合作，是我一生难忘的记忆。”

看着他书面上的文字，听着他视频中的话语，我仿佛已为他对桂林的真情所打动，竟然自己半天回不过神来。我对徐京先生说，对你只进行一次访谈是远远不够的，期待今年的论坛召开时我们见面并再来一次长谈。

视频时，我们都是一人在画面里面，一人在画面外面，但我们的手已经是再次握得很紧了，我们约定：今年桂林见！

黄大东先生访谈录

（访谈时间：2020 年 8 月）

黄大东先生，在桂林旅行社业耕耘 39 年，是桂林旅游界一位资深人士，现任桂林天元国际旅行社有限公司董事长，中国旅行社协会入境分会副会长，广西导游协会会长。

1981 年秋，黄大东到桂林国旅工作，踏上了他在桂林旅行社行业努力奋斗的征程，一向以“努力、拼搏、发奋、为桂林旅游发展做点贡献”督促自己的他，在桂林旅行社界已度过了近 40 个春秋。

时间进入 2020 年，突如其来的新冠肺炎疫情给全球、全国，当然还有广西、桂林，自然也包括他的天元国旅，带来的是巨大的冲击。到 2019 年，天元国旅已经是广西乃至全国国际旅行社行列业绩靠前的企业；是在“诚信”“质量”上颇受国内外业界好评的企业；是桂林市政府和市旅游主管部门重点关注、桂林旅游业发展中重要的骨干企业。可是“新冠”一来，即便满脑是新招、浑身是干劲，也没有用。半年多来，业务停摆，颗粒无收，现实极为残酷。

前一阵子，我经常见到黄大东先生。我看到的是，他和公司的几位副总，倒是一如平常地以笑容对外，把肯定是非常沉重的心理及企业负担努力掩饰起来，精神状态依旧良好。我对他说，我真的十分佩服你，大东是干大事业的人！他说，我们必须全力去克服困难，保障员工的工作和工资。他说，困难虽然不小，但忧愁和颓废是不行的，我们还要继续在旅游行业拼搏，实现“百年老店”和为桂林旅游多做贡献的理想。说完，他的笑脸又灿烂起来。

前些天，我忽然对他说，我这段时间一直对桂林旅游界几位资深人士进行访谈，你也在我的计划之中，不过考虑到你企业目前的情况，就还没有和你提出来。大东说，不要紧啊，你有这个计划，认为我可以纳入你的访谈名单，那我很高兴。

于是，7 月下旬的一天，我来到他的公司，开始了我的访谈。我的考虑是，准备和大东谈的话题还不少，是需要聊上几次的。因此我打算在 8 月中下旬，最终完成访谈计划。

一说："我见证了桂林旅行社业的发展历程"

因为黄大东很早就进入了桂林旅行社行业，访谈首先从整个桂林旅行社业的发展情况开始。

"我在桂林旅行社业界工作了 40 个年头，经历了自 1981 年以来桂林旅行社业的成长变化，可以说我见证了桂林旅行社业的发展历程。"他一开始就深有感触地说道。

"桂林是 1973 年国家首批对外开放旅游的城市，经过几年的发展建设，到 80 年代初期外国游客已开始迅速增加，尤其是日本游客，每年达几万、十几万。当时桂林翻译导游力量不足，就到东北设有外语专业的院校招人。就这样，刚从长外毕业的我，通过考试便来到了桂林。1981 年 10 月，我到桂林旅游公司国旅科报到，经过三个月培训，开始上班，在国旅科日语组接待日本游客。"

我请大东谈谈当时桂林旅行社的基本情况。

"那时候，桂林最大的旅行社就是国旅。国旅在桂林成立最早，1959 年就开始接待外宾了。国旅对外叫中国国际旅行社桂林支社，内部是旅游公司国旅科。当时桂林还没有旅游局，旅游公司是市政府决定成立的，兼具行政管理职能。桂林还有中旅，桂林市中国旅行社，在旅游公司叫中旅科。中旅是 1975 年成立的，主要负责接待华侨等。当时桂林还有一家旅行社，是青旅，1979 年组建。1981 年时的桂林，一共就只有这三家旅行社。"

大东说的这个情况。尽管我从有关资料上看到过，但还想再听听亲历者怎么说。

"1987 年 3 月，我调到市旅游局旅行社管理科工作，对桂林旅行社业的情况，有了宏观把握的机会。随着国外游客的不断增多，1985 年下半年起，桂林市旅、阳朔国旅、康辉国旅、杉湖国旅、榕湖国旅、桂冠国旅、地区旅游公司、漓江国旅、台联国旅等一批旅行社相继成立，相互竞争的局面逐步形成。"

"桂林十分重视旅游市场的管理，针对因回扣影响接待质量的问题，1987 年桂林就启动旅游市场的治理整顿，行动力度是比较大的，情节严重的还由公检法出面处理。1987 年，桂林还成立了旅游监察所，在全国尚属首家。"

"国家非常注意引导旅游业健康发展，出台的第一部旅游行业行政法规，就是1985年5月发布的《旅行社管理暂行条例》(以下简称《条例》)，这部《条例》一方面对旅行社的经营行为做了规范性规定，另一方面也调动了各级政府办旅游的积极性。《条例》将旅行社分为一、二、三类，这也应对了当时国内旅游已经开始的客观情况。”

我专心致志听着大东的叙述。

“海外旅游总公司1989年1月成立，是桂林第一家一类旅行社。一类旅行社不光可以接待入境游客，还有自主外联权。1989年3月，国旅升格为国旅桂林分社，1992年6月升格为一类社，并更名桂林中国国际旅行社。也就是说，到1992年，桂林绝大部分国际旅行社，当时已改成二类社，都还只能接待市外一类社派给的团组。”

“1984年5月，桂林市旅游局成立，1985年1月，桂林国旅与桂林中旅从组织、人员上正式分离，开始独立核算，自主经营。桂林国旅由事业单位改为企业单位。1987年年底，桂林旅游公司撤销，市旅游局开始全面发挥对桂林旅游进行行业管理的职能。”

“1996年，国家颁布《旅行社管理条例》，对旅行社分类进行了调整，把旅行社划分为两类：国际旅行社和国内旅行社。其中国际社里面，符合条件的可以经营中国公民出境旅游业务，1997年桂林国旅首先拥有了这个资质。后来经过桂林旅行社业界的建设发展，不少国际社都能够既接待入境游客，也可以做中国人出境旅游了。”

“这里我还要再说两点：一是1985年以后，伴随着国内旅游的兴起和旺盛，一大批经营中国公民国内旅游的旅行社，开始叫三类社后称为国内社的旅行社逐步成立，现已达五六十家之多。从桂林旅行社业总体来看，到去年年底，经营中国公民出境旅游、国内旅游、接待外国人入境旅游、组织外国人在国外旅游等，开展各种形态旅游经营活动的旅行社都已存在，桂林已经成为旅行社业相对发达的城市。二是桂林旅游行政部门对旅行社经营活动的监督管理也一直在不断强化，从最初出台许多办法、细则、加大人力投入，到现在现代化手段日益跟进，桂林也已成为国内在旅游管理、旅游市场监管方面颇具特色和颇有成效的旅游城市。”

“怀着对旅行社工作的眷恋和热爱，1995年我辞离市旅游局，到桂林山水国际旅行社担任常务副总经理，重新开始了在旅行社业界奋斗的日日夜夜。”

二说："天元国旅是我们努力奋斗干出来的"

桂林天元国旅，在桂林、广西乃至全国旅行社业界早已颇具名气。黄大东先生作为已成为全国入境旅游组织和接待方面强手旅行社的董事长，2018 年出任中国旅行社协会入境分会副会长。以讲求"诚信""品质"为运营理念的天元国旅，一直得到自治区和桂林市领导、区市旅游部门的关注和重视。天元国旅是怎么干出来的？为什么能取得这样的成绩？这也正是我这次访谈的一个目的。

"我先说说山水国旅和我到山水国旅之后的情况。"黄大东对我说。"山水国际旅行社，1987 年 11 月成立。成立之初是三类社，1994 年 4 月晋升为二类社，为国有企业，隶属于桂林五洲旅游车船公司，1997 年 6 月起隶属桂林旅游股份有限公司。1995 年 3 月到 2005 年 3 月，我在山水国旅干了整整十年。1996 年被任命为山水国旅党支部书记，几年后我开始既做书记又做总经理。可以说，这十年，我一直在旅行社的领导层里，对如何经营旅行社积累了很多经验。我带领大家积极作为，到 2004 年，山水国旅就在桂林排名第二了。我们极大提升了山水国旅的知名度。到我离开时，山水国旅已成为一家品牌旅行社。"

"创办天元以及天元能有今天这样的成绩，与我在市旅游局、桂林国旅和山水国旅的工作经历、心得体会有关。做旅行社，我认为必须要深耕、创新、讲诚信、讲品牌。今天的天元，有桂林国旅和山水国旅的影子。"

黄大东开始讲天元国旅了。

"2006 年 1 月，桂林天元旅行社有限公司挂牌营业。我们自己几个人搞了个小小的仪式，简简单单地开业了。"

"办了天元，就必须要有目标，我提出：一是'诚信经营，创百年老店'；二是在经营上'做入境电商，以后天元的发展主要是线上'。到今天为止，这两个目标都没有改。"

我知道天元的电商做出了特色，便请大东先说说天元做电商的情况。

"我们做电商，是 2006 年旅行社一成立就开始了的。当时线上经营还没那么知名。2006 年时，国旅做电商已经做得很不错了。我们天元成立的叫'入境电子商务部'。实际上日语网站在山水时就已经开始，但那个时候做得不好，也没有投入太多的钱。2007 年天元增加了英语和俄罗斯网，俄罗斯网站是我们当年 8 月随自治区和桂林市旅游部门去俄罗斯回来之后做的。当时我认识到网络对俄罗斯市场的重要性，6 月份就先去长春大学招了日语和俄语的人。俄语网站做了将近五年都没有盈利，但我们仍然坚持去做，后来熬出了头，2012 年开始每年都有三四十万元的利润了。这个平台是我们自己打造的，所有的东西，编程等都是我们自己做的，但服务器挂在俄罗斯，因为它是给俄国人看的，这样上去的速度会快。当年我们招的俄罗斯和日本的员工，他们给公司做了很多事情，带来了很多我们所不懂的东西。这三个网站一直到今天，都在运营，到去年年底都是盈利的。去年年中我们还在国内的线上发了网页，当年就有收获。在天猫、飞猪那里面开店，卖自己的产品，卖广西的一些产品。还有就是在马蜂窝上卖华南地区去日本的签证，马蜂窝我们排名第一，去年 8 万本。但这个我们没有把它转换成别的经营机会，只是做了签证，赚十万二十万元。这 8 万人，你跟他本来可以有互动关系的，春节期间要商量一下应该怎么做做这件事，但现在因为疫情没法做了。对这 8 万人，再做点延续服务，如提供一些日本的接送、温泉、酒店的预订、车辆安排，那就不一样了。”

我知道，天元还有一个“道游网”，也是在全国出了名的。我请大东再说说“道游网”的情况。

“‘道游网’是我们公司自行研发设计的导游预订平台，2016 年的 5 月上线，确实引起了媒体的关注。《桂林晚报》是这样报道的：导游熊间贵成了全国首个‘吃螃蟹’的人，这次交易是广西线上成功预约持证导游的首单。‘线上导游超市道游网’在全国率先开张，标志着作为全国线上导游自由执业首批试点的桂林，让导游从所谓的‘人头费’、垫付团款等生存压力中解脱出来，关注本职的‘导’和‘游’，从而规范了旅游市场，促进了服务质量提升。网站上不仅有导游的照片和姓名，还有他们的服务星级、标价等，就好像走进一家‘导游超市’。”

“创办‘道游网’，缘于长期以来形成的导游与旅行社关系的现状。带什么团，得多少服务费等，导游员往往没有话语权。一些导游为了增加收入，擅自带游客进店购物、更改旅游行程甚至强制游客消费等还时有发生。如何改变这个现状，国家和各地旅游部门都在思考。2016 年国家旅游局对导游自由执业开展进行试点工作，桂林作为拥有上万名导游员的旅游城市，成为试点城市之一。我们公司经过对市场调研，发现国内还没有一个线上预订导游的平台，于是我们抓住桂林作为试点城市这个机会，研发出了‘道游网’。通过两年多的运行，道游网得到了持证导游的认可和积极的响应，游客使用的满意度也非常高，市场反应良好。”

天元国旅已走过 15 年的历程。15 年来，他们扎扎实实地拼搏，一步一个脚印地向前迈进，公司的业绩日益见好，知名度不断扩大，获得的荣誉也越来越多。

三说："旅行社如何迎接未来旅游业发展带来的挑战"

旅行社行业，从诞生到现在，已有180年历史，在中国也走过了近100年的路程。无论在国外还是在国内，旅行社业作为旅游业一个主要的经营性企业，无疑发挥了重要的不可替代的作用。随着时间的推移，旅游业的发展，旅游新业态、旅游新方式的不断出现，旅行社业也开始面临越来越多的挑战。旅行社如何适应旅游业发展趋势，迎接诸多的挑战，是摆在旅行社业界面前的课题。

我向大东请教他的思考。

"的确，特别是近一二十年以来，旅游业发展迅猛，参加旅游的人数日益增多，新、奇、特的旅游方式不断涌现，科技手段渗透旅游业越来越深入，旅行社业界必须面对的形势也趋于复杂，旅行社经营面临着更大的挑战。"

"不过，我有一个观点，旅行社作为企业，和其他种类的企业有相通的地方，也有一个以不变应万变的招法，这就是'诚信经营'。只要不发生游客完全不需要旅行社的情况，旅行社就不会失去生存的空间，'诚信经营'就会永远是一个法宝。天元国旅成立当初确定的目标之一，就是'诚信经营，创百年老店'，15年来成功运营的重要体会之一，还是'诚信经营'。'诚信'两个字，是我们天元公司思想与道德行为的一个体现，是公司亲和力的纽带。'诚'是诚实，诚心，诚意，不说谎；'信'是信用，遵守诺言，不违约。我们深刻体会到诚信给公司带来的变化，因此公司已经把诚信纳入了章程和办公司的整个过程中。我坚信，靠诚信，坚守好这个最基本的底线，旅行社企业就可以应对不少挑战。"

"把线上经营好，也是当前适应旅游发展趋势、继续应对好挑战的一个重要手段。天元公司15年来的经营实践，证明当初我们把线上作为公司的一个目标是正确的，是适应了旅游业发展变化的。桂林从国旅开始，很早就做电商，后来唐朝国旅后来居上，电商做得也相当好。桂林的旅行社对旅游业发展趋势是有研判的，研判得也是准确的。我觉得桂林的旅行社做电商，在全国是比较早的，某种意义上讲是开了先河的，也是引领了一种潮流的，继续使桂林保持了旅游风向标的地位。电商对于旅行社的发展，带来的是一个质的改变或者飞跃。不过，做线上需要投入，需要人才，这些方面，政府应该给予关心和扶持。尤其是人才，这些年从桂林跑掉了很多。桂林在全国来讲，都是培养旅行社线上人才的摇篮。这一点，政府应该予以关注，制定政策留在这些人才。人才留不住，将来桂林的旅游电商是要走下坡路的，如今已经形成的相当好的局面是要变化的。这不是危言耸听，苗头已经开始出现，一些人已经到外地开线上、当老板了。桂林要建国际旅游胜地，我觉得要抓这些事情，政府拿点钱，出点政策，这些人就都不会跑了。在入境电商人才的保护方面，我在不同的场合，包括在自治区分管副主席面前，都直接呼吁过。但这需要一步一步走，企业、当地的旅游局，一步一步去努力，会更好一些。我去单独呼吁，力度不够。”

“第三，我觉得要正确认识旅行社企业的特点。旅行社是中介性质的企业，是服务型企业，是要收取回佣和服务费的，但长期以来，我们对旅行社性质的认识不是很到位，如不能收取回佣，把回佣当回扣看待，我认为这不行。变相的回佣、高额的回扣，或者说是为了回佣回扣而置客人利益、旅行社的宗旨于不顾，这肯定是不对的。旅行社买机票、门票、客房得到一些回佣，根据送客量的多少有时回佣还比较多，这些都应该是可以的。但长期以来，因为与我们之前所主张的不一样，这些都变成不是那么光明正大的了。我觉得这不行。应该说桂林旅行社业不适合于现代的国有企业，国有企业规定是不能拿佣金的，我们民营企业或者说个体户，我们就可以，照章纳税就行了。为什么一些旅行社，包括国旅总社也这么说，它不适合现代的旅行社业。要么从体制上进行改革。桂林国旅2005年改制以后，就好了很多。我记得大概是天元国旅成立的时候吧，当时市里面领导提出成立旅行社集团，混合所有制的，我觉得这个很有必要，它可以抗风险。我认为，政府应该支持有实力的旅行社成立这么一个集团，其好处是减少互相竞争，出一个政府的政策，把小散弱差的自然淘汰，再就是可以给政府多缴税。这也非常非常有利于统一管理，我觉得这个可以做，这对桂林旅行社业整体上增强实力，应对各种挑战非常有利。”

“旅行社要适应旅游业发展变化，对旅游产品需要进行很好的研发，这也是一条。当前，从大的方面看，度假、休闲、康养、好玩等是绝大多数游客的需求，旅行社在组织产品时要考虑这些。到乡村去旅游，现在好像也很潮式。还有，旅游方式多样化态势还在持续，自驾、自由行仍为人们喜爱的方式。此外，游客出游、消费也越来越理性。这些都给停留在传统经营方式上的旅行社带来挑战。我们桂林，无疑还有一些这样的旅行社。研发适销对路的旅游产品，满足人们多样化的旅游消费需求，是旅行社必须要潜心研究的。人们常说，什么什么来了，你准备好了吗？我想，我们旅行社业界就要好好考虑这些。这样把问题提出来、说出来，也许有人会说，这谁不知道，不过我敢保证，没有多少人能够把它做得很好。”

“定制化旅游，现在也常常被不少人说在嘴上，这确实是一种经营方式，它和前面提到的研发适销对路的旅游产品既一样又不同，它更是一种经营方式，所以我把定制化旅游单独作为一条来说。那些所谓适销对路的产品笼统地讲，大多是面对很多人的。而定制化的东西，是面对少数人，有时候是面对一个人的，完全是根据个别人的需求量身定做的。这种情况作为旅游业发展趋势的一种已经开始出现，它给现在的旅行社带来的就是一种挑战。天元国旅正在尝试研究和操作一下定制化旅游的经营，这次疫情期间，我们采集了大量的相关信息，以确保我们在游客有需求时能够拿出来。我们桂林现在各种旅游业态已经很多了，'食、住、行、游、购、娱'传统的旅游六要素的种种花样翻新的东西很多，超越这六要素的东西也已不少，桂林的旅行社可以去挖掘、去采集，我认为桂林是一个能够满足游客个性化、多样化旅游需求的城市，是可以做好定制化旅游的。"

不愧为旅行社业的"深耕者"，对旅行社发展的过去、现状和下一步怎么去做，都了如指掌、尽在心中。

程道品先生访谈录

（访谈时间：2020 年 12 月）

近日翻阅桂林旅游学院网站，我看到一则消息：2020 年 8 月该院院长程道品教授申报的“中国与中国东盟国家文旅融合发展比较研究”项目，喜获 2020 年文化和旅游宏观决策课题，称这是该院第一次获得该类项目立项，并说该项目紧盯文旅融合发展热点，通过对中国与东盟国家文旅融合中的融合主体、实施路径、管理体制、激励机制、人才培养等的比较，整体与个案相结合，相互借鉴，取长补短，推动中国文旅融合高质量发展和中国—东盟文旅融合国际合作，丰富文旅融合的理论研究和实践路径。

程道品先生，长期从事旅游研究和旅游教育管理工作，多年来成果丰硕，现为桂林旅游学院院长，博士生导师，由于厚重的旅游研究功底和丰富的旅游教育实践经验，他还被推举为中国旅游协会旅游教育分会副会长（著名旅游专家保继刚先生担任会长）。令我感到自豪的是，我和他还是相识二十多年的老朋友，我们的交往交流一直没有间断过。也因此，我对他的所有成就，包括上面旅游学院网站上的消息，都感到既为他高兴又觉得这十分正常，他严谨治学的精神状态、努力奋进的踏实作风可以让他的任何计划都得以实现。

道品 1991 年南开大学旅游系研究生毕业，来到桂林开始了他的旅游研究和旅游教育工作，在桂林冶金地质学院（今桂林理工大学）经济管理和旅游系先是任教，一年后任系主任助理，二年后即 1993 年升任副系主任。后来学院更名为桂林工学院（后又更名为桂林理工大学），二级学院旅游学院也正式成立了，道品担任旅游学院院长一直到 2010 年。在院长职位上的十多年里，他非常努力地履职尽责，不断推进桂林理工大学旅游管理专业学科建设，使其成为教育部第二批高等学校特色专业（旅游管理特色专业）负责人、国家特色优势学科实验室项目（旅游管理科学实验中心）负责人、自治区级旅游管理优质专业负责人、自治区级旅游管理重点学科负责人、自治区级旅游市场学精品课程、饭店管理精品课程负责人、自治区级旅游市场学课程教学团队负责人。就是在此期间的稍早时候，我和道品也结识成朋友了。

前些天，我对他进行了一次访谈。

一说："建校 35 周年历程艰辛但成就辉煌"

11 月 18 日，桂林旅游学院举办了建校 35 周年的庆祝以及系列学术活动，而对于桂林旅游学院，所有桂林旅游人当然都是十分关注的。学校之于桂林，她是著名国际旅游胜地全面向前发展和维系竞争实力的重要存在。访谈时，我首先请道品说说学校建校当初和后来不断发展壮大的一些情况。

"桂林旅游学院起始于旅游专科学校，成立于 1985 年。学校成立得益于时任桂林市副市长袁凤兰女士的提议，当年袁市长率团到瑞士考察国际旅游教育发展情况，在瑞士洛桑考察的时候，得知瑞士洛桑酒店管理学院在全球应用型的旅游院校全球排名第一，就很有感触。回来之后，袁市长就讲桂林一定要办一所像瑞士洛桑酒店管理学院这样的旅游学校。考察回来之后立即开始筹备，11 月，广西壮族自治区人民政府批复：同意建立桂林旅游专科学校，隶属桂林市领导和管理。就这样，学校正式起航了。"

"第二年，即 1986 年 3 月起，桂林市政府自筹资金征购 100 多亩土地，利用国家旅游局和自治区人民政府财政预算拨改贷款，启动了教学楼、学生宿舍等工程的建设。当年 9 月，学校部分校舍落成，经自治区人民政府批复同意，学校开始招生。学校成立时是中专，位于在七星区骖鸾路。当时起航时，学校教职工才二十来人，第一届学生只有一个班，共 40 名学生。名字叫桂林旅游专科学校，但当时还是中专。1988 年，经自治区教委批准同意，学校开始招收大专学生，此后经过几年的建设发展，1994 年学校升格为高等专科学校。真正的专科就是加了'高等'两个字，升为专科的同时更名为'桂林旅游高等专科学校'。成为高等专科学校以后，学校办学的层次便得到了一个新的提升。从筹备建校，到变成高等专科学校，差不多十年的时间，艰辛程度可想而知。但学校日益发展壮大，又叫人感到高兴。"

道品的系统介绍把我之前对这所学校的零星了解变成了整体上的基本把握。

"然后又经过差不多 10 年，2005 年学校用 20 年的骖鸾校区置换，启动了雁山新校区的建设，当时是李丰生做校长。2005 年 10 月，学校在雁山校区举行了新校区启用仪式。首批 3000 名学生搬迁进入雁山校区。实际上，2005 年是一个比较重要的时间节点，这个时点开始学校迈入了升本的进程。我们经常讲十年磨一剑，又是一个十年，在 2015 年上半年，我们升本成功了。”

艰辛与喜悦并存，成功属于坚持不懈的奋斗者。

“1985 年到 2015 年，30 年了，在搬迁建设新校区这 10 年期间前后几人任领导班子带领全校教职工，以坚韧的毅力，执着的追求，从不放弃，前后三次升本，迈入 10 年的升本艰辛之路，终于于 2015 年 4 月 28 日和 6 月 1 日，教育部和自治区人民政府先后发文，同意桂林旅游高等专科学校升格为桂林旅游学院，旅院人终于梦想成真，可见升本路的艰辛。”

的确如此，升本进程的头几年，我作为桂林市旅游局局长，也曾参与了其中一些支持性的工作，包括几次到南宁参加相关会议，曾从旅游发展需要培养大量人才的视角帮助呼吁，也包括到北京请求国家旅游局帮助向教育部说明有关情况，也深深感到艰辛不易。

“2015 年升本成功了，2015 年到现在，又过去了 5 年，我们已经成为一个本科院校，这五年是我们作为大学本科院校开启新征程的五年。35 年间，学校由桂林市政府主管，到自治区旅游局和市政府共管，升本之后由自治区人民政府主办，自治区旅发委行政主管，自治区教育厅业务指导。2020 年 11 月起由自治区教育厅主管。35 年来，学校始终坚持立德树人的根本任务，秉持‘创特色名校，育旅游能人’的办学理念，秉承‘敢为人先，追求梦想’桂旅精神，遵行‘根植桂林，立足广西，服务全国，面向世界’服务面向，逐步形成‘行业性、应用型、开放式、国际化’的办学特色。经过 35 年的办学，桂林旅游学院目前是全国占地面积、办学规模、人才培养与行业的适配度、学科专业齐全程度都处于前列的综合性独立建制的旅游本科院校。”

“学校是联合国世界旅游组织在中国大陆唯一的重点支持单位及其教育委员会附属成员单位、世界旅游联盟会员单位、亚太旅游协会教育类会员单位、亚洲开发银行‘高端旅游人才培训优秀合作伙伴’、中国旅游院校‘五星联盟’单位、中国—东盟旅游教育联盟（CATEA）发起院校及其秘书处所在地、中国—东盟旅游人才教育培训基地、全国旅游扶贫培训基地、全国研学旅行指导师培训基地、首批港澳青少年游学基地、中国旅游研究院东盟旅游研究基地、广西旅游人才小高地、广西旅游数据中心、广西红色文化与旅游研究基地载体单位和广西博士后创新实践基地；获全国餐饮职业教育优秀院校和最佳东方旅游服务业优秀人才培养院校奖。学校设立了由国内外知名学者与业界精英组成的国际顾问委员会。”

“升本后，学校获得国家教学成果一等奖 1 项，1 个专业入选了国家级一流本科专业建设点，3 个专业入选了自治区级一流本科专业建设点，1 门课程入选国家一流本科课程，8 门课程入选自治区级一流本科课程，入选国家 100 所产教融合试点高之一，教育部第二批‘新工科’研究与实践项目 1 项，自治区教学成果特等奖 1 项，自治区教学成果 1 等奖 4 项，自治区一流学科建设培育项目 1 项，自治区重点学科 2 项，自治区人文基地 2 项等。在同类新升本的本科院校中处于领先地位。”

喜悦是当然的，但奋进必须跟上，道品谈道，下一步的更大计划升本后即开始酝酿，并且行动也早已开始。

二说：“建设高水平旅游大学是我们的目标”

学校升本以后的新局面和今后学校发展的目标、路径等，无疑是包括我在内的很多人所关心的话题，接着我和道品说到了这方面的情况。

“我们主要是做了一些大的布局。在 2016 年学校召开第一届党代会时，我跟书记商量提出，首先是在中层干部会上讲布局设想，最后把它纳入党代会的工作报告。我们未来发展的布局和目标，就是要建设一个高水平的旅游大学。”

“提出建设高水平旅游大学，我们是有依据的。一是时任国务院副总理刘延东同志 2015 年 3 月来学校视察的时候提出：希望学校能向世界旅游教育的制高点迈进。她特别强调，学校要向瑞士洛桑酒店管理学院看齐，不仅要做中国一流，也要走到世界前列，培养一流的旅游人才，让‘中国桂林’享誉世界。二是 2016 年 9 月广西壮族自治区党委和政府在《广西关于实施创新驱动发展战略的决定》中，提到两所高校，即支持广西大学等 2~3 所高校建设国内一流大学，支持桂林旅游学院建成高水平旅游大学。所以说就把高水平大学作为了未来的布局方向和目标。”

这个目标让人感到确实不错，按这个目标进行发展布局，相信桂林旅游学院的前景一定更加美好，桂林也一定会借助这所旅游大学更加提升自身的影响力。

“我们设计了三步走的技术路径。第一个 5 年，也就是到今年，因为刚刚升本，要按照本科高校的内在逻辑和发展规律办学，夯实基础练好内功，同时做好本科院校的合格评估，这是第一步。第二步，我们就是要强内涵，要提升学科核心竞争力。在大学，重点是抓好专业建设、学科建设和队伍建设，其中学科建设是本科建设的龙头，学院有没有竞争力，有没有水平，看学科。我们就是要基本建成国内特色鲜明的、有影响力的综合性的旅游本科院校，也是用 5

年的时间。然后再用10年的时间，也就是我们建校50周年时，基本达到国内一流的旅游大学。”

三步走的技术路径清晰明确，我请道品详细说说。

“我研究了中国传媒大学的发展历程，现在已是在全球传媒类的一流的大学了。它真正的发展，大概达到现在的水平用了60多年的时间，但由于历史的原因有10年左右其发展受到了一定干扰和影响，真正发展也就是50多年。所以我们实现这个目标是有可能的。其他一些学校的发展，我们也都做了考察，真正的发展也就是60多年左右，我们定50年，是有可能的，因为和过去的环境不一样了，我们依托的是新兴的朝阳产业”。

“围绕这个目标，我们就来做学校的一个整体的布局，学校的布局，无非是学科的布局、专业的布局、特色的布局。第一个就是我们专业的布局，也经过了反复的论证，我们叫三个板块。一个是旅游专业的核心板块，旅游学院，旅游当然是主打。旅游专业这个板块，基本上是教育部的专业目录，所有的专业我们都把它办齐。核心板块怎么办？现在全国大概有600所高校都在办旅游，有的在211，有的是985。我们刚刚升本，就需要把特色做出来，把它做强、做精。我们要引进欧美的优质教育资源来进行对接，这样起点就会高，就能够区别于其他的高校，错位发展。现在我们酒店管理专业已经达到了，我们和瑞士洛桑合作，2016年就正式开始招生了，重点是引进瑞士洛桑的学术体系、人才培养体系、课程体系，因为瑞士洛桑是一个很典型的叫作行业性的应用型本科院校，不是像国内的那些985、211。我们的旅游管理，和美国拉斯维加斯一个大学合作，本来是今年就可以签订的，因为疫情再加上中美现在这种关系，还没有实施。我们核心板块怎么后来居上，怎么去和全国近600所高校比，怎么能够优于别人？借助于欧美的优质教育资源是一个路子，这和习总书记提出国际合作的理念是一致的。第二个板块，叫作旅游延伸板块，或者叫作旅游新业态板块。现在旅游产业发展非常快，新业态是不断出现，作为高校，高等教育要引领行业发展，就需要了解行业的未来发展走向，在行业未来发展趋势这一块能够有一些专业。怎么做？我们与行业的领袖企业进行互动，我们搞了旅游大数据，有了大数据的专业，在全国是第一个，我们和浪潮合作。浪潮是一个民营企业，在全国排名第一，在全球排名第三，很厉害。我们就跟他进行互动。再如讲智慧旅游，或数字旅游。我们和华为进行合作。今年我和书记专门去华为的总部，和他们签订了协议。第三个板块，是支撑旅游核心板块的板块。为什么需要支撑板块？简单地说，如工科院校工科要强，理科必须强，理科不强，工科就走不远，旅游也是一样，现在旅游产业界域越来越宽，旅游的教育界域也必须要扩大，需要多学科交叉深度融合才行。学科要交叉发展，专业要融合发展，不能够出现专业的孤岛，学科的孤岛，要把学科专业全部打通，这需要大谋略。旅游企业，我查了一下前100位的，很多不是传统上的那种旅游企业，都已经是旅游综合体了，旅游+了。旅游企业都在主动寻求变革。教育也是一样的，必须要和整个产业的发展脉络进行对应。我们这样布局之后，五年来还是很有成效的。举个例子，我们去年拿到一个国家一流专业，酒店管理。今天又拿国家一流课程，也是酒店类的。这就是教育部搞实施的双万计划。双万计划就是要在全国搞1万个一流专业，1万门一流课程，是全国所有的高校，包括985、211，你全国有多少高校，我们第一轮拿就到了，这在全国同类新升本的本科院校处于前列，这当然与我们的布局有关系。”

真的是很厉害！

“我们三大学科群，是要发挥旅游的特色优势。第一个是以旅游管理为核心的管理学科群，管理学是一级学科，管理学的学科群；第二个是以旅游工艺品设计或者旅游小商品为核心的艺术学学科群，艺术学是一级学科，我校工艺设计和旅游高度相关；第三个是以旅游经济为核心的经济学学科群。现在我们准备做第4个，还没有酝酿成熟，就是以文旅融合为核心的文化传媒学科群。学科群未来是一个高校发展的制高点，包括硕士、博士，主要看你的学科。虽然说我们现在就有难度，但不能说你不布局。你想都想不到，怎么去谈创新发展？实际上我们从这几年搞了之后，还是有了很大的一些改观，取得了一些成果。”

不愧是院长，不愧是中国旅游协会旅游教育分会副会长，布局的每一步都是千里之行中的一步，道品之前在理工大学就是多个学科的负责人，这样看来就还是我前面的那句话，这是他的功底和善于研究的正常结果。

道品接着又说道：“然后我们就要抓三个大有影响力的品牌。一个是我们的《旅游论坛》学报，我们要想办法进入国家核心期刊系列，我们专门请保继刚教授团队来做，已经显示出一些效果了。第二个我们要办的品牌叫作中国东盟旅游教育联盟，因为这个是由我们来主导的，刚好也是一个广西的特色。它的影响力还是很大的，我们希望作为一个品牌平台。第三个品牌，是我们学习香港理工大学的经验，成立了一个国际顾问委员会。国际顾问委员会，由全球旅游学界和业界的大咖组成，其中仅有全球两个旅游尤里斯奖的，相当于旅游的诺贝尔奖。两个全部进来了，有英国的，有美国的、中国香港地区的，国内就是保教授一个人。请他们每年对学校的发展开一个诊断会，用全球旅游教育的视野，来审视旅游学院的发展，与世界旅游教育的先进理念接轨。”

步步扎实，步步见效，一步一步向前迈进，相信桂林旅游学院的新目标一定能够实现，高水平大学一定会呈现在世人面前。

三说：“建议整合旅游教育资源提升桂林知名度”

道品从 1991 年到桂林从事旅游教育工作，中间虽有 3 年因到广西梧州学院任副校长而一度离开，不过算起来也已有 27 年，对整个桂林旅游教育的发展情况应该是最为熟悉和最有发言权了，访谈结束前，我请他就桂林旅游教育方面的内容再讲一点看法。

“桂林旅游教育，从发展来讲，起始于 20 世纪 80 年代初期，应该说也是桂林旅游业发展的产物。桂林旅游教育应该说是因旅而生，因旅而兴，我想未来也会因旅而强。最先搞旅游教育的学校就两个：一个就是桂林旅游专科学校；再一个是桂林理工大学，当时叫作桂林冶金地质学院。”

“桂林冶金地质学院当时搞旅游是在经管系里面，应该是两个，一个是经管系，一个是地质系，因为桂林山水是一种喀斯特地貌，还有一个重要因素就是很热衷旅游，以蔡雄为代表一批经管、地质等的教师。有这么三个因素，当时桂林冶金地质学院就开办了旅游专业。桂林旅游教育开始于 1985 年，在全国也是比较早的。全国最早的，可能是我就读的南开大学。还有浙江大学，办得也比较早。他们也是在 20 世纪 80 年代初起步。所以应该说，桂林的旅游教育起步还是比较早的。”

“桂林刚开始办旅游教育时，从办学层次来讲，我们有专科、中专。专科主要是在桂林地质学院，那时候刚开始办的，是大专班，依托经济管理系，蔡雄是系副主任，是教研室主任。老师方面，一个是经管的老师，一个是搞地质专业的老师。应该说，当时桂林冶金地质学院为桂林培养了很多旅游人才，当时很多学生直接在桂林涉外宾馆就业，我记得有名学生叫车亚刚，后来还做了文华大饭店的副总。1993 年，尽管还没有硕士点，但是学院是依托地质勘察设计专业招了旅游专业的两个硕士，也是广西最早的两个硕士。现在一个在海南文旅厅，另一个在三峡大学。那时候我就工作在那个系。桂林冶金地质学院旅游专业 1994 年升为本科，我们升本后便面向全国招生，这个我印象很深刻。到了 2000 年，旅游专业就正式成为硕士点。从办学层次来讲，桂工一路走过来，原来叫经管系，后改为经济管理与旅游系。到了 2001 年，正式叫作桂林冶金地质学院旅游学院，成为独立的学院了，我是首任桂林地质学院旅游学院的院长。2003 年，我们拿到广西首个教育部的旅游特色专业。在 2011 年拿到 MBA 硕士点。从办学层次看，主要是在桂林理工大学，可以说也代表了桂林旅游教育的一个办学层次。”

“后续应该是广西师大，好像是进入 1990 年，在历史系开办旅游专业，后来发展扩大，改做历史文化与旅游学院。桂林也是历史文化名城，他们就以历史系为依托转变成为文化旅游系。桂林还有一个山水旅游职业技术学院，还有一些高职学院逐步也开办专业。到目前为止，桂林的旅游教育从中职到高职到专科到本科，再到专业硕士到学术硕士，应该还是比较齐全的一个格局。”

我问道品，桂林的旅游教育在全国处于什么水平。

“应该是中偏上吧。为什么这么讲？这里面有几个排名，一个是旅游学刊张凌云搞了一个排名，他把所有的包括 985、211 大学，包括科学研究、人才培养加在一起，桂林大概处在第 10 位，有时候是第 12、13 位。桂林理工大学、排在旅游学院前面，理工大最好的排名是在第 7 位或者第 8 位，我在的时候是第 8 位，那是比较早的了。桂林旅游学院的排名是在六十几位，刚刚升本科规模比较小，还有很多指标涉及科研、学术论文、国家基金、社会基金这一块，因为我们是一种应用型本科院校，刚好是我们学校的一个弱项，还有专家的排名，你像我，前年我还在里面，后来就因为这几年搞行政管理没有搞专业，也就靠后了。桂林的话，专家的排名我进去了，就我进去了，前几年我看到我排名在全国是三十几位。总的应该说桂林旅游教育处于中偏上水平。之所以是这个状况，也和广西高等教育有关系，广西整个高等教育在全国的排名是倒数，基本上在最后一个方阵。所以说这里面涉及很多因素，人才的引进，没有高层次的平台，你就引进不了高水平的教师队伍，就出不了高水平的成果，这和广西的教育投入有关系。”

排名前后有多种因素。那么下一步应该怎么办？

“我想未来的桂林旅游教育，如果说要有好的发展，我个人的看法，我觉得首先要从政府做起，要充分地整合桂林旅游教育资源，应该依托本科旅游学院成立一个桂林旅游大学。把桂林的资源优势，尤其是人才优势、平台优势，进行充分整合。整合也可能要自治区政府推动来做，市政府可以向自治区政府提出方案，争取支持。这段时间我们也在运作这件事，感觉还是有难度，实际上我感到还是一个观念的问题。应该认识到从广西教育来看，能成为品牌的，可能还是旅游教育，因为我们其他教育离国内一流差得太远。但旅游教育如果我们能够投入一些人力、财力，好好整合包装，可能就会成为广西教育的一个品牌。广西就在桂林搞旅游大学，桂林有得天独厚的优势，本身就是全国乃至全球很有知名度的一流城市、一流的旅游目的地，应该用一流的教育来支撑。桂林这么多学校有旅游专业，现在资源很分散，像有些专业，有些综合性的院校，属于一种自我的发展，本身投入就比较少。如果我们能够搞一个旅游大学，把桂林旅游教育精英整合在一起，可能会一举成名。现在全国还没有一所旅游大学，我们完全可以先做第一个。旅游学院在桂林，但她不仅是桂林的，也是广西的，不仅可以提升桂林的知名度，也会提升广西的知名度，所以广西应该予以支持。”

即便是仅从旅游目的地之间的实力对比的角度看，桂林如果有这样的大学，成为一个具有一定特色的教育中心，对桂林，对广西的重大意义也是不言而喻的。

“你看上海，别人就是大手笔，他们正在谋划一个旅游大学，旅游大学它就要打破传统做法，打破原有的体系，类似于上海纽约大学的模式，像上海纽约大学，高考的分数和北大清华一样，它就专门搞国际金融贸易这一块，人数不多，他就要办在市中心，而且在一个商贸区，和美国纽约大学合作，就是一栋楼，在商贸最发达的地带，如我要借书看书，都是和美国纽大图书馆联网，网上操作一下，五天之内纽约的书就过来了，就到了学生的手上。你等别人搞了第一所，你再去搞第二个，你可能很难超越别人，是吧？所以说教育，它也是需要一个大手笔大投入，还需要一个国际视野去做，你才能做得强。现在国家重视教育，所以说如果我们现在错过机会，错过几年，等别人有了你再去搞，你超越不了别人，广西财力不强。我觉得在桂林这么一个因旅游而甲天下的地方，教育也是可以办得甲天下的。我们是一个应用型人才培养的院校，正如时任刘延东副总理所希望的桂林的旅游教育能够做到国内一流，世界前列。现在国家也鼓励产教融合，校企合作。办应用型的旅游院校，要扎根中国大地办吧？我们所面临的刚好是这么一个契机。这个也关系到桂林旅游教育的未来，乃至广西旅游教育的未来。”“我们现在讲可持续性发展，包括我们在论证十四五的教育发展规划，我们也在谈这一块。现在任何产业的竞争，竞争因素有很多，其中重要的一个是人才的竞争。懂专业的，各个层级的人才在广西是一个薄弱环节，无论哪个产业，是我们的研发跟不上。像我们冶金、有色金属（广西是中国有色金属之乡），我们的资源是最多的，但我们卖的是什么？卖的是原材料，你中间产品没有，终端产品没有，为什么没有中间产品？我们的教育跟不上，人才培养跟不上。广西的中药材很多，我们是中药材大省，现在搞大健康养生这一块，但是我们的健康产业链，养生的产业链不行，你没有产业链就没有价值链，也就没有消费链。所以说我觉得这些都是人才的问题，都是教育问题。”

道品思考问题确实让人佩服，讲出的道理也确实具有很强的说服力，但愿桂林的旅游教育资源能够得到有效整合，“桂林旅游大学”能够早日建成。

颜邦英先生访谈录

（访谈时间：2019 年 11 月）

2019 年 11 月 21 日，广西文化旅游发展大会在桂林召开，广西文化旅游融合发展将进入新的历史时期，无疑也给桂林国际旅游胜地建设和旅游业前行带来更大机遇。

会议之际，我再次拜访了颜邦英先生，请他谈谈对桂林文旅融合有关情况的看法。他说，“我讲过三点：一是自然天成，桂林山水甲天下，人文桂海冠南陬，桂林是国家最早明确的风景游览城市，又是国家首批公布的历史文化名城，桂林文化旅游早就融合在一起了。二是运筹出彩，近几年来，桂林市委市政府高度重视，桂林市各级各部门齐心努力，桂林在文旅融合方面不断迈出新的步伐。大手笔带来大格局，大格局带来大融合，大融合带来大成效。桂林文旅融合，理念超前，不断向大域融合就是地域不断向外扩展的融合；高位融合就是高品位文化与高端旅游方式的融合；深度融合就是深厚底蕴的文化与深度旅游的融合；精致融合就是各个细节都精美细致的融合这样一个良好的局面发展；三是持续前行，有如此雄厚的基础，桂林文旅融合必定会持续向前发展！”

谈起桂林旅游的话题，颜先生总是兴致勃勃，滔滔不绝。颜先生是我敬仰的长者、学者。早在三十多年前，我还没来桂林工作时，就知道他是桂林旅游学界的一位活跃人士，他的一些观点，在几个全国旅游学术会议上都有不少影响。到桂林以后，特别是主持桂林市旅游局工作以后，便自然常寻时机，求教于他。

前段时间，我请颜先生专门安排几次时间，接受我的访谈，有幸得到了他的应允。颜先生虽年事稍高，七十有八，但仍旧精神抖擞，很显年轻。见面时他常说“我生长在桂林，我热爱家乡！研究桂林旅游我有使不完的劲头。这也让我总是感到自己年轻”。加上最近的这次拜访，我已记下他谈到的许多东西。我决定，以访谈录的方式把它整理出来，再次表达对颜先生的敬意。

一说：“我同桂林旅游一路走来！”

颜先生关于桂林文化旅游融合发展方面的见解，自然是他多年来思考、研究桂林旅游的一个独到的结论。头两次访谈时，我首先请他谈了1973年桂林对外开放旅游当初和后来的一些情况。

“桂林在全国率先对外开放旅游，是党中央、国务院作出的决定，正式对外开放旅游的时间是在1973年。我是最早参与桂林开放旅游筹备的工作人员之一。”颜先生一开始就十分自豪地回忆道。“当时负责准备工作的领导和工作人员大都已经不在了，我是为数不多的还健在的人。从那时起，我就与桂林旅游结了缘，所以说，从一开始到现在，我是同桂林旅游一路走来的人。”

“1972年开始，在中央、自治区党委政府统一领导下，桂林开始进行开放旅游的筹备工作。当时桂林市领导机关还叫‘革委会’。”颜先生拿出他自己保存完好的一份工作简报，“你看，这是‘桂林市革委会外事工程办公室’1973年元月十一日下发的‘外事工程简报’（第二期），上面写着‘根据工作需要在宣传组下分工成立了导游词、导游图等五个小组’。我当时就在导游词编写小组”，“外事工程办公室，听起来是搞外事，实际上是搞旅游。因为当时讲旅游，都是外国人来中国旅游，是作为外事接待，所以旅游实际上是当作外事来管理的”，“我在桂中当老师，之后到教育局工作，后来又到‘五七’干校当理论教员，有写文章的能力，就被抽调到导游词编写组了。我当时的任务，是负责编写芦笛岩的导游词。这个导游词基本上现在还用着。这个导游词我现在还保存着。你看，这是初稿、修改稿，这个是定稿。还有叠彩山，是个简介，也是我写的。编写导游词之后。还做了一项工作，就是培训导游员。以前导游员是不太正规的，导游员素质也不一样，也没经过严格的培训，想讲什么就讲什么，所以需要正规培训，我就按照领导安排做了培训工作。当时，我还做了一件事，就是配合做些展览工作，这也是为开放旅游做准备，就在桂海碑林那里搞展览。当时还没有桂海碑林，是先搞一个展览，这是时任市委书记黄云同志提出来的。我又被抽调到桂林市文管会，在那里做了三个月，工作就是配合编写‘桂林石刻’的卡片。那次，我比较系统地了解了桂林的石刻。然后拿出石刻的拓片来做展览。”接着他还讲了两件事情：一是邓小平陪同加拿大特鲁多总理来桂林时，小平同志去视察了桂海碑林，他作为地方工作人员很靠前地随行了一次；二是按照当时邓小平的意见，桂林市派出考察团到贵州参观岩洞旅游的经验做法，他作为考察团成员全程参与。

“上面这五件事，是我直接参与的桂林旅游对外开放的准备工作，也让我有机会亲眼见证了桂林旅游正式对外开放的启动情形。”颜先生有些激动地对我说。

“1973 年到 1980 年，应该说是我与桂林旅游结缘的第一个阶段。第二个阶段，1980 年开始，这是一个转折点，1980 年那时候我已经在市委党校了。1979 年五七干校和党校合并，我就正式到市委党校当教员，分在经济教研室。为什么说是一个转折呢？就是广西在 1979 年 11 月底，成立了广西旅游经济研究会，我们桂林参会的几个人，就在这个会的会场，就是南宁桃源饭店，酝酿要成立桂林分会。1980 年，桂林分会成立了，我是参与了创会的，所以也成为桂林旅游学会的一名创始人。1984 年桂林分会更名为桂林旅游经济研究会，1985 年又改名为桂林旅游学会。第二个阶段，就是从 1980 年开始。学会成立起来，就研究旅游。原来我讲过，第一个阶段，实际上对旅游还不太懂，只是领导安排干什么就去干什么。这个阶段开始进行思考和研究了：到底什么是旅游？旅游怎么搞？我写的第一篇研究文章，是《掌握旅游业的特点，提高旅游业的经济效果》。那时候还不叫经济效益，叫经济效果。这篇文章挺长的，有六七千字。当时研究旅游的人的确比较少，加上这篇文章还有一点分量和价值，被东北财经大学校刊《财经问题研究》（1981 年第 2 期）刊用了。此外，旅游学会感到当时大家对旅游最基本的东西，还不了解，需要普及，所以就决定编写一本书，叫《旅游基本教程》。我较为系统地阅读了几本国内外旅游学的专著，参与了《旅游基本教程》一书几个章节的写作。之后的几年里，我也撰写了多篇旅游方面的研究文章。”

“1985 年开始，对我来讲，又进入一个阶段。1984 年 10 月，党中央发布了关于经济体制改革的决定，强调要搞好社会主义市场经济。全国都开始考虑这个问题。作为地方，应该怎样根据经济体制改革这个总体要求，来制定当地经济社会发展的战略？这个时候，我从党校暂时被抽到市里边，叫作桂林市经济社会发展大讨论办公室，担任副主任，负责起草桂林市经济社会发展战略纲要。这是我具体起草的。这个稿子，最关键的就是提出了以旅游经济为主导的发展战略。这个提法，是最核心的东西。是桂林市第一次提出的，全国可能也是第一次。为什么这么提出来？这里有几个考虑，一个，根据桂林市城市的性质。这个时候，就在讨论的时候，国务院批复了桂林市城市发展总体规划，给桂林两顶桂冠，一顶是全国重点风景游览城市，还有一顶就是国家历史文化名城。再一个，就是根据旅游的特性，旅游业或者旅游经济的特性。旅游业它最大的一个特性，是其综合性、关联性。要发展旅游，它牵涉到很多行业、很多产业。就是根据这两个，来提出这个战略的。经过讨论，这个战略的提法，在市委市政府的常委会、常务会上通过了，并在以后的市委工作报告、市政府工作报告，都明确地写上了。这个我都保存着的，在这里，哈哈。”

“1985 年以后的十几年里，我也撰写了一些桂林旅游的文章，发表在一些刊物上。90 年代中期，我被调到桂林市市志编纂办公室主持工作了，任务是集中精力总纂《桂林市志》。1997 年，中华人民共和国成立后首部《桂林市志》正式出版。即便是总纂市志的这几年，我也通过总纂桂林旅游志部分，梳理了桂林旅游有史以来的发展脉络，同时，也应邀参加了部分桂林旅游的会议，没有离开对桂林旅游的关注。”

“退休以来，我在桂林市经济学学会、桂林旅游学会等舞台上，继续关注桂林旅游，潜心研究桂林旅游。前面谈到的我对桂林文化旅游融合发展的观点，很受学界以及政府有关部门的重视，被采用到这次广西文旅融合大会桂林文旅融合工作专题汇报的影片上。此外，我对运河连通中华水系游、对桂林旅游胜地发展方向的论点，也都引起不少关注！”

“我是桂林人，本来就有桂林情结。桂林这个城市，又特别适合发展旅游。能和旅游结缘，能同桂林旅游一路走来，我感到十分荣幸。”颜先生总是把这句话挂在嘴边。

二说：“能为桂林旅游做点事情甚感高兴！”

颜先生的经历，我以前也知道不少，但从他本人那里如此完整地直接听到，还是第一次。在后来的访谈中，我越发对他关于桂林旅游的研究及其成果感兴趣了。

“在《掌握旅游业的特点，提高旅游业的经济效果》那篇文章里，我谈到‘旅游业是一个新兴的经济部门，如何不断提高旅游业的经济效果，吸收更多的外汇，使其在国民经济中发挥它应有的作用，乃是一个新课题，很值得研究’。文章里，我从开发旅游最优资源、对旅游资源进行必要的加工、增添必要设施、提高劳务生产率、扩大服务范围、提高服务质量、改善服务态度安排好与旅游业有关的各个经济部门的发展等多个方面进行了阐述，这篇文章在全国还有了点影响。后来我去杭州参加‘第二次旅游经济研讨会’，报到的时候，人家讲你就是颜邦英？看了你的文章，写得相当不错啊！我的这篇文章，还获得了广西社会科学 1978—1984 社会科学研究优秀成果奖。”

“前面曾提到，1984 年，桂林市委市政府决定召开‘桂林经济社会发展战略讨论会’，我被抽到市里做筹备工作。从 1984 年初到 1985 年 9 月，我认真阅读、研究了各部门、各系统的战略方案和各方面的战略研究文章，听取各方面关于发展战略的建议，特别是着重梳理了桂林市的市情、旅游业的特点和发展趋势，综合方方面面的意见，融入自己对一些重大问题的看法，与1985年9月编写了《桂林经济社会发展战略设想（讨论稿）》。我在这个稿子中，提出桂林经济社会发展战略的指导思想应该是：充分发挥山水名城优势，经济发展和城市布局要适应桂林城市性质，处理好工业和旅游业的关系，让旅游业发挥主导作用。市委市政府始终领导并参与了这次讨论和研究，极其重视吸纳我们的研究成果，并作出重要的决策。1986年3月，中共桂林市委召开六届二次全会，决定了'以旅游经济为主导'的城市经济社会发展战略。这个战略的提出，在全国也算是比较早的。"

"进入80年代，桂林旅游已经热火起来，但当时有一句话，叫作'桂林山水甲天下，来到桂林住地下'，当时接待外国旅游者的就是一个榕湖饭店。满足不了需要。建宾馆，没有钱，需要引进外资。引进外资，在当时有很多思想障碍的。桂林引进外资，建了一个甲山饭店。甲山饭店，在国外实际上叫作汽车旅馆，是比较简陋的，但是建得快啊。建了以后议论很多，就是引进外资行不行？建了个汽车旅馆，条件又不好，又坏得快，值不值得？好，当时我们旅游学会的几个人就搞了一个调查报告，回答这个问题。我们强调应该引进外资，明确指出建甲山饭店，经济效果、社会效果是好的。这个调研报告，不仅在桂林，在全国都有反响。因为它回答了一个问题，在当时我们缺乏资金的情况下，要不要对外开放，要不要引进外资这个思想上的障碍。"

"1993年，我结合桂林旅游业发展的客观需要，花力气研究了国内旅游的问题，并于当年9月，在国家级旅游刊物《旅游学刊》上发表了一篇《国内旅游市场化》的文章，着重谈了关于发展国内旅游的问题。当时，我国对国内旅游的政策发生了重大变化，由'不提倡、不宣传、不反对'改变为国内、国际、出境旅游协调发展，特别要发展国内旅游。但从桂林等一些城市的情况看，国内旅游市场发育很不健全，表现在自发性、依附性、分散性和不规范性。我在文章中提出了我的观点以及促进国内旅游繁荣发展的意见：要促进国内旅游适当增长，要壮大国内旅游经营者的力量，要建立健全统一的相对独立的国内旅游市场体系，要强化间接的国内旅游宏观管理，等等。这篇文章获得了1990—1993广西社会科学研究优秀成果奖。"

"90年代中期，就是我在桂林市志办工作的时候，还挤出时间，研究了开拓桂林旅游客源市场的问题。我写了一篇文章，叫作《开拓桂林旅游客源市场的基本思路》，发表在《社会科学家》杂志1996年第1期上。文章中，我强调：一、在保证相应经济效益的前提下，开拓客源是首要任务，指出客源决定旅游的发展，客源不足是当前桂林旅游业的主要矛盾；二、改善旅游环境，大力开拓客源，指出要发挥旅行社龙头作用，开发旅游资源要讲实效；三、抓住机遇，加速国内旅游市场化、产业化，指出要高度重视国内旅游，国内旅游已出现大好机遇，要加强国内旅游市场管理，还要积极发展休闲旅游等。我的这篇文章，对桂林发展好国内旅游提出了建设性的意见建议，引起市领导和市旅游部门的重视，在市旅游学会也深受好评。这篇文章也获得了1993—1996广西社会科学研究优秀成果奖。”

“回忆起来，我几乎一直在旅游研究的第一线，也在不断学习和探索中，有过一些成果，我把自己就当作了一个旅游人！能为桂林旅游发展、桂林旅游城市建设提一些建议，做一些事情，我感到十分高兴。”说到这里，颜教授在觉得自豪的同时，又显示出这也没有什么值得特别炫耀的神态。

三说：“我关于桂林旅游发展的两个梦想”

我离开桂林市旅游局已近十年，早已从事其他工作了，但与颜先生的往来却基本没断。颜先生对于家乡桂林的热爱，对桂林旅游的关注和研究以及他深邃的目光、独到的观点，一直促使我对他进行一次专门的访谈。在近几次的见面中，我得知颜先生对全域旅游、文旅融合等最近两年的热门话题也有他自己的研究和见解。他曾以《建设桂林全域旅游城——学习新时代我国社会主要矛盾的心得》为题，发表过文章；还曾经在桂林经济学学会的一次专题研讨会上，对文旅融合发表过令大家十分钦佩的见解。

“我对桂林旅游的发展，有两个梦想。”颜教授的这一句话，又把我深深地吸引住了。

“一是以桂林为重要节点城市之一，建设中华水系游览线路；二是把桂林建成世界旅游中心。”

我请颜先生详细谈谈。

“桂林有两个运河：灵渠和相思埭。灵渠北上，向北连；相思埭南下，向南连。两者之间再连上，你想想看，会形成一个什么局面？较为完整的一条水上旅游路线就形成了，起个大名字，不可以叫中华水系游吗？当然，这需要下一些功夫，也需要一些投入，可以先行准备，做一个规划，在条件相对成熟时加以推进。这是一个大工程，多个地方需要协调配合，也必须由国家有关部门顶层设计、统筹推进。如果能够弄成，我想必将形成一条新的旅游热线。这条线路旅游资源丰富，吸引力不会差。搞起来，自然会带动不少地方旅游经济的发展。桂林本来就是知名度高的旅游城市，以桂林为重要节点，交通又方便，进出通达性强，能够起到带动引领作用。对桂林本身旅游发展也极为有利。这是我的一项研究、一个梦想。”

“第二个，也是最重要的一个，就是把桂林建成世界旅游中心。这是一个发展方向的问题。我说过，现在是建设桂林国际旅游胜地，下一步怎么办，我现在就是觉得，市里面实际上需要形成一个明确的共识，桂林下一步应该怎么做，桂林旅游怎么定位，它的发展方向是什么，更高的战略定位是什么？所以下一步怎么样，要考虑好。我在早几年，就提出了要把桂林建设成为多层级的旅游中心，就是成为一个中心！这是我觉得应该成为一个行业一个产业最高的定位。比如什么金融中心、海运中心，那就说明它的地位在那儿！比如香港，金融中心、海运中心。旅游业也应该一样，我是觉得桂林市最有条件、最有潜力、最有可能建成旅游中心。当时我还怕大家对这个东西接受不了，缺乏自信，所以我只好提多层级，留有余地。多层级，我是这样想的，广西的旅游中心我觉得肯定可以讲，再进一步，华南的旅游中心，也不是讲不可能，至于再就是南部的旅游发展中心。再扩大一点，东南亚的旅游发展中心，再扩大一点，亚洲的旅游中心，再扩大一点，国际的旅游中心。现在我还不敢提是世界的旅游中心。所以我是留有余地。不把话讲得太高、太死。但是到现在，我的信心又足了一点。我现在不提多层级了，我就提国际的旅游中心、世界的旅游中心了。你光提世界一流的旅游目的地，不够了，应该是集散地，所以这个中心，首先是集散中心。国际旅游的集散中心，起码是之一，不光是要进，也要出。现在只提了目的地，就是进，没有提到出，这就不够了。还有，桂林可以成为旅游的研究中心……”

颜先生越讲越兴奋，我被他这一席话深深感染。但愿颜先生的两个梦想能够实现，桂林旅游能够在新时代新发展机遇中以更新的形象、更新的雄姿不断为世人所瞩目！

下篇　回忆篇

1983—1985：初识“桂林旅游”

——说说我自己与“桂林旅游”（一）

1983年至1985年，每年秋季，我都会来桂林三个月，任务是作为带队教师，带领学校旅游专业的学生到桂林实习。这三年，让我有机会初步认识了“桂林旅游”。

当时我在大连外国语学院（今大连外国语大学）日语系（今日本语学院）旅游教研室工作，1983年第一次来桂林是大学毕业留校任教的第二年。

我能够结识“桂林旅游”，有着一连串的巧合。

一说：初来桂林以及接触桂林旅游学会

1. 初来桂林

1983年秋季，我第一次来到桂林。

说来也巧，三年之前，我先与“旅游”相遇。后来我想起这件事时，常常感觉这好像是为我后来带队到桂林实习和做起桂林旅游工作打下了基础似的。

1980年，大三那年，我就读的大连外国语学院日语系开设了旅游专业，称日语翻译导游专业。这个专业让我和很多同窗都感到新鲜。后来才了解到，在国家旅游局的委托和推动之下，国内一些大学都陆续设置了几种类型的本科旅游专业，国家正在启动旅游人才培养工程。两年后大学毕业，我留校任教，被分配到日语系旅游教研室。这两件事，让我第一次和“旅游”相遇。

紧接着，我还有了接触国内许多旅游专家、学者的机会。1983年春季，学校给了我时间和经费，派我到当时国内设有旅游专业的大学和有旅游研究院机构的北京、上海、天津、杭州等地走访学习。我到了北京二外、《旅游学刊》编辑部、上海社科院、南开大学、杭州大学等，有幸拜访了多位当时就已颇具名气的专家、学者，向他们请教、学习，使我对全国旅游教育和研究情况有所了解，感觉受益匪浅。

再接着，来桂林的机会就出现了。

中国人一般在小时候就会知道桂林，但当时也多是“知道”而已，来桂林并不是一件容易的事情。我自己对桂林产生直接而又深刻印象的，是看了电影《刘三姐》之后。电影中那美丽的桂林山水的背景、“刘三姐的歌声和动人的传说”，令我久久不能忘怀，也让我很早以前就产生了一定要找机会去桂林“一睹芳容”的冲动。

1983 年秋季，一个重要的机会，把我在学生时代就记住了的桂林和已经“相遇”了的旅游紧紧联系到一起，让我真正与“桂林旅游”开始结缘。这一年及 1984 年、1985 年，竟然是连续三年，每年秋季，我都和时任旅游教研室主任的王文质老师带领旅游专业学生到桂林实习。当时桂林旅游已经开始火爆，尤其是日本游客很多，每年有十几万人，当地翻译导游力量不足，而我们的学生又恰好需要实习，于是便在有关方面的联络沟通之下，学校开始与桂林旅游公司合作。

学生实习，先是跟“老陪同”带几个团，不久便自己独立工作。学生们都很认真，跟“老师”“上团”时仔细观察和详尽记下做翻译导游工作的流程、技巧，还特别认真学习怎样用日语介绍桂林，介绍景区景点，安排客人起居行程等。这样，独立“上团”时就基本上能够胜任了。“老陪同”当时都是大学外语专业毕业后分配到旅行社的，类似“国家干部”。当时带团都比较注意自己是“民间外交大使”，有着“宣传自己，了解别人”“让世界了解桂林，让桂林走向世界”的政治任务，所以，“老陪同”们的言传身教都使学生们认识到了导游工作的重要性，他们很快就大都能独立带团，基本上能让日本游客满意而归。

除了学生之外，当时桂林旅游公司国旅科还从大连“夜大”借来了十多名日语班成绩较好的学员，这样，旅行社正式在编的翻译导游人员、外借人员，再加上实习学生，便组成了接待日本游客的“大军”。

我的工作是每天到桂林国旅计调部，把旅行社分给学生接待的团组计划单取回来，分给学生们，然后再将分配好了的接待安排送回给旅行社计调部。1983 年时，国旅计调部里面坐着三个人，一位是英语团调度陈剑寒（第二年来时已上任桂林市旅游局局长），一位是日语团调度鲁施红（后来出任桂林国旅总经理、桂林市旅游局副局长），一位是其他语种的调度。国旅对外挂桂林国旅的牌子，对内是桂林旅游公司的一个科，称“国旅科”。我在学校时，就曾参加接待过前来联系实习业务的桂林旅游公司政工科科长和国旅科科长（国旅科科长胡熙仁，后来曾出任过山西省旅游局领导）。国旅所在的桂林旅游公司，地址在 1979 年落成的位于榕湖湖畔、古南门边上、大榕树旁的那座精致的小楼。这座小楼后来到2019年，一直都是桂林市旅游局的办公楼。国旅计调部在楼内二楼一隅。

对桂林，我向往已久，1983年第一次如愿以偿。美丽的桂林，给我留下了深刻的印象。这一年以及后面两年每年秋冬的三个月，让我对桂林城市有了一些初步的了解，对桂林旅游有了一些初步的认识，也让我对桂林旅游在全国旅游中的地位、作用有了一些初步的概念。

2. 与桂林旅游学会的接触

1983年，我走访有关院校、院所回来后，为做好教学科研工作，先后加入了辽宁省旅游学会和大连市青年旅游学会，还分别担任了理事和副理事长，开始加强与辽宁省内一些专家学者的联系。这期间，我在查阅国内旅游研究情况时得知桂林已有旅游学会，并在全国成立较早、还颇有一定名气，会长是桂林冶金地质学院（今桂林理工大学）经济管理系主任蔡雄先生，我便决定，第一次来桂林，主要是熟悉工作，带好学生，完成任务，第二年来桂林时，一定要拜访蔡雄会长和桂林旅游学会。

说起来真是很巧，这个机会又提前来了。1984年3月，我到杭州参加一个国际旅游研讨会，会议安排二人一间房，和我住同一个房间的恰巧是桂林旅游学会会长蔡雄。这次会议，让我和蔡会长自然相识。几天时间里，我们常常一起进出会场，茶余饭后还经常一起散步交流。这次机会，真好像是从天上掉下来似的。

蔡雄会长向我介绍，桂林的旅游学会，成立之初叫广西旅游研究会桂林分会，学会一成立就集中了一批喜欢研究旅游的人，桂林也有很多值得研究的题目，这些题目既是研究桂林，也是研究旅游本身，桂林旅游学会这些人很努力，积极开展旅游研究，出了很多成果。以后有机会再见时，可以详细地交流一下。

1984年6月，国家旅游局在桂林附近的柳州召开旅游经济类教材研究会议，我又利用这次参会的机会，到桂林住了几天。这一年5月，桂林市旅游局正式成立，我前去拜访了新任旅游局局长（前面提到的陈剑寒先生），也去到桂林冶金地质学院看望了蔡雄先生。

这次接触，我又知道了更多的学会人员的名字，如庄昭建、颜邦英、骆昌兹、黄树继、郑汉松、庞铁坚、韦志德等。对桂林旅游学会加深了了解，获知《透过隐山饭店探讨旅游体制的改革》《甲山饭店利用外资的调查》《桂林风景军占多，旅游资源难开拓》《旅游饭店基本建设投资效果刍议》《论风景区资源的投资性与效益》《我国旅游投资政策初探》等一批成果均在广西旅游经济学会论文评比中获奖；了解到桂林旅游学会还正在酝酿一些新的研究项目。这是我了解到的 1984 年之前桂林旅游学会的一些情况。

与桂林旅游学会的接触，让我三次带学生在桂林实习的过程中，进一步认识到，做好旅游研究本身所具有的重要意义，研究问题对于指导旅游业健康发展所具有的重要意义。

二说：对当时桂林的初步印象

第一次来桂林时，旅游公司安排我们师生住进桃花江旅社。这是坐落在桃花江畔，现在的桂林市少年宫再往右一些的地方，距榕湖饭店、当时的旅游公司办公楼不远。桃花江旅社在一个小院子里面，是一座 4 层楼高的建筑，客房不少，旁边就是桃花江酒楼，酒楼当然也是一座楼，这个酒楼是当时桂林两家涉外餐馆之一，每到吃饭时间，院子里便停满了旅游车。我们师生，平时也在这里用餐。不过，旅社和酒楼建筑上没什么特色，周边房屋也是一般，附近道路的状况也不算很好，桃花江旅社两边以及后面桃花江对岸比较空旷，基本上是农田。我对桂林最初的印象是从这里开始的。

榕湖一带还是挺好的，湖畔道路干净整齐，湖边的围栏简洁端庄，树木郁郁葱葱，湖边的小石凳上经常坐着悠闲的市民，是个散步的好地方。榕湖饭店坐落在榕湖湖畔，与旅游公司中间隔着广西桂林图书馆。这几个建筑物的斜对面，靠近阳桥的那一边，是树木下的"八桂斋"和友谊商店，连着它们的是面向中山路的桂林工艺美术中心。榕湖一带旅游城市的氛围还比较浓郁。

桃花江旅社面对的马路是信义路，往象鼻山方向，能走到中山中路，路口右边有南门桥，过南门桥一直可以走到火车站，这些路现在都有，不过当时南门桥到火车站的路两边都是矮小破旧的房子；路口直走一过马路，右手边便是都是桂林又一家涉外餐馆——南环酒家，境外游客也常被安排到这里用餐。中山路到象鼻山的路不宽，不过当时车也不多，不影响旅游车通行。

十字街周边是比较繁华的区域，街口处的桂剧院有点特色，引人注目。十字街附近还有桂林有名的米粉店——味香馆，经常是本地人云集和外地人常来的餐馆。十字街周边小型铺面很多，卖什么的都有，我还去那里买过盒式录音机。

十字街往南直通南门桥，为中山路的一段，两者之间有阳桥和文明路口，阳桥往东有当时桂林另一座大型饭店——于 1976 年建成的漓江饭店。文明路口建有桂林唯一一座大型商店——三层楼建筑的桂林百货大楼（现在原址早已变成了新的高层建筑）。

以上就是我当时看到的桂林城区的基本情况。我从大连过来，当时两个城市单就城市建设来说，那就形成了鲜明的对照，当时给外地人的感受，桂林像是一座县城。

当时常听到两句话，一句是“桂林城在景中，景在城中，城景交融，是中国最美丽的山水城市”，另一句话是“美丽的山水，破烂的城市”。两句话让我感触颇深，自然风光确实是无与伦比的美丽，而城市建设则是比很多地方要差一些。这是桂林务必要努力加以改进的弱处，否则与山水风景不能相匹配。

桂林人很热情，当时外地人常用“排外不排外”来形容新到的地方，比如说到上海、广州，几乎所有的人都会摇头，特别会举出问路时不被告知或者被指反方向的例子，不讲上海话、广州话的人到这两个地方都感到不舒服。但桂林不是这样，桂林不排外，市民很热情，对说普通话的外地人也都很好。这一点，也是我切身感受到的和经常听到的外地人对桂林的评价。

但旅游发展会给城市带来一些负面影响，也会出现少数人或者个别人见利忘义的情形，我就遇见了一次。当然我必须说明，我只遇见一次，我相信这也一定是很少发生的事情。尽管如此，这件事却让我印象深刻，以至于后来还经常提起。有一次我在街头吃汤圆，1 角 5 分钱一碗，我当时口干，喝了碗里的糖水以后请老板再加一点，老板说可以，不过加一次需要 5 分钱，我给是给了，但总感到有点不对，过后和桂林的朋友讲起来他也说一般不会加钱的，老板看你是外地人吧，旅游城市可能会有个别这样的商人。这实在是个小事情，但给人感觉不好，不是因为自己花了钱，而是觉得桂林这样的名城里的人不应该这样。现在看来，很多旅游城市，都会有各种问题，更大的问题都有，游客会习以为常的。可当时，人们可能是单纯一些，眼里好像不容沙子，感觉这么好的地方，不该有这些问题。不过说实话，桂林总体上给人的感觉确定是不错，人热情，不排外，比很多城市都好。

第一次到桂林，就得知桂林还是国务院确定的中国首批历史文化名城，是头一年即 1982 年国家公布的。拥有如此甲天下的山水风光，还要加上历史文化名城的桂冠，桂林真是了不起，尽管当时还没能去体会历史文化名城的魅力，却留在了我当时对桂林印象的深处。

桂林的境外游客很多，尤其是日本游客，这是我当时对桂林的又一个印象。我听到学生提及的实习体会里，也在我自己直接和一些日本游客的接触中得知，日本人认为桂林是山水画的世界，是人的心灵的故乡，在桂林更能感到大自然给予人的恩惠。当时日本游客还会大批大批地购买山水画带回去。当时桂林画店非常多，用餐处的墙壁上都会挂满山水画，日本人经常是匆忙用餐，饭后便是选画购买。桂林山水漂亮，适合水墨画创作，画家不少，画源充足。日本游客数量多，买画的客人多，给人留下深刻印象，由此也让人体会到购物在旅游业发展中对增加旅游城市收入的重要作用。

三说：对桂林旅游总体上的初步了解

三次在桂林，时间上又相对充裕，我便有计划地与一些旅游界人士、一些领导交流与交谈，开始了解桂林旅游发展的大致情况，记了不少笔记，后来还做过核对。在这里将当时所获得的对桂林旅游总体上的初步了解，叙述一下。

1. 桂林旅游在全国起步较早

由于桂林拥有奇妙独特、“甲天下”的自然景观，中华人民共和国成立后不久就吸引了不少国外人士前来参观游览。当时桂林主要是作为外事工作接待来自苏联等对新中国友好的一些社会主义国家的客人。1956 年，桂林市人民委员会（即桂林市政府）设立了交际科，负责外事接待工作；1959 年，桂林市人民委员会成立风景文物整理委员、成立外事办公室、将广西高级干部招待所扩建更名为“榕湖饭店”，以方便外事接待；1959 年，中国国际旅行社桂林支社成立；1964 年，桂林被国家确定为第二批对外国自费旅行者开放的若干城市之一；1970 年，桂林市革委会（即桂林市委市政府）组织重新修订城市规划，确定桂林城市性质为“风景优美，具有现代工业、现代农业和现代科学文化的社会主义风景城市”；1973 年，经国务院批准，桂林对外开放旅游，成为全国首批对外开放的旅游城市，桂林旅游业正式起步；1974 年，桂林市革委会成立外事处，下设秘书科、外事科、旅游科、接待科；1975 年，桂林市中国旅行社成立，与桂林国旅是两块牌子，一套人马，统称“桂林市旅行社”；1976 年，桂林第一家家高层建筑的旅游饭店——漓江饭店建成开业；1978 年，桂林市委办公会研究决定，桂林国旅、桂林中旅两社设一、二、三科，一科（国旅科）、二科（中旅科）、三科（秘书科）；1979 年，中共中央、国务院规定桂林市的性质为社会主义风景游览城市；1980 年，具有企业性质又具有行政管理职能的桂林市旅游公司成立；1981 年，阳朔县从桂林地区划入桂林市管辖；1982 年，国务院公布桂林市为首批国家历史文化名城；1983 年，国务院办公厅发文明确，在旅游旺季期间（每年 4 月至 11 月），各地区和各部门不得在北京、上海、西安、桂林、苏州等地占用涉外宾馆、饭店召开各种会议（这也解除了我的一种疑惑，就是 1984 年国家旅游局教材会议为什么不在桂林而到附近的柳州召开）；1983 年，桂林又一家庭院式旅游饭店——榕城饭店开业。

1983 年 9 月，我从报纸上看到，桂林市人民政府召开桂林市总体规划技术鉴定会，指出规划突出一个中心：风景游览城市；两个特点：山水甲天下和历史文化名城。这实际上明确了桂林无论是城市建设还是旅游业发展，都要用好这“两顶桂冠”。我个人认为，虽然自己对桂林的了解、认识还比较肤浅，但桂林用好这“两顶桂冠”无疑是非常正确的。

1984 年 5 月，桂林市旅游局成立，旅游行政管理正式起步；1985 年，桂林市委开展了一次桂林经济社会发展战略的讨论，基本确定了“以旅游经济为主导”的发展战略。

2. 桂林旅游在全国地位显赫

来桂林之前，知道“桂林山水甲天下”，看过电影《刘三姐》，来了之后眼见为实，感觉桂林确实名不虚传，有着震撼性的美丽风光。再看看众多的旅游客人，也得知桂林真正是一座旅游城市。连续三年四次来桂，通过观察、了解，还获得了一个重要的认识，就是桂林旅游在全国地位显赫。

我看到很多介绍桂林的文章或者书籍，里面大都有这么一句话：桂林是中外闻名的旅游城市，意思是桂林旅游无论在国内还是在境外，其知名度都比较高，为境内外游客所追捧。的确，从桂林旅游业起步至今的实际情况看，事实也是这样的。桂林甲天下的自然景观以及接待入境游客的数量，一直在全国名列前茅，与许多国家许多地区相比也是领先的。不仅如此，尤其在进入新世纪之后，桂林还越来越成为世界上旅游及其他方面国际交流的重要平台，桂林旅游的国际活动空间日益扩大，桂林城市的国际合作色彩愈加浓郁。桂林这一著名的旅游城市及其旅游业，在全球旅游发展中也发挥着重要作用。

当时，我还没有这么深刻的认识。只是听说一是外国政要来得多，对桂林的评价高；二是国家对桂林发展高度重视。

1956 年，国家确定桂林为对来华外国人开放的旅游地区。1961 年，越南国家主席胡志明来桂林游览，盛赞“桂林山水甲天下，如诗中画画中诗”；1962 年，驻北京各国外交使团 25 个国家几十人前来桂林参观游览。1963 年，柬埔寨亲王西哈努克到桂林观光。1963 年中共南方局第一书记陶铸来桂林视察，提出要把桂林建设成为“东方的日内瓦”。1964 年，桂林确定为国家 1966—1967 年对外国自费旅行者开放的若干城市之一。1966 年 3 月，原国民政府代总统李宗仁回到桂林，说桂林是个好地方，可以建成世界公园。还说瑞士靠近海洋，收入很多，但并没有什么可供游览之处。桂林风景独好，可供游览之处很多，家乡的奇山秀水，确实比日内瓦美。实际上桂林在中华人民共和国成立之后不久，就展示出了旅游业可在全国领先的基本条件。

1973 年 5 月，桂林市对外开放旅游，成为全国首批对外开放旅游的城市。1972 年，美国总统尼克松访华，中美关系和解，同时也推动了中国与一大批国家关系的正常化。这为客源国数量和入境游客人数的不断增多创造了客观环境。1973 年，加拿大总理特鲁多率大型代表团来桂林游览。1973 年，桂林入境旅游业正式起步，当年就接待了接近 1000 名国外旅游客人。1973 年之后，众多外国领导人先后到访桂林，很多境外旅游者接踵前来桂林。1979 年，桂林与日本熊本市结为友好城市，熊本市是具备旅游业发展条件的城市。1981 年，桂林与新西兰黑斯廷斯结为友好城市，黑斯廷斯也是自然环境十分优美的城市。1956—1985 年的 20 年间，桂林积累了较为丰富的接待经验，也使桂林在入境游客的接待量在全国领先。

当时国家实行“外汇券”制度，外国游客在中国消费，需要先把本国的货币兑换成外汇券。外汇券第二大面额是 50 元，50 元的背景图案是桂林的象鼻山，我认为这也间接说明桂林在全国入境旅游中的地位。

3. 桂林山水资源受到外国政要盛赞

我听桂林市外办的朋友说过，不少外国政要对桂林赞不绝口，我还看到了这位朋友的一些记录，上面有：

“据我所知，桂林的风景在世界上是独一无二的”——李政道（美国）1974 年 6 月。

“我见过不少美的东西，但从未见过如此美的风景”——兰波（联合国）1978 年 6 月。

“像桂林这样美丽的风景，在世界上独一无二”——吉娜·洛罗布里吉达（意大利）1981 年 9 月。

“我们生活中最好的事之一，就是这次来桂林访问”——鲁多夫·舍尔策（德意志民主共和国）1985 年 4 月。

我联想到，这也是桂林旅游为国家外交的贡献。桂林山水吸引国外政要、国外游客，桂林用所积累的丰富的接待经验和接待能力，让国外来的客人满意而归，桂林作为国家重要旅游城市的基础在不断夯实。

4. 桂林旅游发展得到国家重视

桂林的两顶桂冠，都是国家接连为桂林带上的。前面也曾提到，1979 年，中共中央、国务院规定桂林市的性质为社会主义风景游览城市；1982 年，国务院公布桂林市为首批国家历史文化名城。

国家对桂林的建设发展是极为重视的。游漓江时看到的两岸漂亮的翠竹，听说就是在国务院总理周恩来的提议下种植的。这些竹子为桂林山水增色不少。还有更重要的，是在时任国务院副总理邓小平的倡导下，桂林开始治理漓江环境污染问题，保住了良好的自然生态和绿水青山。国家多次派来环境问题调研组，还将漓江定为国家重点治理的河流之一。桂林城市的总体规划，也由国务院审定批复。1985 年 10 月，刚好是我第三次带学生在桂林时，得知国务院批准桂林市城市总体规划，并强调桂林是中国重点风景游览城市和历史文化名城，桂林城市的发展和各项事业的建设都要与这一城市性质相适应，都要按总体规划的要求进行。桂林的规划都需要国务院批准，可见桂林作为旅游城市在全国的地位。

我还了解到，国家旅游局对桂林也是倍加关心。1983 年，国家旅游局分几次共拨款几百万元帮助桂林修建游江专用码头和通往码头的公路。1985 年，韩克华局长还亲临桂林指导工作，答应会以更大力度支持桂林旅游业发展。

5. 桂林市自身努力作为

在和桂林市旅游局以及旅游业界人士聊天交流时，我了解到，桂林市委市政府对桂林城市和旅游业建设发展是非常努力的。1985 年，桂林市委开展了一次桂林经济社会发展战略的讨论，这次讨论的规模据说还不小，时间也不短，最终基本确定了“以旅游经济为主导”的城市发展战略。当时我对这些情况没有深入了解，对这个战略对桂林的意义也不是很懂，因为不太清楚为什么要制定这样的战略，甚至觉得桂林就应该这样啊，后来才终于弄明白了。

1985 年第三次带学生来桂林时，由于带队实习的工作已轻车熟路，就主动地查查报刊资料了。经过与人交流和查看资料，对桂林旅游的认识也多了一些。总体上感到桂林市方面对桂林城市建设和旅游业发展是相当重视的，是下了很大功夫的。城市发展借用外力很重要，但自身努力更重要。

1964 年，桂林市重新编制城市总体规划，将桂林市城市性质确定为住宿舒适，交通方便，服务设施完善，市容整洁，环境卫生，风景优美，轻工业发达的中国式的风景游览城市。1965 年，桂林市文管会及博物馆组成文物普查工作队，对桂林市文物进行普查。1966 年，八路军桂林办事处纪念馆成为全国重点文物保护单位。1970 年，桂林市革委会组织重新修订城市规划，确定桂林城市性质为风景优美，具有现代工业、现代农业和现代科学文化的社会主义风景城市。1971 年，桂林国民经济第四个五年计划中，计划主要指标就有包括旅游入境游客指标。这一年，桂林市革委会还先后发出《关于加强城市规划建设管理暂行条例》和《关于认真做好对外开放的准备工作的通知》。1972 年，桂林市文物管理委员会开始修复还珠洞等处摩崖造像。1973 年年初，桂林举办过城市总体规划展览，修改桂林市城市性质为风景优美，具有现代化工业、现代化农业和现代科学技术的社会主义风景城市。同一年，桂林市恢复文物管理委员会，开始组织全市文物普查、考古发掘和文物维修工作。1975 年，为适应桂林市对外开放的需要，桂林市规划部门再度修改桂林市的城市总体规划，将桂林市城市性质定为：社会主义风景游览城市。1978 年，市委开会研究桂林旅行社的有关事项。1980 年，桂林市旅游公司成立，公司具有企业性质，又具有行政管理职能，内设国旅科、中旅科等 12 个科室。同一年召开的桂林市第五次党代会提出：逐步把桂林市建设成为风景优美、经济繁荣、文化发达、道德高尚、社会安定、生活方便的社会主义风景旅游城市。1983 年，桂林市公布国民经济发展第六个五年计划，计划指导思想提出在不破坏风景和环境的前提下大力发展工农业生产，加快旅游业、教育科学和基础设施建设步伐。规划设置主要指标包括了旅游业，为接待入境游客、营业收入、创汇（2 月）。同一年，桂林市人民政府召开桂林市总体规划技术鉴定会。规划突出一个中心，即风景游览城市；两个特点，即山水甲天下和历史文化名城。1984 年，针对桂林旅游饭店极其缺乏、“来了桂林睡地下”的突出问题，桂林市争取广西引进外资招商会议在桂林召开，会上桂林一举签订了 33 个酒店建设项目。1985 年，中共桂林市第六次代表大会确定：争取在 20 世纪末把桂林建设成为环境优美、经济繁荣、科技先进、文化发达、道德高尚、社会安定、生活方便的社会主义现代化风景游览城市。

桂林，就是这样一个在全国具有重要地位的旅游城市，也是一个自身也非常努力去建设和发展自己的旅游城市。

上述努力，可以说是不仅在不断明确城市性质和发展方向思路清晰，在为促进桂林旅游业发展方面也是用心明显。

当初形成的这些粗线条的记录，是我第一次对一个著名旅游城市演进轨迹的整理，也为我后来更深一步观察桂林旅游、从事桂林旅游工作和研究桂林旅游奠定了相当的基础。

1987—1998：三角度再识“桂林旅游”

——说说我自己与“桂林旅游”（二）

从1987年到1998年，我先是以大连外国语学院教师的身份在桂林上了一年的课，然后1988年春季调到桂林市外办工作了八年，再后来于1996年6月进入桂林市旅游局，做了两年的局长助理。十一年里，我履职三个岗位，从三个角度对桂林旅游进行了观察、了解和思考，想想真的挺有意思，也切实感觉收获是非常大的。

第一个岗位，我还是外地人的身份；第二个岗位已经变成桂林人，但工作在其他部门；而第三个岗位，是桂林市旅游局，属于“局内人”了。看桂林旅游，可谓是由远及近、由表及里。

本篇回忆的时间跨度比较大，有11年时间，如果补上没来桂林的1986年，保持回忆整体连续性的话，则有12年的时间。这12年，桂林旅游在大踏步前进，发展变化都比较快。我有幸每一年都能够从年初到年尾，近距离体会桂林旅游的演进步伐。

一说：作为外地人在桂林工作一年的角度

1987年，回应桂林市旅游人才培训的需要，学校在桂林开办了旅游日语培训中心。我觉得这是深入了解桂林旅游的极好机会，便主动报名来桂林上课，在桂林一待就是一年。这期间，我在上课之余，进一步收集桂林旅游的相关资料，继续近距离观察桂林旅游。

我再次觉得，和桂林旅游真是有缘，想来还真就能来。学校在桂林开设培训中心，客观上就是给了我一个机会，一个能用一整年的时间，在全国和世界知名旅游城市思考和探讨旅游的机会。这次的角度，还是作为外地人看桂林的角度。

于是，我给自己制定了一个“小目标”，就是充分利用好这一年的时间，努力把现代桂林旅游业的历史脉络和发展现状都梳理清楚，以便让桂林旅游的一些历程以及一些案例能够用于今后的教学和研究之中。

1986年，学生在桂林旅游公司的实习还在继续，我刚好因事没能过来。我原本是想，只要实习一直延续，我就坚持每次都来桂林。所以这一年没来，我心里感觉挺遗憾的。好在1987年，出现了能待上一整年的机会。

据了解，1986年年初，桂林市委在一次全会上，正式提出了以旅游经济为主导的城市经济社会发展战略，指出从风景游览城市的特点出发，提高经济、社会、环境效益，全面发展桂林经济。我想这应该是将1985年开展的那次桂林经济社会发展战略的大讨论，用党的正式会议的形成，把大多数人的意见明确地决定了下来。后来我认识到，这个决定意义很大，桂林提出的“以旅游经济为主导”的战略，不仅对桂林自身发展影响极大，而且在全国也是提得比较早的。

两年来，桂林的知名度和影响力越来越高。我从后来收集到的报纸上整理出：1985年《中国旅游报》曾举办了全国十大风景名胜的评比活动，桂林山水荣获第二名（第一是万里长城）；1986年，桂林市又成为全国七个重点建设的旅游城市之一。桂林和其他旅游城市的沟通合作也在加强，这一年，桂林到杭州参加了与西安、杭州、苏州共同召开的四旅游城市第一次市长座谈会。同一年由云南、贵州、广西和桂林市参加的三省（区）四方旅游横向协作会又在桂林召开。1986年，全国十多个旅游城市的学术研究者还聚集桂林，就旅游城市经济体制改革等问题召开学术讨论会。1986年，大连、青岛、无锡、苏州、开封、承德、南宁、桂林等城市的代表40多人汇集桂林，探讨旅游城市卫生改革与卫生事业发展战略。同一年，全国国内旅游协作会也在在桂林召开。1987年，联合国《东南亚及西太平洋地区锡钨花岗岩对比和资源评价》第四次国际学术讨论会在桂林举办。

两年来，桂林入境旅游发展非常迅速。从1985年下半年起，桂林市旅、阳朔国旅、康辉国旅、杉湖国旅、榕湖国旅、桂冠国旅、地区旅游公司、漓江国旅、台联国旅等一批旅行社相继成立，国旅等几家旅行社一统天下的局面结束，相互竞争的态势逐步出现。1987年，台湾当局放宽来大陆观光限制，首批台胞旅行团抵达桂林观光。1987年，桂林接待入境游客首次超过50万人次。这两年，新西兰、冰岛、加拿大、奥地利、美国等国政要接连到桂林游览。1986年，桂林还与美国知名旅游城市奥兰多结为友好城市。

两年来，桂林国内旅游开始兴旺。1985年及以后的两年，伴随着桂林国内旅游的兴起和旺盛，一大批经营中国公民国内旅游的旅行社逐步成立。

两年来，桂林在旅游管理方面也加大了力度。1986年，桂林市政府颁布了

《关于加强对入境旅游管理的暂行规定》，对市内经营入境旅游业务旅行社资格、审批程序作出明确规定。同一年，桂林市环境保护局等单位规定，凡在漓江水域经营客运的新旧旅游船，须经检验并持有环保局船政所新签发的旅游粪便盛装设施合格证，方可在漓江航行。同一年，桂林市政府发布《园林绿化管理办法》《文物保护实施细则》《加强漓江水上游览管理办法》《加强涉外旅游市场管理的若干规定》等一批加强管理的文件。1987 年，桂林市政府发出《关于旅行社审批归口市旅游局负责的通知》。同一年，桂林市旅游局下发《关于旅行社与书画点定点的试行实施细则》。同一年，桂林市旅游监察所成立，这是国内最早成立的旅游监察机构，是桂林市的一个创举。同一年，桂林市政府下发《关于桂林市旅游局政企脱钩对旅游行业统一管理的通知》。决定撤销旅游公司，由旅游局作为行政机关统一管理全市旅游行业，与此同时，市工商局、公安局、市人大和市政协也相应成立了旅游管理部门。

如上所述，桂林旅游的发展变化确实是非常快的。桂林旅游经过十多年的努力，积累了丰富的发展经验，因此便能够跟进国内外旅游业前行的脚步，迅速搭起推进桂林旅游业大踏步发展的新架构，并在全国旅游发展中走在前面。

1987 年这一年，我的收获很大，对桂林旅游有了不少新的认识，对桂林旅游发展历程有了不少新的了解。我更加感到，桂林是一个了不起的城市。

二说：作为桂林人在桂林工作八年的角度

1. 从外办看桂林旅游

1987 年，桂林市负责对外友好交流工作的部门——桂林市政府外事办公室，联系到我，动员我来桂林工作，说桂林正处于对外交流合作的大好时机，舞台较大，可以施展才华。

同时，市外办为引进人才，还给我提供了较好的条件：分给我新建住宿楼三楼靠边的二房二厅的住房；安排秘书科领导到大连帮我整理行李和搬家；全家可乘坐飞机飞来桂林。我思前想后，也不光是为了这些优厚的待遇，主要也是考虑到自己迷上了探讨“桂林旅游”这一点。于是，1987 年下半年便正式向学校提出调来桂林工作的申请，虽然学校为搞好旅游专业教学对我进行了许多培养，提出调走也觉得有负学校，我内心确有内疚之感，不过学校看我决心已下，最后也就同意了我的申请。这样，我一家三口，爱人和孩子便迁来桂林。1988 年 4 月，我正式到桂林市外事办公室报到、上班。

这样，客观上就实现了我藏在自己内心里的愿望。可以在桂林以桂林人的身份，一边工作一边留意“桂林旅游”了。

同全国旅游业一样，桂林旅游业是从入境游客起步的，而入境旅游又是从外事接待开始的。我到桂林外办工作后，很快就认识到桂林的外事活动很多，外国的“大人物”常来，外事接待量很大，友好城市往来也比较频繁。桂林外事工作走在全国前面，印象较深的是桂林每年都去参加全国外事工作会议，而这个会议一般是开到省一级的。很快也了解到，外国政要对桂林山水的赞美对桂林在世界上知名度的提高，对桂林大量吸引入境游客起到了极大的作用。后来我参与编写大型画册《世界名人赞桂林》，并把这本书翻译成日文，就更加深切地认识到了这一点。

与1987年一样，在外办工作的8年时间里，我也一直没有间断地订阅《旅游学刊》杂志和持续观察“桂林旅游”。不过，这个时候我的角度已经变了，我已经不是外地人了。我作为桂林市政府外事部门的工作人员，有了更多机会直接了解和认识桂林旅游。

现在就说一下我这8年，即1988年4月到1996年5月这段时间所了解和记录下来的桂林旅游发展情况和对桂林旅游新的认识。

首先是旅游产品方面，我感觉桂林已逐步走出了“三山二洞一条江”单一观光游览的格局。“桂山之秀”“花园之夜”等一批大型旅游演艺产品出现了；“漓江民俗风情园”、龙胜民族旅游村寨等民族民俗风情产品出现了；“桂林山水旅游节”等节庆产品出现了；“夜游漓江”、观看鱼鹰捕鱼等特色产品出现了；灵渠游等历史文化产品出现了；“高尔夫”球场出现了；荔浦丰鱼岩旅游区、冠岩地下河旅游区等新景区出现了。这些新产品，无疑都扩大了桂林旅游的影响力，吸引了大量的国内外旅游者，也进一步提升了桂林旅游在全国的地位。

在旅游服务设施方面，1984年酒店招商会议之后，一批宾馆饭店建设起来，一些国际上品牌酒店管理集团进入桂林。不仅一举解决了“来了桂林睡地下”的突出问题，还形成了桂林拥有品质酒店的良好局面。1989年年底，桂林评出广西首批星级酒店10余家，之后又接着评出星级酒店多家，桂林文华大饭店、帝苑酒店成为五星级酒店。同时，1994年桂林民航大厦等40家饭店获得桂林市“接待国内旅游团队定点饭店”标志牌，国内旅游接待能力进一步增强；桂林市旅游培训中心、桂林市入境散客接待处、桂林旅游咨询中心、导游服务公司等旅游公共服务设施陆续投入使用。

几年里，桂林还强化了旅游车船管理及经营方式。桂林市政府发布《关于加强漓江水上游览管理的规定》，组建了水路客运管理中心和漓江涉外游览管理处，对漓江游览实行票证、售票、调度、管理“四统一”；成立了旅游客车调度结算中心运行，对旅游汽车客运实行价格、客源、调度、结算“四统一”。

这期间，国内旅游日益兴旺，桂林国内游客逐年增多，为适应这一新的形势，桂林市人民政府下发《关于加强国内旅游市场管理的若干规定》，明确市旅游局是全市国内旅游市场管理部门。桂林市旅游局成立了国内旅游管理科。

在加强自身建设的同时，桂林同时加强旅游宣传促销，1992 年，桂林举办国内旅游研讨交流洽谈会，国内许多知名城市前来参会。从 1992 年开始，桂林还连年组团参加在各地举办的中国国内旅游交易会。同时，在吸引更多国际游客方面下大力气，赴韩国促销，在韩国成立旅游办事处，赴中国香港促销，参加香港旅游交易会，赴澳大利亚促销，参加澳大利亚悉尼旅游交易会等，实现了从单纯接待到出动促销招徕游客的历史性转变。

桂林旅游是从外事接待起步的，不过很快便开始了自身产业化的进程，旅游和外事基本上分开了。桂林旅游在全国还获得了中国旅游的“缩影”“风向标”“晴雨表”“镜子”“中国旅游发展各个阶段在桂林都能找到例子”等较高评价。

2. 从日本看桂林旅游

1986 年秋季，由教育部派遣，我到日本横滨（神奈川县教育中心）学习过几个月，之后在桂林外办工作的 8 年间，由于工作关系，我又经常陪同市领导出访日本，还有了去日本熊本大学研究生院学习一年和在日本熊本市政府国际交流部门工作一年的机会，这些都使得我对日本这个国家有了比较深入的了解。由于日本服务业发达，包括旅游在内的服务方面细致周到，做到很好，世界闻名，于是出于对桂林旅游的热爱，我便主动地利用访问、学习和工作之余，对中日旅游服务做些比较性的观察。这也是我作为桂林人，从涉外工作角度看桂林旅游的一个延伸。

当时不少人都说，中国旅游业是“硬件不硬，软件更软”，我到日本后，切实感受到了这一点。上面这句话，值得肯定的一面是，中国旅游业硬件建设上，特别是酒店方面赶上了很多，有些硬件表面上看甚至好像已经和发达国家差不多了，中国旅游业“硬件”“软件”的意识也越来越强化，这的确是发展进步的一个重要体现。不过，仔细看看，即便是硬件，也还是有不小差距的，软件就更不用说了，我们虚心学习别人好的一面很有必要。上面这句话，实际上是我们中国人自己说的，我觉得这正是能够正视不足之处的一个基本判断。桂林经过努力，酒店等硬件建设成绩不小，但差距也同样存在，软件方面同全国一样，与日本这样的发达国家相比差距就更大。

先说酒店。1988 年到 1992 年，我去日本主要是随团出访，对方有人接待，别的方面没有太多时间观察体验，但对酒店的体会还是相对多的。桂林的酒店外形多比较壮观，大堂也富丽堂皇，在大气鲜亮方面不差，可里面的服务设施就能看出差距。比如，咖啡厅等，我们的档次就低不少；再如，酒店内会议设备，有些我们当时根本就没有。软件服务，日本人性化服务细微周到，你几乎挑不出毛病，即便是做不到的事情也会有令你感觉舒服的解释。给我留下深刻印象的很多，其中一个是离开酒店前整理行李需要纸箱和包装绳时，找服务台就能买到新的，价格也便宜。这一方面，在桂林就不行。客人有可能需要的，日本的酒店几乎都有准备。他们各方面的细节都会想到做到，并且认为这是酒店服务的基本内容，而我们口号虽然是“想客人之所想，帮客人之所需”和“宾至如归”，但实际上需要努力的空间还非常大，在服务细节方面的研究和做法还要下很大的功夫。我们出国学习的人不少，回来谈感受的人也挺多，酒店服务上的进步也有，但总感觉差距还是存在的，还是挺大的。

旅游纪念品方面，在日本的酒店、商场、景区，大都是一些小型、富有纪念性、设计精美、实用而且便宜的东西。有些是带回来可以用的，如T恤衫、杯子、点心、开瓶器；有些是摆件和装饰物，如冰箱贴、扇子、画盘、挎包吊物；有些是纪念和宣传性的，如明信片、带有景区标识的玩具等。总之是琳琅满目、吸引游人前往购买。小东西小价钱，买的人多了，便是一笔笔不小的收入。而当时桂林，山水画已经有些卖不动了，别的东西还没有跟上，旅游购物方面的收入在不断下降。我感觉我们对旅游商品的认识上存在偏差，好像认为只有工艺品、美术作品、根雕等大型的东西才能拿上台面，才有价值。这些都有道理，但针对游客需求方面明显是研究不够。我们应该学习日本。当然，经过一二十年的发展，这方面现在是好多了，但我认为还是有继续努力的空间。此外，买东西的时候，一定不能强卖，不能硬性推销，不能尾随兜售，当时桂林在这方面是存在问题的。日本不是这样，把热情推销和硬性兜售区分得很好，能让你买了还要谢谢他。桂林经过多次市场整顿，虽有一定好转，但还要继续努力。这也许和旅游发展阶段有一定关联，但与生意人的素质和城市管理也有关系。和来过桂林的日本朋友聊天时，他们一般多会说桂林好的一面，但接触久了，也不时会听到他们对在桂林买东西时产生的反感心态，善意告诉我桂林一定要加强管理，否则山水风光再好，境外旅游者也一定会不断减少。

后来学习和工作的时候，由于住在日本，较长时间生活在日本，感觉我们需要学习的地方就更多了。

1990年，桂林市第七次党代会提出把桂林建设成环境优美、经济繁荣、科技先进、文化发达、道德高尚、社会稳定、生活方便的社会主义现代化风景游览城市；1995年，第八次党代会强调为把桂林建设成为经济繁荣、旅游兴旺、科教发达、生活富裕、环境优美、社会文明、对外开放的现代化国际名城而努力奋斗。两次党代会进一步强化了桂林发展的目标和方向，同时也体现了桂林从建设风景旅游城市到建设国际旅游名城的决心和信心。我认为这是桂林旅游城市发展方面的一大转变，特别是前面的一大串定语，令人深感自豪和备受鼓舞。

正是这段时间，我在日本学习和生活两年。日本在很多方面的发展成就，或许就是我们所要追求的目标。而我们又有优越的制度优势，只要桂林虚心学习，努力把别人做得好的一面学过来，创造性地消化吸收，不断改进自身的做法，我们便能够建成国际旅游名城。

我当时觉得，有些东西是可以很快学得到的。比如，城市公交车每一站都有发车时间，途中快和慢由司机自己注意调节，乘车人看时间到站乘车，这样大家以及城市的效率会提高很多；再如，城市的生活环境，一些细小的东西像花坛的护栏、垃圾桶的摆放、人行道的铺设，都可以用心去做，不使市民、游客产生不良和不便的感觉；还有市区的标识指引，应该清楚明确，让市民和游客一目了然；商场内的厕所指引不要让人绕来绕去，本来就急还要在里面逛上一圈；等等。这些似乎是小的事情，但体现的是一个城市的温度。桂林要建名城，我认为这些都是不能缺少的，令人鼓舞的大目标还必须依靠这些小事情的日积月累才能实现。当时的这些感受，我觉得我们桂林现在已经有了许多改进，但是还不够，还需要更进一步研究和加强。

两年期间，我在日本做了一次较为大型的旅游，从北到南把一些主要城市都转了一圈。我想利用在日本的机会，既看看日本，又对比研究一下旅游业的情况，感触是很深的。

一是旅行社的服务，无可挑剔。出发前，我到多家旅行社咨询，受到热情的接待，当然有为自身旅行社招揽生意的一面，但他们对业务的熟悉、答复的精准、给客人提出建议的专业性、帮助客人节省费用的诚恳做法，都给我留下深刻印象。货比三家，最后我选择了其中我认为最合适的一家。几天之后，包括各项食、住、行、游及其预算的40天行程的详细安排表送到我面前。我确定之后，三天内便将所有票据分成若干个小信封装好并标明细节交给了我，细到某地从机场到酒店的出租车所需时间、费用的提示等。这是在那个时候，我想即便是到今天，桂林旅行社也仍然做不到这种程度的。我按照他们的安排，很顺利地完成了我的旅行。中间我还有意做了一些调整和变更，如突然要把高铁换成长途大巴，突然要更换去住温泉旅馆等，旅行社也能快速应对，并委托当地人士提前将新的车票、旅馆安排面交给我，还将省下的费用也当面还我，使我不仅顺利完成变更后的行程，还不用再去找旅行社结算。我对旅行社的安排及应对毫无意见。我想这些既体现了旅行社的认真工作的态度和做法，也凭借了日本各地都按既定程序无差错开展业务的大环境。我认为，这些都是我们建设旅游名城所需要的。

二是注重细节，处处都可以体会得到。我们吃日本料理的时候，常常会觉得小碟小碗的一大堆，食物精致、器皿精美。当时在日本，我更深地感觉到这一点。我觉得这就是一种匠心、一种对生活的态度。用餐的细节让客人感到愉快，服务的细节更能留住客人。在日本餐馆里吃饭，服务员真诚的笑脸、服务过程中细心的动作、对客人打招呼时的礼节，几乎都是让客人感到开心。我们桂林建设旅游名城，在这方面还需要努力，需要营造好这方面的环境。细节不光体现在餐馆里，在日本到处可以看到。我曾经“不怀好意”地专找问题，可确实比较难找到。门框窗框、墙角路边，花坛护栏，只要经过了人的“介入”，便基本上是令人满意的，不用担心窗框是有毛刺或者没订好的钉子刮到你的手，不用担心人行道上的哪一块砖会踩空，不会看到花坛护栏会缺少一块或者不整齐，当然也很难说没有任何一个角落都完美都没有问题，但基本上是很好的，“工匠精神”到处都有体现。我想桂林要建设国际旅游名城，应该更加注意“细节决定成败”，把方方面面的细节都注意好，让国内外游客不仅赞美桂林山水，也赞美桂林的一切。

关于从日本看桂林的回忆，这里就先说这些。

三说：作为旅游人在桂林工作两年的角度

8 年外办工作经历之后，1996 年 6 月，我自己也没想到的是，其实是我内心一直期待的一件事情竟悄然出现了，市里安排我到市旅游局工作，担任局长助理。我真的是与“桂林旅游”有缘。从此，我进入桂林市旅游局，开始从事“桂林旅游”的工作了。

从 1996 年 6 月起到 1998 年 5 月，整整两年，我有了第三个看“桂林旅游”的角度——“局内人”的角度。

1. 作为“局内人”对几个方面的新认识

首先，让回忆起“桂林山水甲天下”这句话的来历。据说在 1983 年春夏之际，桂林考古工作者在独秀峰处发现了王正功一首诗的碑刻，诗里面有“桂林山水甲天下”一句。第一个角度看桂林旅游时我虽有耳闻，但没太敏感这个问题。到旅游局之后，我彻底明白了这是一个极其重要的发现，这一发现的重大价值在于找到了“桂林山水甲天下”的出处。

其次，桂林旅游发展中出现的一些明显的问题，如回扣问题，也是我到旅游局工作后弄明白的。来桂林的头几年，就几乎看到了回扣现象的产生，但不知道是问题和问题的严重性。这一现象也曾长期被国内很多城市、旅游业界的很多人所谈论。1987 年，桂林还曾治理过这一现象。后来回想起来，1983 年第一次来桂林时，我就看到了“回扣”的产生过程。开始时，陪同带团去社会餐馆用餐，按照有关规定，是需要交陪同餐费的。后来为了鼓励陪同带团多来就餐，餐馆就干脆不收餐费。再后来餐馆为联络感情，还给司陪发支烟抽。再后来老板忙起来了，就干脆放一盒烟在司陪餐桌上。司陪就餐的时间不一样，来晚了没烟抽，老板便每人送一盒。再后来为感谢司陪，就又干脆每人送一条烟，开始是一条四盒，很快变成一条十盒了。这种现象愈演愈烈，再后来就给钱让司陪自己买烟。导游不断带团过来，餐馆生意越来越好，“买烟”的钱也越给越多。书画店也大致如此，给钱“买烟”。就这样，“回扣”现象便日益“发展壮大”，到了“不治理不行”的程度。

还有，我到旅游局后进一步切实感到，桂林旅游发展所依托的城市，其建设、管理是比较滞后的。也深刻理解了之前听到的一句流传的话：“美丽的少女穿着破烂的衣服。”不过，担任局长助理期间，我同时也确切认识到，这一直是引起桂林市党委政府高度重视的，不过，由于城市经济状况、财政支撑努力等多方面原因，要解决这些问题也确实需要一定的时间。

回头看看，从 1983 年开始，我直接观察、了解、认识“桂林旅游”，已有十多年了，很多的思考一直萦绕在我的脑中。调到市旅游局直接参与桂林旅游工作，还真是让我在认识上有了新的提升。任局长助理这两年，身在旅游局，经历和感受自然是不同的，这为我接下来在市旅游局担任副局长、局长奠定了很好的基础。

2.“局内人”的工作经历和感受

1996 年 2 月，桂林市提出了“旅游立市、工业强市、商贸富市、科教兴市和外向带动”五大战略，对旅游业发展提出新的更高的要求和期望，这也自然是桂林市旅游局班子所面临的工作背景和使命。自己虽然不是班子成员，但是，局长助理这一有点特殊的身份，让我自然有了不少机会接触局班子所研究的许多工作。

工作上我遇到的第一件事情，就是1996年桂林旅游市场的大规模整顿。刚到局里，我便参加接待来桂林检查指导工作的国家旅游局何局长一行。何局长是带着国务院钱副总理对外籍华人一封桂林旅游市场问题投诉信的批示来的，要求桂林市认真整顿旅游市场，维护好旅游业的名声。我参加了市领导会见何局长的活动。问题主要出在旅游购物和旅游服务方面。8月份，桂林市委、市政府召开全市整顿旅游市场秩序动员大会，桂林市委、市政府发布《关于整顿旅游市场秩序工作方案》和《桂林市人民政府关于整顿旅游市场秩序的通告》，全市开展了对旅游市场的大规模专项治理。我深深感到，旅游市场秩序对旅游业发展的重要性，良好的旅游市场状况对桂林这样的旅游城市而言的重要性。

我还感受到，桂林旅游开始迈入集团化发展道路。1998年1月，由交通、旅游、城建、园林四大行业11家企业组建而成的国有大型企业集团——桂林旅游发展总公司正式挂牌；4月，由桂林旅游发展总公司联合桂林五洲旅游股份有限公司、桂林三花股份有限公司、桂林中国国际旅行社、桂林集琦集团有限公司五家发起桂林旅游股份公司挂牌成立。

两年来，局长给我的工作主要有：负责和桂林地区旅游部门沟通联络、牵头筹办桂林山水文化旅游节、桂林两江国际机场通航庆典相关工作和参加编著《桂林旅游业：发展与变革》一书。

下面就这些工作经历和感受略微展开一下。

（1）与桂林地区旅游部门沟通联络。

从20世纪80年代后期90年代初期，桂林地区加大了旅游资源开发力度，龙胜、资源、兴安、荔浦、恭城、全州、灌阳、永福、平乐、灵川10个县都开始了不同程度的旅游经营活动，旅游业正在步入红红火火的发展时期。地区行署以及地区旅游部门很希望与桂林市加强合作，与桂林市共同发展旅游产业，形成一个有品质的"大桂林旅游圈"发展格局。

当时和在此之前，我了解到的情况是，桂林市和桂林地区有合作，也有关系比较微妙及联络不很通畅的地方。若干年前广西壮族自治区旅游局就桂林市和桂林地区在旅游业发展方面的分工还专门下过文件，明确、理顺了一些关系。1996年春夏以来，双方旅游部门来往逐渐增多，合作也进入比较良好的阶段。我奉局长之命经常往来于两部门之间，传达市局黄家城局长和地区局彭元力局长的口信和两局有关文件，并与地区旅游局几名领导、几名科长均建立了良好的关系，为双方开展合作做了一些"联络官"和"窗口"的工作。

当然，在这期间，我也抽空对桂林市和桂林地区旅游发展的历史情况进行了一些梳理。

（2）牵头筹办桂林山水文化旅游节。

桂林山水旅游节1992年开始举办，到1995年已经成功举办了四届。山水节曾得到国家旅游局的大力支持，国家旅游局局长曾几次出席桂林山水节的活动。1996年，桂林市计划于秋季举办第五届桂林山水旅游节，黄局长指令我来协助局长牵头筹办。我召集市旅游局有经验有能力的一些科长，反复开会研究，认真安排节庆活动，还策划了联合桂林地区共同参与等事项。9月份，桂林市政府、桂林地区行政公署主办的第五届桂林山水旅游节在桂林漓江民俗风情园如期举办，“腾飞吧，桂林”大型晚会、“大桂林旅游圈”博览会这些经过精心策划的主要活动均顺利进行，都取得了圆满成功。

第六届桂林山水旅游节，我也继续参与了不少策划和准备工作。这届山水旅游节的层次、活动又有所提高和增多，局长亲自主持准备工作，几名局领导和多名科长共同参加，相关工作准备充分，同样取得了非常好的效果。1997年10月，桂林市人民政府、香港旅游业议会、中国旅游报社联合主办的第六届桂林山水旅游节暨广西经贸洽谈会，在北京人民大会堂举行新闻发布会，全国人大常委会副委员长王光英、程思远以及北京、香港两地的近40家新闻单位的50多名记者参加，营造了声势。之后第六届桂林山水旅游节和桂林广西经贸洽谈会举办。20多家香港旅行社在山水旅游节上获“桂林旅游贡献奖”。桂林市政府、香港旅游议会和中国旅游报社还联合举办了“桂林旅游跨世纪发展问题研讨会”，山水旅游节获得圆满成功。

两届山水旅游节成功举办，使我认识到，节庆活动认真策划、营造声势、努力扩大影响，力争让一项活动取得多重效果，对旅游业发展和城市竞争力提升都具有相当重要的意义。

（3）桂林两江国际机场通航庆典相关工作。

两江国际机场的建成，对桂林建设国际旅游城市来说，是十分重要的。这个机场启用之前，桂林用的是奇峰岭机场，是一个军民共用机场，机场设施设备相对简陋，使用面积也相对较小，上空情况也有些复杂，1992年11月还出现过飞机失事事件。最主要的是，桂林作为全国重要的、发展前景广阔的旅游城市，确实需要一个与城市性质相匹配的大一些的国际机场。

为此，在桂林市领导，特别是袁凤兰市长的积极努力下，争取到了国家领导人的大力支持，桂林两江国际机场建设工程启动了，机场区位也选得非常好。经过施工方的精心施工，工程按时完成。1996年10月1日，机场正式启用，国务院总理李鹏亲自来桂出席通航庆典，为机场启用剪彩。我有幸在从事桂林旅游工作的第一年，就赶上了这一重要的时刻。

筹备通航庆典活动，是当时桂林的一项极为重要的工作，全市很多部门参与。旅游局作为主要部门之一，负责完成一部分重要任务。作为局长助理，我全程参与了相关工作。

由于包括旅游局在内的全市各有关部门在市领导的统一部署下，都较好完成了各自的工作，通航庆典圆满成功。桂林从此有了较为现代化、在全国也是相当不错的国际机场，这对桂林旅游业和旅游城市建设发展，意义非凡。对刚到旅游局工作的我本人来讲，深深地印在了记忆深处。市政府在事后的总结表彰大会上，我也荣幸获得了表彰，得到“桂林两江国际机场通航庆典活动先进个人”奖状。

（4）参加编著《桂林旅游业：发展与变革》一书。

1997 年 11 月，漓江出版社出版了《桂林旅游业：发展与变革》一书。这是一本对桂林旅游业二十多年发展过程中一些主要情况、主要问题进行回望和研究的专著。黄家城局长主编，部分局领导参与、组织局内外专家学者共同完成了编著工作。该书对桂林旅游业发展历程、产业结构、资源开发、商品生产、市场开拓、企业改革、体制改革与行业管理、国内旅游、旅游发展战略、旅游名城设计共十个问题进行了较为深入的研究，形成了比较有见地的看法和结论。

我作为副主编之一，全程参加了编著工作，这使我更加深入地了解和认识了“桂林旅游”的发展轨迹、艰辛历程和业绩成就。

当局长助理这两年，除了上面提到的几项主要工作，我还参与了其他一些工作，丰富了我的阅历。两年来，这些工作和我所看到的、所听到的桂林旅游发展中的一些大事结合到一起，在我的旅游工作生涯中，成为非常关键、非常重要的两年。这的的确确为我今后在市旅游局更好从事桂林旅游工作打下了较为坚实的基础。

1999—2008：亲历桂林旅游发展总体规划编制与修编

——说说我自己与“桂林旅游”（三）

《桂林旅游发展总体规划（2001—2020）》（以下简称《规划》），是中山大学教授保继刚先生主持编制的，1999 年 10 月启动，2000 年 11 月通过专家评审。规划成果《桂林旅游发展总体规划（2001—2020）》于 2002 年 3 月由中国旅游出版社出版。2008 年年初，结合桂林旅游不断发展提升新的情况，也结合国内外旅游发展新的形势和新的趋势，应桂林市政府邀请，保继刚先生又亲自率领他的团队来到桂林，对《规划》进行了修编。2008 年 12 月，修编后的《规划》通过专家评审。修编成果《（2008—2020）桂林市旅游发展总体规划（修编）》2010 年 8 月由广西师范大学出版社出版。

《规划》是桂林旅游发展史上第一部总体规划，是对桂林旅游业 1973 年起步以来对桂林旅游发展状况的一次大型且综合性的研究。《规划》成果不仅得到评审专家们的高度评价，也得到了国家旅游局的充分肯定，应该说是一部高水平和可操作性强的好规划。从 1999 年《规划》编制启动到 2008 年《规划》修编的完成，我有幸亲历了全部过程。10 年来的这段经历，给我留下了非常深刻的记忆。参与《规划》编制和修编，也对我自己对旅游业演进规律的认识、对桂林旅游业发展研究能力、工作水平的提升，产生了极大帮助。2002 年 3 月，我本人主编的《桂林旅游业：规划与发展》也由中国旅游出版社出版。我从主要工作体会中提炼出的一篇文章，即《地方旅游局在旅游发展规划编制与实施中的作用》，也被收入《发展中国家旅游规划与管理》（中国旅游出版社，2003）一书中。

一说:《规划》编制背景和选定编制队伍

1998年中央经济工作会议提出把旅游业列为国民经济新的增长点，给旅游业带来新的定位和发展形势。国内一些地方更加加快了酝酿编制旅游发展总体规划的脚步，以从战略上、整体上来谋划本地旅游业的发展。一些地方还邀请世界旅游组织规划专家进行本地旅游总规的编制，如四川（1999年）、云南（2000年）、山东（2000年）等。国内旅游研究专家队伍也日益活跃起来，迅速进入旅游总规的编制行列。开始时，国内还没有对旅游规划编制实行资质制度。1999年3月，国家旅游局颁布《旅游发展规划管理办法》；2000年11月，国家旅游局才颁布旅游规划资质办法，2001年11月公布了第一批甲级资质单位。

1997年，广西开始启动区域发展战略，重点建设以港口经济、海洋产业、高新技术产业为重点的桂南沿海经济区，以工业为重点的桂中经济区，以旅游业和农林业为重点的桂北经济区，以现代农业、乡镇工业和外向型经济为重点的桂东经济区和以种养业和矿业为重点的桂西经济区。桂林市和桂林地区是桂北经济区，旅游、农林为发展重点。自治区旅游局落实这一发展战略，确定编制各大经济区的旅游发展规划。桂北经济区重点是旅游，所以自治区旅游局对桂北经济区旅游发展规划比较重视，首先展开编制工作，并于1999年中基本完成。桂北经济区旅游规划，实际上就是为桂林地市而做，只是在编制过程中，桂林地市合并，新桂林市诞生。原来地市分开背景下形成的规划框架面临需要调整的问题。

广西实施区域发展战略时，桂林地市就共同发展旅游已经开始加强联系，合作开展了一些活动，如1996年桂林山水节以及“大桂林旅游圈博览会”等，都是联手举办的。1997年编制桂北经济区旅游规划时，我还随自治区规划编制组到资源等县做过调研。1998年地市合并，在行政区划上完全解决了两大行政体需要协调很多方面的局面，使桂林能够发挥原地市旅游资源总体上优势，谋划新桂林市旅游业发展。

1998年9月，《广西壮族自治区人民政府关于桂林市和桂林地区合并成立新的桂林市的通知》指出：新的桂林市要根据旅游城市的特点，切实抓好桂林大旅游圈的规划、开发和利用，推动桂林旅游业的健康发展。同月召开的中共桂林市委第一次代表大会，号召全市人民“为建设现代化的新桂林而努力奋斗”。10月，桂林市人大一届一次会议设立了旅游委员会（其他城市没有这样的专委）。11月，地市旅游部门合并组建的新桂林市旅游局挂牌办公。在新的市旅游局里，我作为副局长，分管旅游规划和旅游信息化工作。

桂林市委高度重视桂林旅游发展，1999年年初开始就旅游产业进行专题调研，年中形成了市委促进桂林旅游业加快发展的意见的初稿，经过上到国家旅游局征求意见，下在各个方面广泛座谈讨论，12月桂林市委召开一届三次全会，专题研究桂林旅游业发展工作，作出了《中国共产党桂林市委员会关于加快旅游业改革和发展的决定》，当月还成立了桂林市旅游产业发展指导委员会，对全市旅游业实行统一领导、统一规划、统一管理、统一协调，负责制定旅游产业发展规划，研究制定旅游产业发展的政策措施，协调解决旅游产业发展中的重大问题。

以上是《规划》编制大的背景。

桂林地市合并，意味着地市旅游发展合力已经形成。同时，原桂林市旅游业起步发展25年的经验教训需要总结；原桂林地区旅游业方面各个县的关系以及协调发展的经验教训也需要总结，加之如何使新桂林市旅游业整体上能够更加适应跨世纪发展的新要求，便摆上了议事日程。桂林市决定一举研究好今后桂林旅游20年的发展战略和方向、路径等问题，制定到2020年的全市旅游业发展总体规划。

任务的具体执行自然落到了市旅游局身上，局长把完成任务的具体工作又交给了分管规划的我。我仔细琢磨了这次任务的重要性和市领导的要求，感觉责任重大，必须要多下功夫，全力以赴完成好规划编制相关工作。

这是桂林旅游业发展史上第一部总体规划，又时跨整整20年，是要对历史负责的一项重大任务。我首先便和有关科室人员进行认真研究，同时开始了解国内规划有关状况、掌握规划花费行情、起草详细工作方案。经过近一个月时间，一个从选择编制队伍、编制工作流程、相对准确的经费预算、中间研讨到完成时间、评审计划、上报审批等在内的规划编制实施方案出来了，局长敲定后报市政府审批并获准执行。

首先就要选好编制队伍。按照计划，面向全国选择。我们采用了一个特殊的方式。6月份，邀请国内十几个团队的牵头专家前来桂林，参加《桂北经济区旅游发展规划》研讨会，请专家们先进行全面考察再在会上发表高见。专家们自然不知道，桂林是全程都在进一步了解他们对桂林旅游产业发展的看法、观点。研讨会上，中山大学保继刚教授的发言，他的“要重新认识旅游”“资源开发要‘计划生育’”“从旅游增加值角度重视旅游业在桂林发展中地位作用”“注重城市旅游”等内容，引起了与会的国家旅游局和广西壮族自治区旅游局有关领导的注意，也引起了桂林市领导的注意。这次会议之后，我们便直接向保继刚教授等几位专家所在单位发出信函，表示桂林准备编制旅游规划，如可以就请他们做一份简单的规划大纲，以便桂林最终确定编制队伍。专家们很支持桂林，很快就都拿了出来。我和同志们经过研究，请示局长上报市领导，确定了中山大学保继刚团队和北京的两支队伍（分别是中国社会科学院郭来喜教授、中国旅游学院王兴斌教授担纲）共同编制，中山大学保继刚教授牵头负责。确定后郭来喜教授自己决定退出，编制过程中王兴斌教授因事务繁忙不能按时完成也离开了，最终由保继刚教授领衔的团队来全面完成规划编制。

这里需要强调几句，之所以选择保继刚教授，我坚持并经局长以及市领导最后决定的重要理由，第一是保教授在考察期间和研讨会上的发言，特别是后来的规划大纲见解独到，深得桂林方面的好评；第二是保教授的学识及功底比较深厚，又有在发达国家学习和研究旅游的经历，让大家也深有感悟；第三是保教授相对年轻，可以跟踪整个规划期桂林旅游的发展状况。我们认为，这三点对于桂林编制好这一重要规划以及建设好国际旅游城市至关重要。

10 月份，《桂林旅游发展总体规划（2001—2020）》编制正式开始。工作开始后，12 月份，中共桂林市委作出的《中国共产党桂林市委员会关于加快旅游业改革和发展的决定》，我们与规划编制组又进行了认真的学习。

经过不到一年的时间，编制工作如期完成。2000 年 11 月，《桂林旅游发展总体规划（2001—2020）》通过了由著名专家、院士吴传钧老先生担任主任、国内外旅游专家组成的专家委员会的评审。

这样，在全国城市里面也算是较早的旅游总规诞生了。

在整个工作过程中，我本人既是“甲方”的具体执行人，也是规划编制组副组长，全程参与了全部工作，亲历了这一重大和历史性工作的一切“大事小情”。这对我个人来说，也的确是遇上了一个十分重要且非常难得的大好机会。

二说：《规划》编制情况和主要成果

1.《规划》的编制情况

保继刚先生组织了颇具实力的研究团队，亲自带领团队成员于 2000 年 1 月和 6 月两次在桂林做了全面、深入的实地调查，并多次到桂林召开座谈会，还访问了许多相关单位和相关人士，搜集了大量反映桂林旅游发展状况的数据资料，发放并回收了相当份数的调查问卷，前期工作开展得十分扎实。我清楚地记得，有一次保教授在阳朔一家咖啡厅里看中外客人游桂林感受留言，发现一名日本人手绘的徒步漓江线路图，便决定亲身体验一下。烈日炎炎，我陪着保教授沿着那条线路，头顶着一块湿毛巾，足足走了 6 小时。保教授说桂林是国际旅游城市，注意外国人的发现和体验，有助于开发适销对路的国际旅游产品。

研究团队在对实地调查、座谈访问、有关数据资料问卷进行综合分析后，对桂林旅游发展的基本成就进行了概括："经过 20 多年的发展，桂林旅游业已经经历了以接待事业为主的初创期（1973—1977 年）、向旅游产业转化的发展期（1978—1987 年）和停滞期（1988—1996 年）三个阶段，目前进入了二次发展期（1997 年起）。桂林旅游业已具相当的产业规模，成为桂林国民经济的主导产业，在国民经济系统中已占有举足轻重的作用，是桂林市产业结构实现高级化的重要力量。"同时对桂林旅游存在的问题也进行了一些叙述：旅游资源开发方面，存在数量型扩张和无规划的非旅游活动的破坏；交通方面，网络化程度不高，线路布局不够合理，应急能力有待加强；城市规划、建设、管理与旅游城市的性质、功能、地位不相适应，景点景区建设和旅游服务与现代旅游发展不相适应，旅游管理体制和运行机制与社会主义市场经济要求不相适应等（见《旅游规划案例》，广东旅游出版社，2003）。

保教授团队在研究桂林旅游发展战略时，对桂林旅游业的现状做了深入分析，认为桂林旅游业发展一方面是具有预期总游客量增加的乐观前景，另一方面又面临着旅游业的效益下降、逐步丧失相对优势的危机。制定旅游发展战略应把提高竞争能力、提高旅游的效益、保持动态的比较优势作为战略措施的重点。保教授认为，在制定旅游的发展战略时，有必要对以往实施过和建议实施政策进行有效性分析，从中获得经验，作为此战略研究的基础。还要通过对桂林旅游业发展中利益相关者的相关利益群体进行分析，研究他们的相互关系，通过改变他们的行为和结构关系，逆转桂林旅游业市场份额下降的趋势，把桂林旅游业市场份额提高到一个新的水平（见《旅游规划案例》，广东旅游出版社，2003）。

保教授团队认为，桂林是中国旅游发展最早的城市之一，桂林旅游业是中国旅游发展的缩影和镜子。桂林具有甲天下的自然风光，有较高的国内外知名度，因此桂林旅游业的定位应该从全市、全区、全国和国际等几个方面予以明确。在全国，是山水风景名城、历史文化名城，重要的旅游城市、全国最重要的旅游目的地之一。在国际，是旅游观光、度假和会议目的地（见《桂林旅游发展总体规划（2001—2020）》，中国旅游出版社，2002）。

规划团队花费大量心血，参考国内外发展旅游业成功的建议和做法，博引最先进的国际旅游规划理论，同时结合桂林旅游业的具体实际，深入探讨，有针对性的提出了很多规划意见。经过半年多时间的艰辛努力，2000 年 5 月份，拿出了

6大本初步成果。

2000年6月，桂林召开“桂林旅游发展总体规划中期研讨会”，邀请香港中国旅游协会名誉会长马志民，上海市城市规划设计研究院副总工程师赵万良，上海现代建筑设计集团总建筑师蔡镇钰，中南林学院副院长教授何平，北京旅游集团首席研究员李庚，同济大学建筑与城市规划学院博士王骏，艾肯集团特别助理喻帆，美国李伊史顾建筑师事务所总建筑师李元渝以及自治区、桂林市有关专家、领导到会。他们都做了精彩的发言，既肯定《规划》前期工作扎实，成果具有较高水平，也提出了一些中肯的意见建议。

我个人在这期间切实感到，各方面高手太多，外地专家对国内外规划、国内旅游状况了如指掌，发言反映了他们的阅历和理论功底；桂林本地专家了解桂林，又有着一定的理论水平和规划实力，富有针对性的建议也非常多，而《规划》编制团队无论付出了多大的辛苦，对规划成果有着多大的信心，也必须要虚心听取各种“批评”。各种规划研讨会以及评审会都是把规划编制专家“放在火上去烤”。

保教授团队于2000年11月最终完成了编制工作，提交了规划文本、研究报告和相关图件。

2000年11月，来自北京、上海、杭州、南京、广西以及美国等地的有关学科专家组成评审委员会（中国科学院吴传钧院士担任主任、上海社会社会科学院旅游研究中心主任王大悟担任副主任），在桂林对《规划》进行评审。评审专家对《规划》给予高度评价和认可，认为对桂林旅游发展阶段的界定科学准确，提出了规划期内全市旅游发展战略与目标，确立了桂林旅游的新形象战略，对桂林旅游业发展有重要的指导意义。规划整体结构合理，技术路线正确，符合桂林旅游发展的客观条件；符合国内、国际旅游发展的大趋势，体现了规划的前瞻性、科学性与可操作性；提出了一系列创新观点，符合旅游发展的可持续原则；《规划》在国内已完成的区域旅游发展规划中居一流水平，一致通过评审。

2001年2月，4月，广西壮族自治区旅游局、国家旅游局分别复函桂林市，称规划依据充分、内容全面、内涵丰富，在规划的技术路线和方法领域有所创新，起到示范作用，原则同意《桂林市旅游发展总体规划》，希望认真组织实施。

2001年8月，桂林市一届人大常委会第二十九次会议通过“桂林市人大常委会关于《桂林市旅游发展总体规划》的决议”，予以组织实施。11月，桂林市政府正式发文，启动《规划》实施工作。

至此，《规划》编制任务完成了。这个《规划》，事实上对桂林发展、壮大旅游产业，从基本思路到具体做法，从发展目标到保障举措，都产生了极大的影响，发挥了巨大的作用。我个人不仅学到了很多东西，也对我主政市旅游局以后工作思维的确定，工作方法的形成，工作成效的取得，在旅游局岗位上推动桂林旅游持续发展提供了极大的帮助。

2.《总体规划》的主要成果

我认为，《规划》成果具体体现在以下几个方面：

（1）清晰提出了桂林旅游发展战略总目标、桂林旅游业定位和桂林旅游发展战略。战略总目标是："世界级、桂林化"的国际一流旅游目的地。规划解释道：世界级是指旅游发展水平达到世界水平、居于世界领先水平；桂林化是指符合桂林的地方特色、走具有桂林特色的旅游发展之路；旅游业定位为：在国民经济和社会生活中是重要的主导产业，影响桂林社会、经济和环境的各个方面。在全国旅游市场中是国内、海外的游客市场并重，全国最重要的旅游目的地之一。在国际上是旅游观光、度假和会议目的地。

（2）规划提出了桂林旅游发展战略目标、指标和举措。战略目标分近期（2001—2005年）、中期（2006—2010年）和远期（2011—2020年），提出到2020年，形成较为完善的旅游产业体系，完成旅游和区域经济结构的优化，实现旅游和区域经济全面较高增长，实现把桂林建成国际一流旅游目的地的总目标；战略指标包括旅游业增加值指标、游客指标；措施共有11项：从旅游产业外部入手，形成各行业发展与旅游业发展的良性互动；减少低质景点和扶持高质量旅游产品开发；保护和提升漓江黄金水道旅游的品牌；建设和完善桂林城市旅游；塑造友好、安全、方便、个性的桂林；建立政府、社区、企业的合作伙伴关系；加强提高和充实旅游机构能力的建设；全面提高行业的管理水平和人员素质；利用现代的网络信息技术，增加旅游业的科技含量；培养骨干企业和企业集团，重视中小企业；丰富桂林旅游形象和加大有效促销力度。

（3）提出了如桂林旅游形象塑造、旅游资源的开发和保护、旅游产品开发和空间布局、城市旅游的发展、重点景区的旅游发展思路、旅游基本产业发展、旅游相关产业发展等一系列具体规划。在桂林旅游形象塑造章节里，指出当前的、现实的桂林只是部分体现"桂林山水甲天下"形象，需要树立桂林旅游地的新形象，制定形象宣传策略；在旅游资源开发与保护章节里，强调旅游资源的空间整合、开发时序，实施旅游活动全过程的环境和资源保护；在旅游产品开发和空间布局章节里，提出应遵循的原则是市场导向原则、可持续发展原则和特色与精品原则，提出了观光型旅游产品等多项主要旅游产品的开发意见，提出了"一城、两带、三级、四联”的桂林旅游产品的空间布局；在城市旅游章节里，指出城市旅游是桂林旅游发展的新视角、突破口，城市应成为“一流的国际性旅游城市”，要加强桂林城市旅游吸引力体系建设，做好城市旅游规划；在重点景区的旅游发展思路章节里，对漓江风景区和桂阳公路、阳朔旅游、兴安旅游、龙胜龙脊梯田旅游、资江—八角寨风景旅游区的发展思路和发展建议均给予了具体意见；在旅游基本产业发展、旅游相关产业发展章节里，对“基本产业”中交通发展、服务基地和配套设施发展、住宿业和旅行社发展都做了具体设计，对“相关产业”的工业、农林业、商贸和餐饮业、文化旅游发展、体育旅游发展、旅游科技发展、旅游教育发展等提出了建议。

保继刚先生主持完成的这部《总体规划》，是桂林旅游业前行过程中影响今后 20 年的旅游发展总体规划。桂林市政府决策编制规划，体现了桂林市政府在现代旅游发展中的整体和系统的思考和发展理念，对桂林旅游业以新发展思路迈向 21 世纪，并在 21 世纪促进桂林旅游有序、健康、快速发展，加快建设现代化国际旅游城市具有重大的意义。保继刚团队高质量完成规划编制工作，明确了桂林旅游发展总目标和一系列具体目标、举措，对桂林旅游更大发展，保持在国内外的先进地位影响极大。

三说:《规划》修编情况和主要成果

1. 开展《规划》修编工作

《规划》完成以后，保教授“对桂林旅游的关注一直没有间断，保持了对桂林旅游研究的连贯性，并取得了丰硕的成果”[《(2008——2020）桂林旅游发展总体规划（修编）》，广西师范大学出版社，2010］。不仅如此，保教授在跟踪桂林旅游发展状况的同时，也安排和参与多项活动，努力帮助桂林进一步扩大影响和壮大实力。

2001 年 11 月，在保教授的倡导下，桂林市人民政府、中山大学、中国地理学会旅游地理专业委员会、国际地理联合会旅游休闲和全球变化专业组在桂林联合主办了“发展中国家旅游规划与管理国际研讨会”，保教授作了主旨演讲。2002 年 11 月，博鳌亚洲旅游论坛在桂林举办，保教授积极各项活动，并从国内知名专家的角度大力支持桂林与世界旅游组织交流合作，还向桂林市政府提出了不少关于合作的建设性意见。2003 年 12 月，保教授参加由世界旅游组织在桂林举办的世界旅游组织旅游目的地开发与管理地区合作研讨会，并在大会上发言。

保教授在这一年还决定在桂林阳朔建设中山大学旅游学院教学研究基地；2004 年 9 月，世界旅游组织官员瓦拉齐先生考察桂林旅游，桂林市旅游局与他商讨在阳朔观测点的操作办法时，保教授决定由中山大学阳朔教学基地帮助世界旅游组织和桂林市政府实施监测工作。2005 年 7 月，“世界旅游组织旅游可持续性发展指标国家研讨会”在阳朔举办，“世界旅游组织阳朔旅游可持续指标观测点”同时奠基。这样，世界旅游组织第一次在中国设立、中国首个世界旅游组织观测点便成功建成。2006 年 9 月，桂林市人民政府与《商务周刊》杂志社、世界旅游及旅行理事会共同主办的“区域旅游开发国际高峰论坛”在桂林开幕，保教授出席会议并以国内旅游专家的身份作大会发言，增强了这次桂林会议的学术氛围。2007 年 6 月，首届联合国世界旅游组织／亚太旅游协会旅游趋势研究大会在桂林召开，保教授又亲临会议作了演讲。保教授还在世界旅游组织与桂林旅专合作方面起了不少的促进作用。

《规划》出台以来，桂林旅游以《规划》为指导，积极实施《规划》提出的目标任务，取得了很大的成绩。2004 年，桂林国内游客总量首次逾越 1000 万人次；2005 年，桂林入境游客总量首次超过 100 万人次；2007 年 3 月，桂林漓江景区、乐满地休闲世界成为首批国家 5A 级旅游景区；桂林旅游公共服务体系建设也有新的成绩；等等。随着国内外旅游业发展的新形势、新趋势，桂林旅游自身也在努力奋力前行，新情况需要分析研判，新要求需要落实贯彻，新课题需要及时破解。

2007 年年底，桂林市旅游局起草“桂林市 2007 年旅游工作总结和 2008 年工作打算”，在安排 2008 年工作时这样写道：根据党的十七大精神、国际旅游业发展趋势和桂林旅游发展实际，启动桂林旅游发展总体规划修编工作。总规修编要体现科学发展观，准确判断旅游发展大趋势，按照市委市政府的发展思路，确定正确的旅游发展目标，规划旅游可持续发展布局，促进加快完善旅游产业体系、全面提升旅游产业素质、综合发挥旅游产业功能，构建面向 2020 年的桂林旅游高标准、高水平发展蓝图。以旅游带动开放，以旅游带动开发，形成一、二、三产大融合的发展格局。积极发展山水文化、休闲度假、商务会展、保健康复、主题城镇、乡村特色旅游，在发展观光旅游的同时大力实现旅游多元化转型。要邀请国内一流专家队伍，加强实际调研和科学论证，吸取旅游发展的前沿理念和成果，落实各项具体修编工作，努力将桂林旅游发展总体规划修编成为指导今后一个时期桂林旅游创新发展的重要文献。

2007 年年底，市政府决定，继续由中山大学教授保继刚先生主持《规划》修编。

于是，保教授带领他的团队，于2008年年初再次开进桂林，用同样认真的态度，又从深入调研开始，开展广泛的问卷、座谈、查阅资料等活动，以连续跟踪桂林旅游发展所积累的大量体会和案例研究，同时结合他们后来在国内多地编制规划时对国内外旅游业发展情况的新研究、新认识、新成果，用半年时间较好地完成了修编工作。2008年10月，以国内知名旅游学者魏小安先生为主任的《规划》修编评审委员会（成员有世界旅游组织中国旅游顾问徐汎、博鳌亚洲论坛高级总监姚望、自治区旅游局局长陈建军、南京大学旅游研究所所长张捷、华南理工大学国际旅游研究中心主任张俐俐、安徽师范大学国土资源与旅游学院院长陆林、桂林旅游高等专科学校校长李丰生等）对《规划》修编成果进行了评审，高度评价了修编后的《规划》，获得一致通过。

2008年年底，市旅游局在进行当年全市旅游工作总结时，其中一段写道：“年内完成了《桂林旅游发展总体规划》修编工作，并通过了专家评审。修编后的《桂林旅游发展总体规划》充分体现科学发展观，力求准确判断旅游发展大趋势，按照市委市政府的发展思路，确定正确的旅游发展目标，规划旅游可持续发展布局，促进加快完善旅游产业体系、全面提升旅游产业素质、综合发挥旅游产业功能，构建面向2020年的桂林旅游高标准、高水平发展蓝图，将成为指导今后一个时期桂林旅游创新发展的重要文献。”

2. 修编情况和主要修编成果

修编团队在《规划》修编成果前言里说了一段话，“本次修编，规划组怀着同样的责任感，继续投入极大的精力，全面调研、深入探讨桂林旅游业的规律。努力延续上一轮《总体规划》的正确判断，并根据市场环境、目的地新竞争格局等各个方面的变化对规划进行进一步的修订和完善”。回望那半年的修编工作，我实实在在地感受到了他们所付出的种种艰辛，以及同样的认真精神、同样的研究态度、同样的刻苦努力。这个时候，我虽然是作为局长，没能像前次那样几乎和他们形影不离，但我心中一直是延续着对《规划》的情感和对保教授的敬重，还有就是修编依旧是双方合作的项目，这次我还与保教授共同担任了组长，因此只要一有时间，就一定会到他们中间去，看望他们和了解情况。

修编，实际上是结合新的变化、新的形势、新的趋势，对原《规划》进行新的整合、完善和提升。保教授他们经过潜心研究、反复论证，认为修编的主要目标和需要解决的问题主要是：重新审视上一轮规划的发展战略、资源评价、市场分析等重大问题的判断，做出相应的调整和提升；桂林旅游业怎样在效益和规模上找好最佳平衡点，并与其他产业协调好关系；怎样促进桂林旅游业上水平上台阶；桂林如何提升引领区域旅游发展的地位，如何巩固成为综合型终站式国际旅游目的地的地位；对旅游资源如何既加强保护又深入挖掘其社会经济价值；旅游产品结构怎样适应市场细分形成的新的需求；桂林旅游整体实力如何进一步壮大；等等。我从局长的角度看，这些也的确是抓住了问题的关键，都恰恰是我们经常考虑和讨论的问题。

这次修编的总成果，仍然由总文本、有关图件和若干个专项规划组成，内容上无疑是有继续坚持的和有一些调整提升的。修编团队认为，虽然2003年经历了“非典”，但桂林旅游业整体上保持了良性的发展，各项旅游事业不断深入推进，桂林依然是中国旅游发展的缩影。桂林入境旅游总量在2005年突破100万人次大关，成为全国入境游客超过百万的8个城市中唯一的地级中等城市；桂林旅游收入这几年也增长较快，2008年旅游业已经具有了相当的规模。桂林旅游经济效益日益见好，在桂林2007年第三产业增加值中占到10.94%，保持了第一大部门的地位。旅游业的社会文化效益、环境效益均有较好体现。修编坚持上一轮规划所确定的“世界级、桂林化”的国际一流旅游目的地的战略总目标，但调整了在全国和国际旅游市场的目标定位，明确桂林为全国最重要的综合型旅游目的地及旅游综合改革试验地、全国最优秀的旅游城市；在全球，桂林是国际旅游观光、度假和会议奖励旅游目的地，连接东盟旅游区和大中华旅游区的组织中心和门户。修编提出了完善措施体系，在国际化战略、政府主导战略、旅游综合改革试验区战略、可持续发展战略、品牌战略和区域合作战略六大战略下实施21项措施。修编明确了桂林旅游发展的空间布局，是“一主一副，三区，两轴，一带”。修编还对桂林旅游发展现状与发展条件做了新的分析，对桂林旅游资源评价与保护做了新的研究，对桂林旅游客源市场分析和预测提出了新的见解，对桂林旅游产业发展、桂林旅游保障体系、桂林旅游影响评价与控制也给出了新的建议。

我认为，规划做得确实不错，修编也体现了再次对桂林旅游深入的研究及其研究结论，编制规划和规划修编都有极其重要的意义，但规划编制和修编完成之后，认真学习规划，按照市人大常委会和市政府的决议、通知实施好规划更重要。旅游规划毕竟不是法律，对认真执行与否没有强制性要求，不按规划操作旅游业发展没人会予以追究，这样把规划束之高阁的情况、“墙上挂挂”、给人看看以显示“我有规划”的现象就会时有发生。强化规划意识和强化规划实施制度，至今也还是一个需要解决的重要问题，否则编制规划就是“走过场”“随大流”。桂林《规划》的实施方面，我觉得也有这样的问题。

2002—2009：见证桂林与世界旅游组织交往和参与承办两大“国际论坛”

——说说我自己与“桂林旅游”（四）

我的旅游工作生涯中，有许多留在我记忆深处的难忘经历，其中相当重要的一件事情，要数自己参与和见证的桂林与世界旅游组织的交流合作，以及桂林承办的两个大型的国际旅游论坛。我一直觉得，著名的旅游城市世界上有很多，但能够像桂林这样，与全球最大的国际旅游组织——联合国世界旅游组织保持着如此密切的交往，还承办了两个重要的、大型的国际旅游论坛，其中一个首次举办就在桂林，另一个连续举办三次以后宣布永久落户桂林，是很不容易的事情。即便是桂林，很多人可能认为桂林是举世闻名的国际旅游城市，这些都是很正常的，不过我认为并不是这样，这几件事情都不是唾手可得的，都是需要付出很多精心努力的。

世界旅游组织，总部设在西班牙马德里，联系、服务和推进全球旅游业发展，致力于政府间以及与各大旅游相关组织的合作。不过，它与某个国家的某个城市开展交流合作，而且像和桂林这样密切，却实在是不多的。

两大论坛，一个是博鳌亚洲旅游论坛，是博鳌亚洲论坛举办的第一个专业论坛，2002 年在桂林举办；另一个是世界旅游组织 / 亚太旅游协会旅游趋势与展望国际论坛，2007 年在桂林首次举办，2008 年继续在桂林举办，2007 年在桂林举办第三届时，论坛的主办方宣布该论坛永久落户桂林。

桂林连接了一大国际旅游组织和两大国际旅游论坛，在桂林旅游发展史上是具有里程碑意义的大事，我有幸直接参与了促成和保持并发展这些重要事件的所有过程。

一说：见证桂林与世界旅游组织交往

2002 年 4 月，由世界旅游组织和云南省人民政府主办的亚太旅游信息会议在昆明召开，我（我当时在市旅游局分管信息化工作）和局信息中心主任曾荣发同志参加了会议。

当时，桂林虽然在旅游业发展方面走在全国前列，在国际上也颇具相当的名气，但与世界旅游组织这一全球旅游行业最大的机构还没有联系。我觉得作为国际旅游名城，桂林应该和这样的组织建立联系并开展交流，万事总有开始，这次会议可能就是一个重要的机会。机不可失，于是我和曾荣发同志商量，我们在世界旅游组织副秘书长戴维·维尔斯演讲中场休息时上前见他，起码先交换个名片，为下一步接触打下基础。中场时，我们走上前去，我拿着桂林旅游的宣传画册和名片，向副秘书长先生展示桂林风光的图片，表示欢迎副秘书长先生有时间来桂林看看，曾荣发同志在旁边拍下了这个几乎是没有超过一分钟的过程，记录了整个场景。

回到桂林以后，我向钟新民局长和分管旅游工作的康天宝副市长作了报告，得到了领导的称赞。局、市领导认为，桂林应该和世界旅游组织建立联系。后来，我把当时的照片用邮件形式发给副秘书长，并表示桂林市领导欢迎世界旅游组织官员尽快访问桂林。没过多久，副秘书长就回了邮件，表示感谢桂林市的邀请，会转达给秘书长弗朗加利先生，一定一起研究此事，找机会来桂林访问。我们往来了几次邮件，他还委托他所在组织亚太部的徐京先生就此事专门给我打来过电话。

就这样，桂林和世界旅游组织建立了最初的联系。看似比较简单，其实我觉得用心去把事情做好是非常重要的。后来我听徐京先生讲过，副秘书长之所以会这样快速回复和推进，是由于我给他发了邮件和传去了照片这样一些小事。徐京告诉我，副秘书长说，在多地，很多人和他照相，交换名片，但绝大多数是照完就照完了，再没有音信了，桂林的李副局长能够很快联络我，送来照片，还再次表达桂林市欢迎我们访问的意愿，这让他印象深刻，记住了桂林。

当年，桂林正在和博鳌亚洲论坛秘书处协商，在桂林举办一次博鳌亚洲旅游论坛，局里让我分管这一具体工作。当年 6 月，我带队随“广西旅游大篷车”从桂林到哈尔滨一路促销，6 月中旬最后一站刚到北京，便被通知留在北京，与从局里派到北京的黄燕同志和博鳌亚洲论坛秘书处执行总监姚望先生商量举办论坛细节事项。我首先想到，应该把会议和世界旅游组织官员访问桂林联系起来。我和局长、市领导提出了我的想法，得到了领导们的同意。在北京一个多星期的磋商工作中，与姚望先生每天都就论坛细节一一进行磋商，同时还不断出入国家旅游局，与国家旅游局有关处室进行联系。在京期间，我受权代表桂林提出以秘书处和中国国家旅游局的名义邀请世界旅游组织秘书长参加论坛并致辞，得到了姚望先生的完全赞成。他认为旅游论坛有世界旅游组织官员出席，是一件大好事。我们在北京还起草了桂林市市长就承办论坛和邀请弗朗加利秘书长等事项向国家旅游局正式报告的有关信函，经局长、市长审定后报送给了国家旅游局。经过我们的共同努力，这件事情成功了。2002 年 11 月，博鳌亚洲旅游论坛如期在桂林国际会展中心成功举办，世界旅游组织秘书长弗朗加利先生、亚太部代表徐京先生专程来桂林参加了论坛，秘书长弗朗加利先生在论坛上致辞，并对桂林进行了考察访问。尽管承办博鳌亚洲旅游论坛具体工作非常繁多，我们仍然及时策划和安排了桂林与弗朗加利秘书长举行工作会谈，达成了双方合作的意向。

徐京先生之前和我虽然只通了一次电话，但彼此印象都很好。徐京是持中国护照的中国人，曾在国家旅游局工作过，20 世纪 80 年代初期入职世界旅游组织，和我通电话时已在那里就职二十年了。多年以来，徐京对世界旅游组织与中国的交流合作做过很多贡献。他工作认真，工作业绩也相当不错，是秘书长的得力助手之一。从他打电话到秘书长这次来桂林参会和访问，徐京是出了大力的。这期间我们就世界旅游组织和桂林如何开展合作，进行了多次的沟通。

在与世界旅游组织商讨合作内容时，我和我分管的科室做过认真仔细的研究、思考，具体设计了包含世界旅游组织在桂林设立旅游发展状况观测点、与桂林旅专开展合作以及适时在桂林召开世界旅游组织主办的会议等内容的合作方案，我提出的观测点是创新性的，之前大家都没搞过。市领导同意后，我传给了徐京先生。后来和徐京很熟了以后，他告诉我，他们是被我们“追着走”的。当时沟通过程中他还问我，什么样的观测点？怎么做？其实，对这个问题，我之前是有准备的，因为提出一个建议，后面肯定会跟着操作方法。《桂林旅游发展总体规划》完成后，规划主持人保继刚教授就打算在他非常看好的阳朔建立旅游教学基地。而我也觉得在阳朔设立观测点是最合适不过的了。我问过保教授，如果观测点设立成功，教学基地可否承担观测工作，如可以，我们就可能把世界旅游组织和中山大学也连接起来。保教授非常支持，当即回答可以。因此我便马上告诉徐京，我们是有具体考虑的，中山大学正在阳朔建设研究基地，可以由他们进行观测并提出报告。就这样，我和徐京基本上敲定了 11 月“桂林会谈”关于观测点的大致内容。

第二个合作内容，是和桂林旅专的合作。旅专是诞生在桂林的旅游高等学校，支持发展好这所学校，是桂林市政府的一贯态度，便与徐京商量，开始是建议旅专成为世界旅游组织的一个基地，但一是时间比较仓促，二是他们在香港已有了教育基地，而且按照他们基地的标准，旅专一时还有点差距。但我坚持旅专要进入合作，提出可否先成为世界旅游组织重点支持单位，徐京开玩笑说你又弄了个新词。这样，11 月“桂林会谈”关于旅专方面的内容又基本上敲定了。

至于第三个内容，是世界旅游组织近期在桂林安排一次由他们主办的国际旅游会议，徐京再次开玩笑地说到，合作内容都是你们决定啊，我笑着回答，不是的，都是你们世界旅游组织确定的。

博鳌亚洲旅游论坛期间，双方如期并成功地举行了工作会谈，王跃飞市长、潘建民副市长和弗朗加利秘书长、徐京先生的手握在一起，共同开启了交流合作的新一页。

这些工作从一开始，在市旅游局内部，上有钟新民局长的把关、信任和支持，下有如曹健、黄燕这样的得力人员，特别是精通英语的黄燕，她作为具体联络人员，工作认真，联络顺畅，也给徐京他们留下了很好的印象。所以作为市旅游行政部门，我们的工作是非常快速和富有效率的。再加上整个过程中有徐京先生，几个月时间，桂林就和世界旅游组织“热”了起来。

第二年，即 2003 年的 12 月，当然，徐京先生已经是世界旅游组织亚太区的主任了，由世界旅游组织主办的旅游目的地开发与管理地区合作研讨会在桂林举办；2004 年 5 月，王跃飞市长率团访问世界旅游组织，我作为市旅游局领导陪同前往，双方签署了正式的合作协议；2004 年 9 月，世界旅游组织官员瓦拉齐考察桂林旅游，商讨阳朔观测点操作办法；2005 年 7 月世界旅游组织旅游可持续性发展指标国家研讨会在阳朔举办，发表了中国桂林（阳朔）宣言，世界旅游组织第一次在中国设立，中国首个世界旅游组织观测点“世界旅游组织阳朔旅游指标观测点”一同奠基。

这一切，用徐京先生常说的话，就是双方进入了“蜜月期”，是桂林市旅游局紧锣密鼓地筹划了一系列的活动，弄得好像世界旅游组织这几年就专干了与桂林合作这一件事似的。不过，徐京对桂林认真安排这些工作的满意和肯定，我觉得也是一个重要的因素。他说他看到，在桂林的几次活动，都不仅非常顺利，而且富有成效。他说他一到桂林，看见的就是我只管和他喝咖啡、谈事情，肯定是之前的布置都是周密和细致的，而不少地方都不是像桂林这样一直是稳稳妥妥的，过程当中几乎没有差错。他说桂林的这一点，让他十分放心，敢在秘书长面前“打保票”。他说桂林是在努力把事情做到尽善尽美，给他和秘书长的印象太深了。

徐京先生后来回忆说：“有意思的是，和桂林的合作，一开始并不是世界旅游组织推动的重点，更多是被动接受的过程。我曾戏言，是被赶鸭子上架。”

2006年，张秀隆市长到任，指示市旅游局继续做好桂林与世界旅游组织合作的基础性工作，我便立即安排了市长与秘书长的信函问候，并于当年10月促成张市长访问世界旅游组织总部，授予弗朗加利秘书长‘桂林旅游特殊贡献人士’证书，授予徐京和时任世界旅游组织技术合作部主任沃尔玛‘桂林旅游高级顾问’证书，并商谈了推进双方合作的下一步计划。这样，便将双方定期高层互访的往来形式固定了下来。2008年李志刚市长上任，同样特别支持桂林与世界旅游组织的交流与合作，2009年下半年基本确定了李市长择时前往马德里访问的安排。

2011年10月18日，《桂林日报》刊文回顾了桂林与世界旅游组织的往来交流最初的情况。文中说，博鳌亚洲旅游论坛正在桂林举办。会议期间，一位老者登上漓江游船，他为这里如诗如画的神奇山水连连感叹。他，就是世界旅游组织秘书长弗朗加利先生。自然风光的魅力，使弗朗加利先生折服，也得到了世界旅游组织的认可。从此，“桂林与世界旅游组织越走越近”。“2003年12月，世界旅游组织旅游目的地开展与管理地区合作研讨会在桂林召开。同年，世界旅游组织又给了桂林人一个‘惊喜’：把桂林作为主要旅游目的地向世界推介”。“2005年7月，世界旅游组织旅游可持续性发展指标国际研讨会的会场选在阳朔。同时，世界旅游组织还在阳朔建立了全球第一个可持续旅游观测点，希望其可以成为向其他旅游目的地推广的示范”。

合作不断向多领域发展。2009年，桂林还开启了与世界旅游组织进行旅游网络信息方面的合作。这年4月，我在北京与徐京先生进行工作协商，签署了双方网络合作协议。世界旅游组织将根据协议的约定，在世界旅游组织的官方网站服务器上建立桂林旅游英文网页，设置“桂林旅游”图标按钮，以便让全球的旅游爱好者更多地了解桂林，让桂林更好地走向世界。合作协议还确定，世界旅游组织官方网站将在相关栏目介绍桂林的旅游资源、产品及重要活动，而网页内容的设计与其官方网站的风格统一。双方将建立日常运行和负责人机制，指定具体人员负责该项工作与日常信息联络工作。一个旅游城市在联合国世界旅游组织官方网站做宣传，在中国也是第一例。

徐京在他后来的回忆中也说道：“和桂林的合作是世界旅游组织倡导的全球合

作伙伴网络的一部分。当时的世界旅游组织有一个目的地委员会，在此框架下，许多目的地组织（DMO）和我们建立了合作关系，如印尼巴厘岛、马来西亚的兰卡威和泰国的布吉岛等，但是合作的范围基本局限在专业和技术层面，只有桂林是全范围的和长期的合作机制。”

就这样，一系列活动都在策划和付诸实施之中。

二说：参与承办“博鳌亚洲旅游论坛”

2002 年 11 月 17—19 日，博鳌亚洲旅游论坛在桂林举办。这次论坛由博鳌亚洲论坛、国家旅游局、桂林市人民政府、亚洲合作对话组织共同主办，来自五大洲的 500 位旅游专家、学者和业界人士参加了论坛。50 多家媒体数百名记者前来采访。世界旅游组织秘书长弗朗西斯科・弗朗加利先生应邀到会致辞。

11 月 18 日上午，亚洲国家政要、主管旅游方面的领导人、国际旅游组织官员、世界著名旅游城市市长以及来自世界各地的旅游企业界人士、知名专家学者云集桂林国际会展中心，博鳌亚洲旅游论坛开幕式隆重举行。

与会人员在论坛上讨论了当前国际旅游业的热点问题，通过了《博鳌亚洲旅游论坛桂林宣言》。19 日，19 个国家参与的“旅游部长圆桌会议”隆重登场。论坛期间，还举办了旅游管理培训研习班以及数十场新闻媒体专访、十多场多边或双边会见、数十批特色考察活动等。

《博鳌亚洲旅游论坛桂林宣言》分为四个部分：亚洲地区的旅游合作与发展，旅游产品开发与创新，旅游业的可持续发展以及旅游业的经济社会贡献。

时任博鳌亚洲论坛发言人侯赛因先生说，这是博鳌亚洲论坛的首个专业论坛，也是博鳌亚洲论坛与东道国和其他国际组织携手举办的一次盛会。

时任博鳌亚洲论坛秘书处执行总监姚望先生说，这是一次高级别、高水平、成果丰富的会议，影响巨大，圆满成功。

时任国家旅游局副局长孙钢先生说，论坛是一流的策划、一流的工作、一流的设施、一流的环境，充分展示了东道地桂林的风采。

的确，桂林作为承办方，在组织、筹备、协调、安全、新闻、接待、保障等方面都开展了大量富有成效的工作，得到了主办方和与会代表的高度赞扬。

对我个人来说，我十分荣幸地亲历了这次论坛从策划到筹备、从举办到事后总结的整个过程。

举办旅游论坛，最初是桂林市主要领导与博鳌亚洲论坛高层在 2002 年年初基本确定的。2002 年 4 月，我和时任局长钟新民应邀到海南博鳌观摩学习了博鳌亚洲论坛首届年会，亲身感受了博鳌亚洲论坛的大会氛围，进一步了解了这一国际组织的活动宗旨。这次年会的主题为“新世纪、新挑战、新亚洲”。中国总理朱镕基出席并发表了题为“携手共创新世纪亚洲美好未来”的主旨演讲。日本首相小泉纯一郎、泰国总理他信和韩国总理李汉东、越南副总理阮孟琴以及其他来自政府、工商界和学术界的著名人士出席。来自 48 个国家的约 1900 位代表参加了会议。我们在会场里，直接感受到了会议的盛况。

在一篇博鳌亚洲论坛 2002 年大事记里，除记载了他们的首届年会和会员大会，更记下了 11 月份在桂林召开的这次博鳌亚洲旅游论坛。

桂林市政府高度重视这次论坛。8 月份就成立了论坛组委会。9 月、11 月，连续两次召开高规格的全市性动员大会。时任市委书记莫永清、市长王跃飞等市领导都亲自挂帅、坐镇指挥。桂林市组建了强大的接待和安全保障系统并进行了两次整体性的合成演练。

在市领导的统筹指挥下，旅游局作为组委会核心部门，会同市外办、市接待办、市公安局、市委宣传部等统筹策划全盘工作，制定整个会议的总体工作方案、总体实施方案、详细的承办工作流程，承担了大量的会务工作，为论坛的圆满成功发挥了积极的作用。为确保论坛圆满成功，我们根据不同的对象制定周密、详尽的接待方案，真正做到“一事一案”“一团一案”。从“项目管理”的角度看，桂林承办的这次论坛也应该成为一个较好的案例。

桂林市旅游局是这次旅游论坛最基层的核心单位，在时任局长钟新民指挥下，大家齐心努力，圆满完成了整个论坛的所有具体任务。

我本人，作为具体分管论坛工作的局领导，得到了市领导和钟局长的充分信任和全力支持。年初开始，局长说我拥有 8 年的外事工作经历，比较适合，让我具体分管。得到局长的信任，我下决心做好具体筹办工作。我和局有关同志一道，全身心投入，夜以继日地研究、起草筹办方案。6 月份，我带队到北京，与博鳌亚洲论坛秘书处执行总监姚望先生进行了为期一周多时间的事务性磋商，同时还往来于秘书处与国家旅游局之间，具体沟通共同举办论坛、同时举办大家共同策划的“旅游部长圆桌会议”的可能性，联络和明确其他有关事项。7、8、9、10 四个月，还一直保持紧密联系，不断调整、完善有关方案。这些工作，为筹备期间市领导多次出访北京，敲定各项承办事宜奠定了坚实的基础。

为使论坛能够同时取得更多更大的成果，我还提出了一个建议，就是借助此次论坛进一步加强桂林与境内外航空公司的合作，扩大桂林的影响，请航空公司空姐做论坛礼仪。建议虽然为论坛筹备增加了一定的工作量，还是得到了姚望先生和市领导的赞成。于是很快便对外发出信息，境内外近十家航空公司先后报名，博鳌亚洲论坛秘书处和桂林市旅游局联合进行外语、礼仪等现场考试，最终选择了境内两家、港龙和澳航4家公司。论坛期间，这几家公司的空姐亮相会场，成为一景，精良的礼仪服务为论坛成功举办做出了贡献。我的这个建议，也得到了主、承办方领导和与会人员的称赞。

回想起来，这次论坛让我难忘。许多具体工作的经历，使我得到比较充分的锻炼，让我积累了承办大型活动的经验，增长了“项目管理”的能力。

后来，我还和我的博士同学戴光全合作写了一篇关于国际会议安全管理方面的文章。

三说：促成“联合国世界旅游组织／亚太旅游协会旅游趋势与展望国际论坛”举办并永久落户桂林

2004年5月，我陪同王跃飞市长访问世界旅游组织双方签署合作协议之后，世界旅游组织派官员来桂落实有关工作。2005年，确定为双方合作项目的旅游观测点、与桂林旅专的交流、举办一个国际会议等均已得到了实施。

2004年5月，我上任桂林市旅游局局长。如何将这一十分良好的开端延续下去，让桂林与世界旅游组织保持联系并不断开展交流与合作，持续拓展桂林旅游的国际活动空间，增加桂林旅游的国际话语权，显然是桂林旅游部门应该重点研究和努力解决好的一个课题。作为已经上任的桂林市旅游局主要领导，我必须花些精力，给市领导多呈交一些合适的提议。

2006年春节过后，新任市长张秀隆先生到任。张市长同样非常重视桂林的旅游业，很快就找我过去汇报工作，我自然把与世界旅游组织保持好关系的有关想法一并谈了出来。张市长当即指示：一定要办好这些事情。

于是，3月份，市长张秀隆便与弗朗加利秘书长就加强合作互致信函；10月份，应弗朗加利秘书长邀请，张市长就率桂林市政府代表团到设在西班牙马德里的WTO进行工作访问。访问中，世界旅游组织表示，将尽力帮助桂林成为高质量的旅游目的地，并确定桂林旅游高等专科学校为该组织重点支持单位（这次出访，我邀请桂林旅专校长李丰生随行），同时就2007年在桂林举办大湄公河次区域旅游高层会议达成共识。

这里，不能不再次提提该组织亚太区代表徐京先生，他继续在中间发挥着重要的作用。面对这么大的一个世界、这么大的全球旅游业，桂林这两个字能够不时出现在秘书长眼前，还真是徐京先生的功劳。我和他一直保持着较为紧密的联系。他偶尔回国内出差，我如果没有特别重要的安排，都会到他的出差地见他，如北京、上海、南宁、烟台、威海等地，我们已经成了彼此信任的老朋友。每次见面，当然不会不谈及双方怎么继续进行合作。徐京高度评价 2005 年在阳朔举办的那次会议，还有已经建立的观测点。应他的邀请，我还到香港、日本的神户参加过世界旅游组织的有关会议。

我们两人的一个很大的策划又逐步走向实施，这就是于 2007 年在桂林办一次世界旅游组织主办的规模大一些的会议。我们设想的很多，包括世界旅游组织主办的一个大会；包括在桂林召开亚洲旅游大会，使桂林成为全球旅游的一个中心性城市。这个设计，很顺利就得到了张秀隆市长和弗朗加利秘书长的认可。马不停蹄，双方随即进入筹备时段。

桂林方面，桂林市旅游局起草了关于与世界旅游组织共同举办一次旅游大会的具体方案，建议从研究全球旅游发展趋势着手，也为在这样的会议之后再共同办会并在两三年之后举办亚洲旅游大会奠定基础。

世界旅游组织方面，开始考虑邀请亚太旅游协会进来参与主办，徐京出面联系，刚好该协会中国代表常红女士是桂林人（她爱人在国家旅游局工作），徐京很快就邀请成功。这个做法，也是在我们策划的亚洲旅游大会打下的基础。

双方的合作自然是十分默契，十分顺利。

这次大会最终确定世界旅游组织和亚太旅游协会共同主办，桂林市人民政府和广西壮族自治区旅游局承办，国际媒体支持单位为 BBC 英国广播公司。大会成立了组织委员会，世界旅游组织秘书长弗朗西斯科·弗朗加利、亚太旅游协会副总裁迈克·雅兹、桂林市市长张秀隆、广西壮族自治区旅游局局长肖建刚担任主任，徐京代表、陈建军副市长等担任副主任，我和世界旅游组织市场资讯部助理米歇尔·朱利安为秘书长。大会内容也确定为专家会议、全体会议和技术路线考察，大会地点确定在漓江大瀑布饭店。

2007 年 6 月，世界旅游组织秘书长弗朗加利和亚太区代表徐京、亚太旅游协会副总裁迈克·雅兹和中国区代表常红访问桂林，首届联合国世界旅游组织／亚太旅游协会旅游趋势研究大会在桂林成功召开。仅半年多的准备，会议如期按计划举行，桂林依旧承办的比较漂亮。与会者的评价、桂林的接待和组织会议的实力、桂林旅游局的精细化工作，再一次给秘书长和徐京留下来较好的印象。

我按照心中逐步筹备亚洲旅游大会的计划，在这次会议期间，向首次接触的亚太旅游协会副总裁迈克·雅兹表示，桂林非常欢迎他的到来，桂林市旅游局也非常愿意邀请总裁先生方便时到桂林考察桂林旅游业发展情况。我和他晚上在会场附近的酒吧里一边喝着啤酒，一边玩起了“互换角色”的游戏，我说“作为亚太旅游协会官员，我十分乐意在桂林举办一次亚洲旅游的大会”，他说“我作为桂林市旅游局局长，十分欢迎这样的会议在桂林召开”。我们接着还进行了许多类似的对话。那天晚上的气氛很好，大家都很开心，徐京先生和常红女士都在现场，常红女士还说“祝贺你们的会谈顺利成功”。

我清楚地记得，在这次大会的闭幕会上，最初就陪同秘书长来桂，后来又多次来桂的沃尔玛先生（担任过世界旅游组织亚太部主任、技术部主任，前印度国家旅游局局长）代表世界旅游组织做总结讲话，他在讲话时表扬了我，说“感谢真正的幕后英雄——桂林市旅游局局长李志刚先生”。

“明年再来一次？”会后我和徐京先生不约而同随口说出了同一句话，然后又都笑着摇头了。徐京说“太累了，也密了一点”，他还开了句幽默的玩笑：我们世界旅游组织平时不是没事儿做，年年都要来你们桂林办会。不过后来我们都还真是又都认真了起来，我们就又开始了 2008 年的第二次大会的策划。当然这里面有我肩负的一个使命，2008 年 2 月新任市长李志刚先生（我们完全同名）上任，他指示过我们要继续加强与世界旅游组织的关系，尽可能年内再开一次这样的“大会”。徐京先生后来回忆时还“表扬”我们说，“桂林市旅游局真是紧锣密鼓啊”。

2008 年还有一个情况，年初自治区领导提议桂林应该举办一个大型的国际旅游论坛，也可考虑和博鳌亚洲论坛协商在办。李志刚市长也指示我们先行做个方案。我们又联系了博鳌亚洲论坛秘书处，由于他们当年已经安排了很多活动，可能没有时间再考虑在桂林开会，不过可以参与主办。后来我向李市长提议，再和徐京继续商量，力争把世界旅游组织已在桂林召开过的“大会”再办一次，市长同意了。于是，我和徐京就把那天不约而同后来又摇头的瞬间又提了起来，同时商量把“大会”改成“论坛”，完成自治区领导提出的建议和市领导交办的任务。

于是，筹备工作又开始了，工作自然又是非常默契和非常顺利的，“论坛”便真的举办了。

2008 年的论坛，主办单位加上了博鳌亚洲论坛和香港理工大学，承办单位没变，国际支持媒体换成了 CNN（美国有线电视新闻网）。

2008 年 12 月 17 日至 19 日，第二届联合国世界旅游组织／亚太旅游协会旅游趋势与展望国际论坛在桂林召开（会名更改为“国际论坛”），会议照旧获得了圆满成功。

连续办了两届，桂林似乎变成了一个国际旅游界学者发表观点的平台。这当然是桂林方面想要得到的效果，是桂林旅游界人士的期望。我想，绝对不能就此结束。我们接着又开始积极探索把“论坛”在桂林继续办下去的可能性，我又加紧了和徐京先生的联络。经过多个回合，包括我到北京、上海、黄山与徐京先生、新任秘书长瑞法依先生接触交流，得到了徐京先生再一次的大力支持，2009年4月，桂林市旅游局与联合国世界旅游组织亚太部在北京签署了内容为“联合国世界旅游组织旅游趋势与展望国际论坛每年在桂林举办一次”的意向书，同时商定，在当年晚些时候举办的第三届论坛上签署正式的协议。“探索”成功了，我当然也得到了市领导的表扬。

2009年的论坛，定名为“第三届联合国世界旅游组织／亚太旅游协会旅游趋势与展望国际论坛”，主办单位为世界旅游组织和亚太旅游协会，承办单位没变，协办单位是香港理工大学，国际支持媒体仍为CNN。

2009年11月中旬，世界旅游组织秘书长瑞法依、亚太部主任徐京一行访问桂林，第三届联合国世界旅游组织／亚太旅游协会旅游趋势与展望国际论坛在桂林如期举办。桂林与世界旅游组织等合作方签署在论坛上签署了永久落户桂林的协议，李志刚市长代表桂林在协议书上签上了名字。“论坛桂林秘书处”也于同期在桂林市旅游局挂牌。

“联合国世界旅游组织／亚太旅游协会旅游趋势与展望国际论坛”至此也已被简称为“桂林论坛”。

由于徐京先生和黄山市旅游局局长刘英旺先生的安排，我之前专门前往黄山看望了瑞法依先生，刘局长还为我摆设了一桌桂林招待秘书长的宴席，让秘书长没到桂林就先接触到了桂林市旅游局，也为徐京帮桂林说话敲了边鼓。所以这次来桂参会并签署协议，瑞法依秘书长便不感到桂林是他第一次考察的地方。我们在“桂林论坛”后安排秘书长去了阳朔，参观了“阳朔观测点”，他都很高兴。在阳朔观测点，他还为我“手书”了一份“任命书”，“任命桂林市旅游局局长李志刚先生为论坛桂林秘书处主任”。

“论坛桂林秘书处”在市旅游局挂牌时，李市长及瑞法依秘书长都出席了挂牌仪式。徐京先生在仪式致辞中幽默地说，桂林旅游以及世界旅游组织的“桂林论坛”在“大李志刚市长的宏观谋划和小李志刚局长的精心执行之下，成绩是巨大的”。

有点遗憾的是，由于种种原因，策划中的亚洲旅游大会没有最终开成。

2016 年第十届“桂林论坛”的时候，虽然我从 2009 年年底就到了新的部门工作，但有件令我十分感动的事情，就是世界旅游组织专门给我发了一份邀请，请我出席具有纪念意义的第十届“桂林论坛”。参加论坛的时候，我还得到一本世界旅游组织编印的纪念画册，正文前几页有一幅照片，是 2009 年“论坛桂林秘书处”在市旅游局挂牌时的纪念照。

2004—2009：记忆深刻的一些工作经历（上）

——说说我自己与“桂林旅游”（五）

2004年5月31日上午，桂林市人大常委会全票通过了我担任桂林市旅游局局长的决定。

当时，我陪同市长王跃飞正在欧洲开展旅游宣传促销，刚刚访问完世界旅游组织，与弗朗加利秘书长、亚太部徐京主任进行完工作会谈，离开西班牙来到另外一个国家。时差6小时，这一天晚饭前，王市长伸手和我握手表示祝贺，我才知道我的任命在桂林市人大常委会会议上刚刚已经通过。

也是6月份，在担任市旅游局副局长整整6年之后，也是在以局长助理身份进入市旅游局整整8年之后，我正式上任市旅游局局长，开启了主政桂林市旅游局的新征程。

这一时段，一共5年7个月，直到2009年12月31日我到桂林市商务局报到，从事新的工作。

这期间，桂林市旅游局在市委市政府的领导下，在莫永清、高雄、刘君三任市委书记，王跃飞、张秀隆、李志刚三任市长，潘建民、陈建军、黄丹、陈丽华四任分管副市长的指挥下，我和全局同志一道，积极作为，努力工作，促进桂林旅游业获得了新的发展，取得了不少成绩。

我个人在担任局长的这些日子里，有许多难忘的记忆。

一说：建设学习型、服务型、效率型旅游局机关

在担任副局长期间，我就认识到了旅游局的积极作为对于促进全市旅游业发展的重要性。出任局长以后，我对此又做了进一步的思考，认为市旅游局要履好职尽好责，积极作为，十分有必要在加强能力建设和提升作为水平上再下功夫。而下好这些功夫，则必须在局内明确机关建设目标、营造加强能力建设的氛围，

形成一套能够产生效果的制度、办法。

于是，2004 年 8 月，我在局中层正职以上干部会议上，首先提出了旅游局建设和发展的十点思考。十点思考不长，在这里罗列一下：①在当前形势和市场经济条件下，旅游局应该建设成一个什么样的局？②在提高机关效能和工作水平方面，如何才能做得更好？应采取哪些具体的措施？③旅游局的工作是否开展得轻松有序？要不要轻松有序？怎样才能轻松有序？④局机关和二层机构人员的专业素质现状怎样？是否需要再提高？怎样才能提高？⑤我们是否需要再学习？学什么？怎么学？⑥局科室作为局机关基层单位和对外窗口，工作方式和工作制度有没有值得再研究再改进的地方？怎样才能更有成效的工作？⑦局内团结和谐工作气氛的含义是什么？怎样营造？⑧旅游局外部环境怎样？在相关委办局眼中，我们形象如何？我们应该怎样去营造良好有利的外部工作环境？⑨我们旅游行业现有几支队伍？在这些队伍中我们处于什么地位？什么叫权威性？我们怎样提高权威性？⑩我们的基础工作做得怎样？行业家底清不清楚？对全市工作大局、全市旅游业形势和使命、全区旅游工作态势、全国旅游业状况、世界旅游业趋势，我们作为著名旅游城市旅游局的干部，到底清不清楚？我们该不该清楚？怎样才能清楚？我请大家去思考这些问题。这些问题的提出，可以说在局内引起了不小的震动。

接着，我进一步提出把市旅游局建设成为一个行为规范、运转协调的“学习型、服务型、效率型”旅游行政工作机关，并指示局有关部门起草了《桂林市旅游局工作规则》，经局务会议决定，从 9 月 1 日起正式实施。在 8 月 31 日贯彻实施新的《桂林市旅游局工作规则》全局干部大会上，我结合“旅游局建设和发展的十点思考”，着重强调了“学习型、服务型、效率型”的旅游局机关的内涵：所谓建立“学习型机关”就是要求机关工作人员在平时和工作中注重阅读大量的文件、资料和相关书籍，对所分管的工作进行深入、细致的调查研究，并在全面搜集相关材料的基础上对其进行科学的分析，站在全局、全市、全区的高度对所要解决的问题进行综合和归纳，总结出有规律性的东西来；所谓“服务型机关”就是全体机关工作人员应具备相关的专业知识，以高度自觉的工作责任心和使命感，以一流的工作姿态去履行自己的工作职责。各部门要充分发挥本部门的工作职能，在日常工作中，每一位工作人员要认真、深入、细致，并具有一定的亲和力和凝聚力，时时注重自身形象，处处体现国家公务员是人民公仆的理念和思想；所谓“效率型机关”，就是指机关内部有一整套行之有效的工作制度和工作规则，在工作方式方法上科学有序，与时俱进，上下一致，政令畅通，各负其责，信息沟通快捷，整体联动，协调一致，配合默契，相互支持，全体工作人员有全局观念，具有较强的团队精神。

为使市旅游局在机构设置方面也能跟上推进桂林旅游发展形势的需要，我上任后便开始对内设机构调整进行研究，2004 年 7 月份开始酝酿。为搞好内设机构调整，我和有关局领导对全国旅游排位前 10 名城市旅游局的内设机构配置进行了专门调查和研究，8 月份制定了内设机构调整初步方案。9、10 月份，在初步方案的基础上，进行了进一步的探讨和完善，经过局党组集体讨论后，报市编委批准。11 月 2 日，市编委正式下文同意市旅游局调整内设机构的意见。新的内设机构为：①办公室；②人事教育培训科；③经费管理科；④统计信息科；⑤行业质量科；⑥境外市场科；⑦国内市场科；⑧会展商务科；⑨综合促进科；⑩交通协调科。调整后，市旅游局机关内设机构个数、人员编制数、科级领导职数不变。此次旅游局内设机构调整工作于 12 月上旬全部完成。这次调整，将三个“管理”科室变为一个“行业质量科”；将一个“促销”科室变成三个科室。通过这次内设机构调整，有力促进了旅游局各项工作的研究推进。市旅游局的内设机构调整方案得到了市领导的肯定和支持。

2005 年，为提升市旅游局人员做好本职工作的水平和研究旅游发展问题的能力，在我的倡导下，局里安排机关人员以客人身份到酒店、车船、景区去入住、乘坐、游览，体验游客需求、了解服务质量、分析存在问题、提出合理化建议。这些活动，客观上也解决了旅游局一些工作人员从未住过酒店、游过漓江、缺乏真实感受的实际问题。

2006 年年初，我进一步提出要加强学习型、效率型、服务型市旅游局机关建设，要求全局同志树立和强化“大局和战略、产业和市场、创新和超凡、服务和效率、合作和发展、安全第一”六个理念，科学谋划和推进桂林旅游业发展。

2006 年 4 月，为提高市旅游局人员专研业务工作能力，拓展开创桂林旅游发展新局面思路，促进市旅游局与社会各界高端人士在思想和智慧碰撞，使局内局外形成合力，大家共谋发展，我提出了策划、开办桂林旅游沙龙。经过一番精心准备，6 月 8 日晚，首次旅游沙龙在桂林王城独秀峰下举行。参加旅游沙龙的有市委党校、广西师大、桂林工学院、桂林旅专的专家教授，有桂林《社会科学家》杂志、桂林电视台、《桂林晚报》的资深专家和记者，有市委政策研究室、市人大旅游委员会、市旅游局的领导，有桂林国旅、广西青旅的企业负责人，还有广州来的旅游专家学者。大家围绕“桂林旅游的现状和差距”一题进行了自由发言。与会人员各抒己见，现场讨论气氛热烈，大家从“旅游优先”、市场整治、自律规范、资源整合、旅游管理、营销决策、旅游创新、提升素质等多个方面充分发表了各自的意见和建议。首次旅游沙龙上确定，在每月 8 日定期举行桂林旅游沙龙活动，由市旅游局专人负责具体联络组织，关心和支持桂林旅游发展的各界人士自愿参加。7 月 8 日晚，第二次旅游沙龙围绕“我市国内旅行社如何进入全国百强”的主题进行了深入研究和讨论。8 月 8 日晚，第三次旅游沙龙以“桂林旅游城市的形象定位”为主题进行了深入研究和讨论。9 月 8 日晚，沙龙的主题是“桂林旅游如何做强”。旅游沙龙在之后基本上按计划召开，连续坚持到 2009 年。受到广泛欢迎，效果也非常不错，让很多与会者记忆深刻，以至于十多年过后，不少人在街上见到我时，还经常提到当时参加沙龙的情景。沙龙不仅凝聚了行业的力量，也的确锻炼了市旅游局的工作人员，他们后来也经常和我提起沙龙的有关往事。

根据旅游发展战略需要和本市实际，我提议组织开展了许多课题研究。2005、2006、2007 三年，市旅游局先后开展了如《桂林会展商务旅游发展研究》《做大做强桂林旅游业调研》《桂林旅游持续发展研究》《桂林县域旅游发展研究》《国际旅游航线和包机开发实施计划》《桂林旅游营销规划》《导游队伍建设和管理》《旅游集散中心建设》《旅游会、展、节项目研究》等系列重大课题研究，写出了不少富有前瞻性的研究报告。2007 年中国林业出版社出版的《桂林旅游发展综合研究》一书，就收入了其中的一些研究报告。

几年来，每到年底，我都要办一个“旅游工作研讨班”，全局中层以上干部参加，总结全年工作，分析研究问题，集体研究第二年主题年及全年工作。另外，经过 2004 年中到 2005 年一系列局内制度建设及工作方式、工作氛围的日积月累，局里工作的“规律性”和“计划性”格局已经形成，全局同事都很清楚，一年中局里什么时候开会，开什么会，怎样去准备参会；其余的绝大部分时间，应该自主安排好日程，去完成自己的任务。

二说：连续展开主题年工作模式

2005 年到 2009 年的 5 年里，在我的提议和主张之下，经市政府批准，桂林连续开展了 5 个旅游“主题年”活动。他们是：2005“质量效益年”、2006“诚信旅游年”、2007“品牌提升年”、2008“优质服务年”、2009“精品建设年”。

我认为，加强旅游行业建设，使桂林旅游业界总体上保持良好的精神面貌和竞争实力，提升自身的“发展能力”，不断逼近实现现代化国际旅游城市的总目标，非常有必要。“主题年”活动的开展，可以成为行业建设的重要抓手。一年时间不长，不可能达到这一年主题的全部目的，但能够将主题年提出的主题在一年内不断地融入脑中、记在心里、强化意识，加上配套的举措，就能达到一定的效果。而且一年接着一年连续去抓，日积月累，久久为功，这种活动的成效也就必然会给桂林旅游业界带来显著的变化。我打算在我的任期内不间断地开展好这项活动。

所以，在 2004 年下半年，我在对“主题年”这一活动深思熟虑之后，便在局班子会上提了出来，得到局领导们的赞成，接着市政府分管领导也同意我们开始启动主题年活动。5 年来，在每年的全市旅游工作会议上，市政府领导都亲自部署当年的主题年活动。

后来还形成了一个做法，就是每年 1 月上旬，我们在桂林电视台演播厅都举办主题年开年仪式，市委人大政府政协领导出席，旅游行业各界代表参加，开场锣鼓、专家演讲、旅游局介绍活动主要内容、市领导讲话并宣布开年。仪式简单隆重、气氛热烈，每次都给大家留下深刻印象和鼓了劲。

主题年活动着实取得了一些不错的效果，下面举两个主题年作为例子。

如 2005 年，当年全市旅游工作总结是这样写的：

“桂林旅游行业大张旗鼓开展‘质量效益年’活动，召开了全市‘让游客满意在桂林’动员大会，采取贯彻标准、提升服务、引导规范、行业自律和市场监管系列措施，旅游业整体素质和经济效益明显提高。加强市场规范，对‘零负团费’‘低价竞争’等一些违规行为进行了行业界定，开展专项检查和治理。加强了行业诚信建设和自律经营引导。加强全市导游员业务培训，以导游员为载体和窗口宣传桂林，营造口碑效应，树立良好的桂林旅游形象。旅游饭店积极开展品牌服务、人性化服务和精细化服务，大力发展会展商务市场，客房收入大幅增加。旅游景区积极提升产品品质，加强市场联合营销，开展多项主题活动。旅游交通积极增开航班、专列和区域大巴，不断加强安全措施，提高游船和车辆服务水平。全市开展星级饭店和景区等级评定复核以及十佳星级饭店、十佳景区、十佳旅游企业等评选活动，重点推荐了一批优秀旅游企业和优质旅游产品。开展导游评星活动，实行了百名星级导游挂牌服务。旅游咨询和信息服务体系不断完善，创造了黄金周自驾车和散客服务的先进模式。根据市场需求整合旅游产品和线路，有效增加客人停留时间和消费水平。多数欧美旅行团在桂行程由过去 2 晚 3 天延长到 3 晚 4 天，一些马来西亚团达到了 7 晚 8 天。旅游质量效益年活动极大促进了旅游经济效益、社会效益和环境效益的良性增长。”

再如 2007 年，当年全市旅游工作总结写道：

“在‘质量效益年’‘诚信旅游年’的基础上，今年我市旅游以‘品牌提升年’活动为主线，开展多种形式的旅游品牌提升活动，以此为创建中国最佳旅游城市打好基础。召开了品牌提升年启动仪式，制订下发了《桂林旅游品牌提升年方案》《关于星级饭店品牌提升工作的实施意见》《关于旅行社品牌创建工作的实施意见》《桂林旅游品牌评选认定方案》。配合中国品牌研究院研究制定了《桂林旅游品牌评选认定办法》。与中国品牌研究院共同开展推进旅游品牌评选认定工作，确定了品牌评选认定的方式、程序及动态管理措施，制定了各类旅游品牌评选认定标准和评分细则，推行了星级饭店企业提升品牌八项具体工作和旅行社创建品牌九项具体工作。开展了旅游品牌培育的课题研究，邀请品牌专家举办多场‘品牌建设与提升’讲座。各旅游企业积极申报旅游品牌，制定和实施本企业品牌创建规划和行动计划，积极开展各种品牌创建活动。通过实施品牌创建活动，做到了将品牌建设与旅游发展全面结合，共评选认定旅游品牌 50 个，其中知名品牌 33 个、标志性品牌 15 个、专项品牌 2 个，初步建立起我市旅游品牌体系，达到了以品牌树形象，以品牌促发展的实效。”

第二个主题年之后，桂林旅游界便开始期待明年会是什么样的主题年，我们应该做好哪些准备。我感觉，这正是主题年活动的效果之一。

在 2009 年 11 月市旅游局有关会议上，我和大家共同研究，确定 2010 年要抓好桂林旅游“服务质量提升年”活动。

三说：强化产品整合与营销举措

我在“说说我自己与‘桂林旅游’（二）”中，提到桂林旅游产品到 20 世纪 90 年代中期期间的发展变化。提到在旅游产品方面，桂林已逐步走出“三山二洞一条江”单一观光游览的格局，一批大型旅游演艺产品、民族民俗风情产品出现了、节庆产品出现了；“夜游漓江”等特色产品、灵渠游等历史文化产品、“高尔夫”产品、荔浦丰鱼岩旅游区、冠岩地下河旅游区等新景区相继出现了，指出这些新产品，无疑都扩大了桂林旅游的影响力，进一步提升了桂林旅游在全国的地位。

旅游产品对于旅游业发展的重要意义，在桂林旅游业发展初期，大家认识得不是非常清楚，甚至连产品这一概念都没有，“产品”一词是后来逐步出现的。自古至今多少年来，人们都是认为旅游就是游人到景点去游山玩水。桂林也是一样，自古以来，登山览胜、泛舟游水、探洞寻幽等，一直都在延续。1973 年桂林旅游业正式起步，甲天下的山水风光所形成的“三山两洞一条江”游览活动，曾长期成为旅游接待的主打项目。旅游活动可以说是一种高层次的文化活动，但作为发展旅游业的目的之一，是为了取得一定的经济效益，尤其是对一个旅游目的地城市而言，经济效益也是同时必须要考虑的。因此从经济意义上说，通过旅游服务获得收入，是应该追求的。1978 年全国进入改革开放新时期以后，在国家的推动之下，全国各地纷纷重视旅游业，积极促进旅游业发展，特别是 90 年代以来，旅游业的经济作用以及发展路径的探讨出现了前所未有的局面，“旅游产品”“旅游产业”“旅游产业发展规划”等越来越盛行起来，各地不断推出新招，呈现出竞争的局面。桂林是全国旅游业起步较早的城市，在这方面也一直在探索中前行，产品的概念也较早启用，各种新产品开始亮相，这从前面说到的情况里可见一斑。但“产品”概念的使用，也应该是 20 世纪 90 年代中期以后的事情。我在前面回忆中提到桂林旅游产品变化时讲到的新产品出现，如果是当时去讲可能不会使用“产品”一词。

1989 年 10 月，《桂林旅游发展前景研究——兼议 2000 年桂林》出版，这是一项大型研究课题的报告里，基本上没有使用旅游产品一词。1992 年 6 月，桂林组团参加北京’92 中国旅游交易会，强调的是推出漓江二三日游、漓江之夜、漓江民俗风情园等新旅游项目；1994 年 5 月，桂林组团参加’94 香港国际旅游交易会，这是桂林开放以来规模最大的一次参展，突出展现了桂林山水风光、文物古迹、民俗风情三大类旅游资源，这两次推介活动也还都没有用到“产品”概念。桂林使用旅游产品，大体上是受到国内外一些地方的影响，从 20 世纪 90 年代中期以后逐步开始的。如《桂林旅游业：发展与变革》（漓江出版社 1997）提到“产品”，说到了以“三山两洞一条江”为代表的龙头产品；1999 年桂林在创城（指创建中国优秀旅游城市）工作总结时，讲到以市场为导向内抓产品外抓促销；1997 年编制《桂北经济区旅游发展规划》，特别是 1999 年编制《桂林旅游发展总体规划》时，大量使用了“旅游产品”这一概念。当然，这时候我国各地也已都在使用了。

我到桂林工作之前，因教学工作需要曾研究过中国旅游发展的一些现象，带学生来桂林实习又做了进一步的实地观察，调到桂林外办以后也注意收集相关资料，特别是阅读国外有关著作时，对“产品”“产业”这些概念在相对早些就了解了，也因此看到了桂林旅游产品的发展变化，但那时也没有使用“产品”一词的强烈意识。担任副局长期间，尤其是参与编制桂林旅游总规前后，我有意识地在工作之余进一步补习有关“产品”“产业”的专业理论，对将“游览项目”等变成“旅游产品”的重要性有了相对深入的认识，认识到像桂林这样的国家重点旅游城市，在发展旅游产业方面，必须开发和整合好旅游产品，必须以“产品”的理念来发展好桂林的旅游业，而且作为旅游局工作的一个重点，就应该是整合和营销好“旅游产品”。

于是，我上任局长以后，便更加注重以适应市场需求为准则，研究桂林的“旅游产品”，开始把到当时为止的诸多旅游项目、旅游产品进行分类和整合，使其形成能够展现桂林国际旅游城市形象的产品系列。经过我和局相关领导和相关科室半年多的努力，桂林市旅游局于 2005 年 4 月在桂林举办的第五届中国国内旅游交易会上，对外正式推出了八大旅游产品系列，它们是：观光型旅游产品、休闲度假型旅游产品、会展商务旅游产品、历史文化旅游产品、民俗风情旅游产品、城市旅游产品、红色旅游产品、专项和特种旅游产品。这些产品一经推出，就吸引了大量与会者的眼球。这也是第一次总体上、成套地推出桂林旅游系统产品。这些产品，总体上把具有桂林特色的优势旅游资源、桂林旅游业发展到新世纪的状况和水平、桂林旅游迎合国内外市场需求等几个方面都考虑进来了。这同时也是桂林旅游局和桂林旅游界人士共同调研、反复讨论的结晶。从后面十几年桂林旅游持续发展的历程来看，这些产品也都是富有持续和旺盛的生命力和市场影响力的。

长期以来，宣传推介桂林旅游，常常使用的概念是宣传策划和宣传促销，这在一定时期是行之有效的。桂林旅游业起步发展之后，一代又一代的桂林旅游人采用各种招式，全力开展旅游宣传促销，取得了很多很大的成绩，使桂林旅游不断向前发展，桂林旅游的知名度和竞争力日益提升。但随着发展形势的变化，旅游目的地适应新趋势持续发展的需要，宣传促销的理念就应该改变，应该启用旅游营销的思维了。而“营销”这个词，以往只是在一些领导的讲话中偶尔出现，正式的文件或者书面材料里，都没有使用过，我翻阅了手头上存有的多年的桂林旅游工作总结，没有看到这两个字，之前的其他材料里也没有看到这两个字。2004 年总结材料里的 2005 年旅游工作打算中，第一次正式推出“营销”二字，提出开展好旅游营销活动，促进桂林旅游客源稳定增长。

2005 年起，桂林旅游一改“宣传促销”的提法，开始正式并且大规模启用“旅游营销”概念。在当年全市旅游工作会议上，市旅游局通过会议工作报告部署“大力开展旅游营销活动”。分管旅游工作的潘建民副市长非常赞同用好营销理念，在会议讲话中强调了“开展营销”工作。

我认为，这又是一次理念的转变，“促销”到“营销”必将给桂林旅游带来新的本质性的变化。以往，我们往往只是宣传推介自己的资源，有什么就“卖”什么，或者是设计了新的项目就“卖”什么项目，这也是旅游业发展初期所必经的一个阶段。桂林旅游业不断发展的20多年，特别是近些年来，“营销”的一些要素和方式已随着发展的需要有所显现，正式以“营销”理念招徕客源的时机已经日益成熟。桂林旅游应该审时度势，顺应形势和迎合趋势，全面迈入“营销”时代。

紧接着，我们接连策划了一系列的“活动”，比如：

2005年年初：桂林安排了“红色之旅”启动仪式。

2005年：桂林市旅游局与杭州市旅游委员会签订共同打造“桂林—杭州”国际旅游强势品牌合作框架协议。

2005年：在马来西亚吉隆坡与马来西亚国华（马）旅游公司等9家旅行社签订旅游联盟合作协议。

2005年：举办首届中国桂林国际摄影节。

2006年：赴台湾交流，授台湾相关旅游企业“桂林旅游贡献奖”强化台湾“桂林旅游大联盟”。

2006年：以招徕、接待台湾游客为重点，联合重庆、厦门两市旅游局连成桂林—重庆—厦门“空中金三角”。

2006年：我们着力打造“户外·桂林”产品，安排一些户外运动的活动，推出了“桂林，户外运动的天堂”宣传口号。

2007年：促成中国旅游营销年会在阳朔召开和中国旅游营销专家委员会发表《桂林宣言》。

2007年：桂林、昆明、成都签署协议，联合成立“西部中国旅游营销联盟”面对欧美共推“西部中国”旅游产品。

2007年：出版《世界山水文化体验之都——魅力桂林游》。

2007年：用时一年、首次启动的《桂林市旅游市场营销规划》编制完成。

2007年：推出“桂林，国际婚典城市”等。

很多“活动”是主动“出击”的，大都取得不少比较理想的效果，像户外运动，由于结合了桂林良好的自然生态环境，在组织了几个活动之后，桂林户外用品商店就开业了一大批；“国际婚典城市”，让人在“最美的自然环境开启最美的人生旅程”，并以汶川大地震后邀请汶川十几对新人为重点活动，起到了较好的宣传作用；“西部中国”产品，在欧美地区引起了许多旅行商和游客的关注；“桂林旅游大联盟”，在欧美日韩持续加强，它发挥的作用非常大，已成为桂林独创独有的一种重要方式。

“感情联络”在营销中会起到重要作用。这里举两个例子：一是我们把国家旅游局有关司室也作为营销对象，因为国家旅游局是中国旅游业最大最权威的发言人，桂林在发展好自身旅游业的同时，也要和他们“走得近”，我们在外地参加一些国家层面的促销展会时，不请他们吃饭也不请他们安排时间听汇报，只是往他们的夜间值班室放一点咖啡和点心，就花一两百块钱，结果是点心成了“一点用心”，效果不错。二是对待台湾旅行商，桂林在相当长一段时间是台湾游客云集的地方，这是几任旅游局局长努力工作的结果，现今全国各地都在大抓旅游，台湾游客开始分流，为尽可能保持台湾游客的一定份额，我想我一定要做好有关工作。于是开启“感情联络”模式。台湾旅行同业公会到大陆来，他们走到哪里，不管是附近的广州，还是遥远的哈尔滨，我只要没有特殊事情都过去看望他们，一起喝个茶或者送他们每人一个苹果，他们比较感动桂林市旅游局的做法，也不停地加大对桂林的宣传推介力度。

从 2005 年、2006 年、2007 年、2008 年连续四年工作情况推出营销理念和举措方面，也可以看出成效。

2005 年，我们在年初的工作计划中，提出要创新旅游营销、打造主题产品、培育市场主体。因此在这一年积极扩展与台湾桂林旅游大联盟合作，并与泰国、马来西亚、韩国、日本等十多个国家建立了旅游合作联盟关系，积极拓展了境外旅游市场渠道；我们将境外的我国台港澳、日韩、东南亚、欧美和国内的珠三角、长三角、环渤海湾、京津冀、西南经济区以及湖南、湖北作为国内外客源的主要市场；扶持国内外一批有实力的企业，作为桂林旅游主力企业前往开拓；我们针对各主市场特点差异，分别确定宣传营销主题和策略，推出系列主打旅游品牌，这些都取得了很大的成绩，可以说是 2005 年营销作战首年告捷。但为了下一步持续发力，我在年底总结时依旧强调，桂林旅游营销观念转变只是初步的，营销网络体系建设任重道远，营销资源使用效应尚未充分发挥，营销方式有待创新发展，国际和区域营销网络需要加紧建设，营销战略以及举措还需进一步规划，2006 年营销工作仍需加大力度。

新理念的树立，不是一年两年的事情，我在部署 2006 年工作时，提出旅游宣传营销要继续加强，市场营销要增添新的内涵，市场营销理念要不断强化，市旅游局必须积极实施旅游营销发展战略，大力探索国内外营销新的做法，努力实现旅游营销新的突破。经过一年的工作，效果也注定是不错的。

2006 年市旅游工作总结这样写到：一是宣传营销科学化。加快旅游宣传营销体系建设，组织编制了《旅游市场营销战略规划》，拟定了《关于进一步加强旅游营销工作的管理办法》，从总体和战略上整合构建旅游营销系统工程。通过城市和行业整体营销，系统塑造城市旅游品牌和经典产品系列品牌。通过举行模拟推介会、旅游宣传品点评会等活动，提高旅游营销队伍整体素质，创新了旅游目的地营销推广新模式。二是旅游营销平台品牌化。建设了先进的目的地营销系统，构建了网络营销新品牌。借助成都国内旅交会机会，提出桂林作为四川游客赴台湾旅游“首选出境地”战略构想，积极推动和重庆—厦门—桂林“空中金三角”经典合作品牌建设。策划组织了首届中国（桂林）户外运动联盟群英会，打造了“户外·桂林”旅游体验新品牌。三是市场营销目标化。根据国家旅游发展“十一五”规划重点，对全国主要旅游目的地、客源地城市进行的深入分析研究，细分目标市场，开展针对性促销。重点巩固广西及周边地区近距离市场，大力发展长三角、珠三角、大西南、东北地区以及京津唐等主要客源市场。组织多个促销队伍，通过多种营销方式，挺进中原、进入西南，迅速打开了长沙、武汉、太原、郑州、石家庄、贵阳、成都、重庆、广州等地旅游市场促销局面。四是营销方式多样化。借助国内外主流媒体、重要客商进行宣传营销：在美国CNN、中国台湾《旅报》、日本《WHENEVER》、韩国《朝鲜日报》、KBS、SBS、MBS电视台等刊登桂林旅游宣传广告，邀请中国香港亚洲电视台、泰国国家电视台、美国DICOVERY（发现之旅）、英国BBC、中央电视台、山东电视台来桂拍摄专题片。与新浪、网易、中华等网站合作，利用广泛的网络系统宣传桂林。通过国家旅游局、自治区旅游局邀请境内外重要客商到桂林考察和进行宣传。借助客源地城市、团体、企业营销网络开展宣传：与国航、西南航空、南航、厦航等航空公司联合推出了“机票+酒店+景点”营销模式，与自驾车、户外运动俱乐部联合举办首届中国（桂林）户外联盟群英会暨户外运动邀请赛以及国际市民徒步大会。借助全国各类优秀旅游目的地评选活动进行宣传：参与并获得央视《完美假期》旅游线路设计大赛20强、“中国青年喜爱的旅游目的地”滚动排行榜前8强、携程旅行网“到达人气最旺目的地城市”前10强和《环球游报》评出的“中国最值得外国人去的50个地方”等称号。

2007年我们继续加力，对目标客源市场继续细分，实施差异化营销，巩固扩大老市场、开发拓展新市场，实现了客源大幅增长和客源结构优化。第一，我们创新宣传营销主题，在2007中国（苏州）国内旅游交易会上，将“旅游品质保障互动活动”融入全国“和谐城乡游”主题之中，成功吸引了南京—桂林、南京—徐州—桂林的多个专列开进桂林。在北方旅交会推出“桂林旅游精华线路”，成功撬动北方市场。年底，打出了“我想去桂林”营销主题，在福州、温州和合肥三地掀起“到桂林旅游”的风暴。第二，我们坚持“两条腿”走路的营销策略，发挥传统推介优势，坚持参加各种国内、国际大型博览会的专业推介；同时开展小分队方式的自主宣传，针对特定市场、加强区域合作、走进大型企业、强化公众展示。两种方式结合起来，在境内外均获得良好的市场回报。第三，继续细分市场，采取差异的市场策略，对高端旅游市场以推介交流、公众宣传、民俗表演、小分队营销和推出精品等为主，取得了出奇制胜的效果。对境外的美国、欧洲、北美、新马泰、我国港澳台以及国内的华中、华东和珠江三角等传统成熟市场，以博览会、展销会和媒体宣传营销为主，让客人重新了解和认识具有高品质特征的桂林旅游产品。对境外的俄罗斯、穆斯林市场以及国内的湖南等新兴市场的开拓上，加大营销力度，加强与当地旅行商的紧密联系，互相参加对方的旅交会，做到资源互补和客源互送。对从中长线市场，开展对大企业的专销，推出疗养旅游等产品。针对青少年和中老年市场，推出了夏令营旅游、户外旅游、夕阳红旅游等产品。第四，我们定制个性化旅游线路，根据不同旅游群体的消费需求，推出了山水文化体验之旅、历史文化追求之旅、户外运动时尚之旅、休闲度假浪漫之旅、生态环保绿色之旅、民俗风情精彩之旅 6 种具有市场吸引力的产品。第五，我们进一步构建全球营销网络，继建立台湾旅游大联盟和马来西亚旅游大联盟后，分别又优化了泰国桂林旅游大联盟、香港桂林旅游大联盟、美国桂林旅游大联盟和法国桂林旅游大联盟，与马来西亚桂林旅游大联盟签订了“穆斯林市场开发协议”，面向泰国游客设立泰语旅游网站。第六，我们通过开拓航线和包机拓展客源，达成桂林—马来西亚吉隆坡正式航线意向，开通了雅加达–桂林包机航线，开通了黎平—桂林航线。与南航联合开展了“桂林—济南—哈尔滨”航线营销活动。创造了增加香港—桂林往返正航和包机 134 架次、增加桂林—泰国、大阪、福冈、首尔、台北等境外城市 153 个航班架次、开通旅游专列 62 趟的业绩。

2008 年，面对各种不利因素对客源市场造成的严重冲击，我们也能够积极应对，制定了全市旅游市场恢复工作方案，确定了以拓展中高端客源市场、不断优化客源结构为重点的营销方向和“2008 我想去桂林”“北京奥运会，桂林旅游年”营销主题。年初冰冻灾害刚刚结束便圆满承办了第 11 届海峡两岸旅行业联谊会，受到国家旅游局和台湾旅游界人士的好评。收集各县、旅游企业旅游活动情况，精心策划和推出一批旅游产品和线路，举办了为期三个月的“桂林春季旅游活动”，配合春季旅游活动的开展，在《中国旅游报》和《中国青年报》上刊登桂林旅游营销广告，使桂林旅游市场迅速恢复，并不断升温。

之后的相当长时间内，都可以看出“营销”理念早已深入到桂林旅游界人士的心底里，“沁入”到大家的自觉行动上。

2004—2009：记忆深刻的一些工作经历（下）

——说说我自己与“桂林旅游”（六）

在我大学毕业后的38年时间里，与旅游有关的工作经历最多，包括6年大学旅游专业教师经历，包括与旅游关联密切的8年地方政府外事工作经历，包括长达近14年直接从事桂林旅游行政工作的时间。

从做旅游行政工作的角度说，能够奋斗在桂林这样的著名旅游城市，应该说又是最有幸的了。而且不仅如此，还能在这样的城市里做上旅游局局长，能拥有这样一段经历，不能不说是更加万幸的事情。正是因为想到这些，我便立志去努力履行好职责，以不负桂林市旅游局局长的岗位。

经过两年的局长助理和6年的副局长的历练，在组织和同志们的信任之下，我走上了局长的岗位。在担任局长的日子里，我不敢一日懈怠，虽自知做不到像那些英雄人物、先进人物干出惊天动地的事业，但也想尽力把能够做到的工作做好，把领导找我谈话时的嘱托，把我在单位任职宣布大会上的表态和承诺履行好，对得起职位、对得起信任，也对得起工资。

上面一章，回顾了令自己难忘的一些工作。这一章里，再讲几件留在我记忆深处的经历。

一说：入境游客超百万人次，旅游收入过百亿元

桂林的方向是建设现代化国际旅游城市，因此入境游客数量的多少一直被认为是一个重要的衡量指标。我在担任副局长期间，分管过几年的境外旅游市场促销工作，对这个数据有些了解。1973年，桂林接待境外游客不到1000人次；1980年开始上了10万人次的台阶；1987年突破50万人次；1999年超过60万人次；2000年到2002年均达到90多万人次，其中2002年创了新高，达98.4万人次。2003年受“非典”影响，数字有些下滑。如何让年入境游客逾越100万人次，跃

上 100 万人次新台阶，成为桂林旅游人一度的一个奋斗目标。作为局分管领导的我本人，自然也常常提醒自己，一定要在这一点上奋发作为，因此也为时任局长钟新民出过不少主意，力促境外客源市场有了相关程度的增长。出任局长之后，我便紧紧盯住这件事情，不断和同事们仔细研究，力求尽早实现这一历史性突破。

我十分感动的是，我的这个想法被局领导和有关科室的同志们看在眼里，他们和我共同奋斗，我们一起朝着入境游客超百万的目标全身心地投入工作。我请彭元力副局长抓境外市场促销，同时进行科室设置调整，将市场科分为境外市场科和国内市场科，还加强了科室人员配备。他们努力工作的精神，首先让我感动。彭元力同志原为桂林地区旅游局局长，地市合并后改任副局长，辅助钟新民局长工作了 6 年，这次又做我的副手。我对他是非常敬重的，早在我做局长助理时就受时任局长黄家城的指派常常到地区旅游局与彭局长联络，知道他是一位工作能力很强、为人很好的兄长。我出任局长后，彭局长反复提醒我，说当局长事情是非常多的，如处理游客投诉，就要东跑西颠，因为市领导也常常接到投诉电话，领导批转过来局长必须重视，必须出面处理，但你做局长还是要把握住关键的工作，如入境游客超百万人次，你表过态的，到时候完成了，就是硬成绩，否则你出去处理了上百次投诉，最后也不行。他的话让我铭记在心，让我知道我必须把这些工作都处理好。他作为分管领导，还领着科室人员逐一研究境外市场的情况，提出了一些可行性意见，用行动支持我。科室同志也非常给力，如曹健科长等，大家憋足一口气，都是为实现这一目标而奋斗。

于是，我们从 2004 年第四季度开始，着力开拓客源市场、努力创新旅游促销方式、大力宣传旅游主题产品、用力培育旅游市场主体，极力扩展桂台旅游合作的带动效应，探索与泰国、马来西亚、韩国、日本等十多个国家建立旅游合作联盟关系，将境外的我国台港澳、日韩、东南亚、欧美作为境外客源主市场，拓展旅游市场主渠道。同时积极扶持国内外一批有实力的旅游企业，加强彼此间的交流与协调，把他们作为桂林发展入境旅游的主力军。我们针对各主要市场特点差异，分别确定宣传主题和促销策略。我们注意把握好每一次机会，如精心组织参加中国国际旅游交易会（昆明）、中国山东（济南）友好城市旅游博览会、2005 中日旅游资源交流展，日本爱知世博会“桂林日”、东盟博览会等活动，积极参加马来西亚、新加坡、泰国、汉城、伦敦旅游展等世界性旅游交易会和博览会。树立大旅游、大市场和新的营销理念，组建政府主导、部门配合、企业主体、市县联动的营销“加强版”。坚持“走出去”与“请进来”相结合，实施“四个依托”营销方式，即依托航线做营销，依托国际旅游组织做营销，依托国家旅游局和自治区旅游局做营销，依托信息网络、新闻媒体和重大活动开展营销。功夫不负有心人，所有这些举措都取得了不小的成效。终于，在2005年也就是我出任局长的第二年，桂林入境游客人数突破了100万人次大关。入境游客结构也实现了优化，外国游客比例占到了58.5%。

2005年12月23日20时26分，这个时点我记得特别清楚，随着香港港龙航空KA700航班在桂林机场的平稳降落，桂林终于迎来了年接待入境旅游者首次突破100万人次的历史性时刻。我们事先计算好这名游客在这个航班上，与港龙航空公司联系，请他们在空中通过抽签方式抽出到桂林的第100万名幸运游客，并通过机组告诉机上所有境外游客，桂林市政府部门领导会在他办完入境手续走出来时给他戴花和颁发纪念证书。于是，飞机上就先热闹了起来，加上我们在出口处安排的迎接活动，宣传造势的效果又起到了宣传桂林的作用。

境外游客超过100万人次的城市，当年全国只有桂林、北京、上海、广州、深圳、珠海、杭州、苏州8个城市。另外7个城市分别是首都、直辖市、特区、副省级和较大市，桂林是唯一地级中等城市。为此，广西壮族自治区旅游局做出表彰决定，国家旅游局、自治区人民政府、自治区旅游局以及全国十多个重点旅游城市、境内外航空公司、旅游企业等纷纷给我们发来贺电。

我们成功了，桂林一度的奋斗目标实现了，我和我的同事们自然为此而感到十分兴奋和自豪。

接着我们马上开始转盯下一个目标：旅游收入过百亿元！这无疑也是一个不小的挑战。我和同事们，于2006年一开始就又启动了相关工作，那就是抓效益。这项工作，是全局性的工作、全面性的工作。我照样是一一计算、开单列表、抓住关键、逐项推进。入境旅游消费1999年是12.3亿元，2004年是15.6亿元，国内旅游消费1999年是24.3亿元，2004年是34.5亿元，两者相加旅游总消费1999年是36.6亿元，2004年是50.01亿元。旅游收入纵向不可比，因为后者相对前者，游客构成、旅游产品等都有不一样的地方。但从当年的游客总量和总消费来看，可得知桂林旅游的经济效益是不高的。因此，如何提高经济效益、扩大游客消费总量就是我们所要认真研究的。

经过一番准备，我带领大家马不停蹄开始了相关行动。首先是继续加大宣传营销力度，以确保游客总量不断增加；其次是努力扩大国内外发达地区的游客量，如欧美日韩，国内珠三角、长三角一带的客人，以确保消费能力强的客流量有所增加；再次是不断推出桂林旅游精品产品，以确保到桂游客消费项目能够增加；又次是丰富餐饮购物种类并强化服务，以确保游客在体验桂林旅游产品时这方面的支出可以增加；最后是不断加强多项相关研究和探索，以确保能够释放游客消费潜力的事项、活动同时增加。在坚持不懈地用心努力之下，成绩也显现出来了。2008 年，入境旅游消费达到 26.5 亿元；国内旅游消费达到 73.8 亿元，合计之后桂林旅游总收入达到 100.3 亿元，桂林旅游终于实现了年旅游收入逾越一百亿元的目标追求。

进入新世纪以后，国内各地都在旅游业发展方面新招不断，奋力前行，没有桂林这样的资源优势的城市也都想方设法推进旅游业发展，努力取得好的成绩，而且一些城市的成绩也确实不错。你追我赶的竞争形势、不进则退的竞争压力，无疑让桂林这样的城市也必须不能懈怠，作为桂林市旅游局，必须按照市委市政府的部署，加强工作，不辱使命。终于在 2005 年和 2008 年，达到了年入境游客超百万和年旅游收入过百亿元的目标，这在桂林旅游发展进程中确实具有里程碑般的意义，标志着桂林作为著名的旅游目的地城市在全国旅游发展中的地位在强化，名气更巩固；标志着桂林市政府和桂林旅游人很好地凭借自己的资源优势，在产品开发与服务提升等方面都交出了一份优良的答卷。

2005 年和 2008 年以后，由于桂林持续发力、筑牢基础、步步为营，并继续接连出招，入境游客总量、游客消费总量数据不仅没有掉下 100 万人次和 100 亿元收入，还持续显示出了不断增长的良好态势。

在总结 2008 年工作和设计 2009 年打算时，我考虑的一个重点问题是如何让境外游客人数和游客消费总额进一步提高，因此提出在 2009 年基本完成主要工作任务之后，要研究编制“双倍增计划”。

二说：加强旅游公共服务体系建设和旅游市场监管

旅游市场监管和旅游公共服务体系建设，是一个城市旅游工作的重要组成部分，对桂林这样的深受国内外广泛关注的重点旅游城市来说，更是尤其不能放松的主要工作之一。

1996 年 6 月我刚到市旅游局不久，便参与接待国家旅游局局长一行，他们就是为桂林旅游市场问题而来，接着桂林便开展了大规模的旅游市场整顿，这件事情给我留下深刻印象。担任副局长后，我又曾分管和较多地接触过旅游信息网络建设、旅游咨询服务工作，对这两项工作的重要性也有过切身的感受。

上任局长以后，工作虽然繁多，千头万绪，但重点工作不能放松，必须花些精力。局里业务能力强的一些中层干部非常给力，使旅游局在这一方面也走得非常不错。

2005年，桂林市旅游局开通了中华网桂林频道繁体版，并在桂林旅游网、中华网桂林频道开通了台湾频道，与马来西亚主要旅游网站进行了交流合作，在新浪网上开展了桂林旅游展销月活动，这些举措对拓展境外客源市场发挥了积极作用。市旅游局还建设了比较先进的旅游目的地营销系统（DMS），配合做好桂林旅游的整体营销工作。我们大力发展旅游电子商务，实施了网上宣传、网上预定、网上咨询和网上投诉做法。桂林旅游网完成了全面改版增容，成为全国语种最多、信息量最大、服务功能最全的旅游网站之一。与此同时创新提升旅游咨询服务体系，在市县公共场所、游客集散地建设和完善咨询服务站（亭）网络。在宾馆饭店、大型景区设立旅游宣传资料展示点、触摸屏信息查询点共60个。市旅游咨询中心还在进入桂林市区的三个主要路口设立相对固定和较为完善的自驾车咨询服务站。我们重新制作出版了《桂林旅游一图通》，在咨询中心、各咨询点和高速路收费站向自驾游客免费发放。在加强上述服务的同时，加强了旅游市场监管和综合执法，加大旅游维权和理性消费引导。桂林旅游投诉中心24小时值班，随时受理和解决游客投诉。旅游质量监察所加大市场监管力度，针对市场主要问题实施严格执法，树立了旅游者权益服务和保障的新形象。全市旅游公共服务体系建设形成新的规模，服务方式更趋人性化、现代化和规范化。

这一年，我们提出桂林要学习、借助国内外旅游先进城市的发展经验，按照国际旅游城市建设标准，逐步建设更加完善的现代化、标志性公共服务设施，大力提供公共服务产品。加大整合各专业处置部门的服务资源，研究建立城市旅游应急指挥系统和紧急救援系统，提高政府对突发事件的反应速度和效率。以旅游信息平台为核心，将电子技术、信息技术、数据库技术和网络技术运用到旅游公共服务之中，并实现市县联动，建设适应旅游发展需要的信息咨询服务网点体系，大力发展市、县、镇三级旅游服务基地。加强旅游政务公开，切实加大旅游主体维权服务。建立全国一流的信息网络系统、一流的咨询服务体系、一流的旅游质量监察所。

桂林负责上述工作的部门，是桂林旅游信息网络中心、桂林旅游咨询服务中心和桂林旅游质量监察所，这几个部门，在机构设置上均为市旅游局的直属二层机构。2004年年底前，我到这三个部门深入调研时，向他们提出了努力建设全国一流的目标，以曾荣发、明桂生、陈园月为主要负责人的这三个部门，迅速开始研究如何在这一目标下加强自身建设的举措，并都在2005年开始强化了“建设一流”工作。前面提到的2005年的一些成效，也都是在他们的努力之下取得的。

为巩固2005年的工作成果，他们这一年年底研究提出了2006年的工作打算：按照国际旅游城市标准，加强公共服务产品供给，努力提升旅游公共服务质量和水平。一是推进各县（区）旅游管理机构建设，发挥和强化县（区）旅游局的职能作用。争取确立重要旅游公共服务机构的行政定位。二是建设全国一流旅游信息平台，运用电子、信息、数据库和网络技术发展旅游公共服务，加快旅游目的地营销和全球分销系统应用，推行办公自动化和旅游管理服务系统，建立旅游项目库、投资信息库。三是建立市县联动的全国一流旅游咨询服务体系，以咨询服务网点为骨干，不断扩展咨询服务内涵和外延，提升设备、装备现代化水平。四是建立全国一流旅游质监体系，利用法律、行政和经济手段加强服务质量监管，利用2007年在桂林召开的全国旅游质监工作会议，加强总结桂林质监20年的工作经验，加强综合执法，加强装备建设，还要进一步加强与全国旅游监督管理所的合作联动。五是加强导游管理服务体系建设，贯彻落实国家旅游局《关于加强导游员队伍建设指导意见》，健全导游管理服务和薪酬制度，建立导游激励、保障和退出机制。改革导游教育培训方式。六是进一步整合政府各专业处置部门资源，大力发展城市旅游应急指挥系统和紧急救援系统，提高政府对突发事件的反应速度和效率。

按照这些工作计划，2007年的工作是一定会有好的效果，我对这些计划深感欣慰并给予了充分肯定。

2007年，市旅游工作总结这样写道：

“加强行业规范和市场监管，推出行业公共服务新举措。举办了服务质量评价标准学习班，推进实施《旅行社服务质量评价》标准。坚持整顿与规范并重，打击与建设并举，开展治理整顿“零负团费”专项行动。开展了旅行社营业部专项整治工作。配合国家旅游局调研组对导游队伍建设深层次问题开展调研。对‘准星级’饭店虚假广告宣传进行了调查清理。与上海、杭州、苏州、无锡、重庆等多个主要客源地城市签订《两地旅游质监执法互动协作备忘录》，实现了旅游质监服务的区域一体化。通过电子政务、网络营销和业界电子交互为一体的网络信息系统，及时向游客提供服务和维权信息。探讨和实施旅游目的地和客源地、城市间旅游主管部门、管理部门和行业协会间的协作互动新方式，建立旅游市场长效和日常管理新机制。加强了市场监管工作的制度建设，实现了旅游执法过程的人性化。据‘十一’黄金周调查，游客对桂林旅游的满意率达到97.68%。”

当然在这两年时间里，市旅游局有关科室也共同在其中做了大量的相关工作，但主要是这三个部门付出了艰辛的努力，我常常在他们面前出现，慰问和肯定他们的工作。

2006年的工作打算中，提到了全国旅游质监会议一事，这是陈园月同志为所长的旅监所奋力争取的结果，我配合他们把这次会议拉到桂林举办。会议是很成功的，桂林的一些工作做法得到与会同行们的称赞。会上，桂林还推出了由我主编、我和大家共同撰写的《旅游市场监管和品质保障——桂林的探索和实践》（中国旅游出版社，2007）一书。

10月24—27日，第六届全国旅游城市旅游质监互动协作会议在桂林举行。来自韩国、日本、泰国等旅游品质保障机构的嘉宾和北京、上海、天津、重庆等城市旅游局领导，全国110家旅游质监所的代表、知名旅游专家学者、港澳台旅游界人士和国外嘉宾、新闻媒体等近250人参加了会议。国家旅游局质监司副司长薛桂凤在开幕式上说，此次会议选在桂林举行，一是因为桂林是一个国际著名的旅游目的地城市；二是因为桂林作为全国旅游的晴雨表，在全国旅游发展中具有很强的代表性和影响力；三是因为桂林有着良好的旅游服务环境，而且是在全国最早成立旅游质监所的城市，在旅游服务质量保障与服务方面积累了很好的先进经验，值得其他城市学习借鉴。会上，还举行了桂林旅游品质保障协会的揭牌仪式、旅游品质保障网开通仪式。桂林的一些做法在会上受到充分肯定。比如，推出投诉中心并在全国首先实行24小时接受旅游投诉服务制度；为对导游进行有效的管理，桂林旅监所在全国首先推出《导游人员考核记分登记卡》制度；率先推出旅游协会间行业自律与相互监督的旅游质监管理新模式和聘请人大、政协工作人员为义务旅游监督员进行旅游行业监督管理的模式；打造中国第一个“网上旅游质监所”，并与南京市共同推出国内第一个“缔造城市间旅游联动执法”模式等。会议期间，桂林还努力抓住机会力争取得更多成果。比如，召开了“桂林境外旅游品质保障座谈会”，邀请国内外旅游旅游品质保障方面的专家参加，共商旅游品质保障大计，共促旅游业和谐健康发展等。座谈会上，香港旅游业议会、台湾旅行业品质保障协会、澳门旅游商会负责人介绍了各自旅游质量监督、品质保障方面的情况，并与桂林旅游品质保障协会签订了《两地旅游品质保障协作备忘录》。再如，设计并请示国家旅游局召开了首届“全国旅游质监高峰论坛”。来自国家旅游局质量规范与管理司、区旅游局质量规范与管理处、互动协作会议秘书处、桂林市旅游学会、旅游质监所、专业旅游协会的100余名嘉宾参加。

旅游信息咨询工作也在连年加强。比如，信息中心2008年改版了桂林旅游网，从访问者的实际需要出发，提供了政务版与资讯版两个版本。此外，与广西区内和广东几个城市的官方旅游网站建立链接，提高了网站点击率。建立了导游信息查询系统，重新规范和修正了网站内所有信息。同时，与桂林 12 县联手制作、完善了 360 度桂林游栏目等。再如，咨询中心在全国作为试点城市率先开通了全国旅游 12301（桂林）咨询热线，展示了桂林作为旅游名城的新形象。另外，旅游电子政务也全面推进。拥有强大网上行政办公功能的“桂林旅游超级办公室”正式投入使用，提高了行政工作效率，降低了办公成本，最大化提供旅游公共信息服务，增加了旅游政务信息化的参与度、应用性、人性化和标准化，为构建服务型和数字化政府提供了完善的技术支撑环境。

在加强旅游公共服务体系建设和工作中，我认为这些部门的同志们努力工作的精神是值得称赞的。他们是自收自支的事业单位，单位的级别不高，外出工作联系工作等都存在着相当的困难，在这种情况下能够做到上面的成绩实属不易，我对这些都看在眼里。于是我出面解决这些问题，通过向市领导汇报和积极争取，使领导及有关部门了解到这方面桂林与外地的差距，了解到这些部门对桂林旅游的极端重要性。领导和有关部门最终同意了我们的请求，批准了市旅游局的提议，市旅监所 20 多人全员参公，单位级别提为副处级；市旅游咨询中心级别提为副处级。

随着旅游发展形势的需要，整合旅游信息中心资源和旅游咨询中心资源已势在必行，2008 年起市旅游局开始研究逐步加强整合的研究，包括方式、步骤等。2009 年启动了相关工作，信息中心和咨询中心开始讨论工作方案。我认为这项工作具有现实意义和长远意义，便大力支持他们的工作，领导他们加快步伐。2008 年和 2009 年，我和咨询中心明桂生主任两次去北京、南宁请示有关工作，并利用外出开会和考察的机会，和外地同行交流、讨论，最终确定了将两个中心合并，成立桂林旅游公共服务管理处的方案，上报市政府。市政府领导同意，到市编办办理相关手续，也得到了市编办的大力支持。2009 年第四季度，开始了整合信息中心和咨询中心人、财、物资源的进程。2010 年 1 月，桂林市旅游公共服务管理处正式对外挂牌。

三说：全力谋划桂林旅游业获得更大发展

2007 年，在把全年工作铺开之后，我开始思考这样一个问题：桂林作为老牌旅游城市，知名度已经很高，旅游基本产业、相关产业也都取得了不错的业绩，境内外游客达到了一定的数量，旅游产品在不断丰富，与世界旅游组织等国际旅游组织来往频繁，城市发展的方向又一直十分明确，作为市旅游局，如何巩固好、发展好桂林旅游良好的态势，并使之取得更好的发展业绩？我和局里部分平时喜欢思考问题的同事也不时进行探讨。

最后，我的思路集中在了以下三点：

第一，山水旅游节在桂林举办过多次，已有相当的知名度，但近些年停掉了。这种节事旅游活动对一个旅游城市来说，有着现实的必要性，一些学者和业界人士也经常建议桂林还是需要办一个品牌性的“旅游节”。我想，与其说去探索一个逐步具有“震撼性”的新活动，还不如恢复已有一定知名度的“山水旅游节”。只要在内容、形式上做到位，它就可以起到应有的作用。

第二，这些年来大家都在议论，桂林应该成为国家的“旅游特区”，但就是争取不到，办不成。我在翻阅有关资料时，得知桂林曾经被广西壮族自治区列为过“旅游综合改革试验区”，还下发过相关文件。但事实上，没有具体实施。我在想，如果我们把它连接起来，直接申办国家的旅游试验区，这不就是“旅游特区”吗？

第三，国内一些省市相继召开了由当地党政主要领导出席并讲话、多部门主要领导参加的“旅游发展大会”，以强力推进旅游发展。桂林市主要领导当然也非常重视旅游业工作，经常作出重要决定、重大部署，但这样的大会还没有开过，旅游部门应该就此积极地提出建议。

2007 年 6 月份，时任张秀隆市长到局里进行工作调研，在陈建军副市长支持、鼓励下，我向张市长汇报了上面三个想法，得到张市长的肯定和赞成，张市长指示我们做好进一步的研究探讨，正式上报市政府。

令人高兴的是，经过我们特别是各级领导的持续努力，后来这三件事情都办成了。

2009 年 11 月，桂林召开全市旅游产业发展大会，提出全面加快建设现代化国际旅游名城、历史文化名城、生态山水名城及世界级旅游目的地和旅游集散地的目标，开启桂林旅游业“二次创业”。广西壮族自治区旅游局局长肖建刚、桂林市委书记刘君、市长李志刚出席大会并作讲话。大会之所以在两年之后才得以召开，主要是这期间分管旅游工作的市领导连续变化的原因。为了这次大会，市旅游局作为具体工作部门，在分管市领导的指挥下，做了很多的准备工作，包括起草市主要领导的讲话送审稿，包括提出如为使桂林旅游业健康发展并继续在国内外保持领先水平需要“二次创业”这样的一些重要观点，包括各部门共同发力促进桂林旅游业为桂林经济社会做出更大贡献的一些具体建议等。

2008 年 11 月，山水旅游节也在我们的积极争取和努力之下恢复举办，暂称

“2008 桂林山水文化旅游节”。这次山水旅游节做了一些新的探索，活动由旅游、文化、体育、美食、网络互动、展销、演艺 7 大板块 16 项主题活动组成，还专门举办了旅游产品推介会，推出六条旅游精品路线：山水风光体验之旅、休闲度假浪漫之旅、民俗风情精彩之旅、绿色环保生态之旅、历史文化追寻之旅、户外运动时尚之旅。此次山水旅游节深受好评，达到了预期的效果。2009 年 11 月，2009 年度山水旅游节又如期开办，还增加了一个主打产品——“艺术巡游”。从 2009 年起，山水旅游节又开启连续举办的模式，并正式定名为“桂林国际山水文化旅游节”。

这里重点说说“国家旅游综合改革试验区”的事儿。2007 年下半年，我组织局内的部分同志和局外的几个专家不时探讨如何操作这件事情，心中逐步形成了一些想法，并几次向张市长和陈副市长报告过；2007 年 8 月，国家旅游局调研组来桂林调研旅游工作，我利用这次机会建议国家将桂林定为旅游综合性试验区域；9 月，市旅游局组织研究制定了试验区开发工作方案，对创办试验区的重要意义、指导思想、开发原则、功能定位和主要任务着重进行了论述，提出了“一个中心、两个立足、三个作用、四个结合、五个提供、六个突破、七项改革”的工作思路；10 月，我们代市政府草拟了向自治区人民政府的申报请示；10 月，我还带领市旅游局向市政府上报了试验区开发方案和申报工作时间安排表。刚好在这个月自治区党委书记刘奇葆在桂林召开调研座谈会，发表自治区党委“保护漓江，发展临柜，再造一个新桂林”的重大部署，市里安排我代表市旅游局汇报桂林拟申报国家旅游综合改革试验区有关工作，这次会议上，部门汇报只安排了三个，可见市委市政府对旅游工作和申报试验区工作的高度重视。10 月份，2007 年第四季度，我在局里研究制定 2009 年工作计划的相关会议上，明确提出 2008 年的一项重点工作，是加大力度申报国家旅游综合试验区。后来形成的《桂林旅游 2007 年工作总结和 2008 年工作思路》中，这样写道，“2008 年，要继续积极申办旅游综合改革试验区。要将申办工作作为统筹旅游与社会经济协调发展、根本性解决旅游政策和体制问题的突破口。要组织有关部门和专家队伍开展深入调研，完善旅游综合改革试验区开发方案，开展详细的配套资料准备，做好相关的基础工作。加强向上级部门汇报、沟通和联系，加强申办工作的实际推进。通过申办旅游综合改革试验区，积极争取国家对桂林进行政策和财政转移的大力支持，争取在城乡统筹、信贷金融、产业补贴、土地开发、财税配套、机构设置、法规权限等方面获得改革扶持政策，从更高的战略层面，促进桂林旅游业和城市经济又好又快发展”。

2008 年 1 月，市旅游局制定了“桂林国家旅游综合改革试验区”申报工作方案，提出了申办指导思想，即积极争取国家层面综合配套改革政策，探索区域经济发展新模式，优化城市产业结构，提升发展能力和竞争力，扩大对外开放合作，实施制度机制创新，统筹旅游产业与相关产业的联动发展，促进桂林经济社会跨越发展，建议成立工作机构，即以市长为组长，以市委副书记和副市长为副组长，以分管副市长为办公室主任，设计了 2008 年 3 月到 8 月的四个阶段的意见等，得到了市政府的批复。

2008 年 2 月，国家旅游局副局长杜江代表国家旅游局到桂林指导抗灾救灾工作，我也和杜局长谈过试验区的事情；5 月份，桂林在国家旅游局汇报工作，进一步提出申报国家旅游综合改革试验区的建议。2007 年和 2008 年期间，市政府几次在政府常务会议上，专题听取市旅游局关于这项工作进展情况的汇报。后来我们逐步清楚要成为试验区至少需要国家发改委的同意，必须走好这一路径。2008 年下半年，陈建军副市长已升任广西壮族自治区旅游局局长，李志刚市长便开始与陈建军局长协商，通过自治区领导经自治区发改委上报国家发改委。2009 年 7 月，自治区政府印发《2009 年广西深化经济体制改革工作若干意见的通知》，提出在桂林开展旅游综合改革试验区建设；之后在起草国务院支持广西发展的相关意见里，明确提出了这项工作。至此，事情明朗了。2009 年 12 月 7 日，国务院下发《关于进一步促进广西经济社会发展的若干意见》，明确“建设桂林国家旅游综合改革试验区，打造桂林国际旅游胜地”。

得知这个重大消息时，我和局里的几位同事正在海南考察，当时海南提出要把全岛建成旅游改革的先行区域，我们前去学习。接到消息以后，我当即给《中国旅游报》打电话，告知他们。第三天早上，《中国旅游报》头版以显著标题刊登：桂林建设国家旅游综合改革试验区。

可以说，2007 年、2008 年、2009 年这三年，我个人的最主要精力，也放到了这件事情上。

“桂林国家旅游综合改革试验区”这件事，实际上的意义很大，它直接为后来演变成建设“桂林国际旅游胜地”奠定了极为坚实的前提和基础。

2010 年 1 月，市委便立即召开大型座谈会，市委主要领导亲自主持，市四大班子领导出席，专题研究旅游综合改革试验区建设工作，我以市商务局局长的身份参加了这次座谈会，还被点名在会上做了发言。

附　录

桂林旅游发展轨迹年表（1950—2020）

1950 年：

湘桂铁路桂林—柳州段恢复通车（1 月）。

桂林市人民政府更改部分道路、桥梁名称：中正东（西）路改称解放东（西）路，东旭路改称自由路，民权路改称民主路，定桂路改称人民路，中正桥改称解放桥，德智桥改称胜利桥（2 月）。

1951 年：

桂林市人民政府财政经济委员会成立（4 月）。

《桂林日报》创刊（5 月）。

1952 年：

桂林汽车总站成立。

全面整治榕杉湖，修复九曲桥、湖心亭等（11 月）。

1953 年：

中共桂林市第一次党员代表大会召开，会上一种意见认为，桂林是“文化城”“风景城”，前景及建设方向、工作重点应为文化教育和风景建设（2 月）。

南宁经桂林至武昌直通旅客列车开行（2 月）。

桂林市计划委员会成立（8 月）。

1954 年：

桂林市人民政府交通委员会成立（5 月）。

1955 年：

《桂林建设报》创刊（1 月）。

桂林市人民政府改名为桂林市人民委员会（7 月）。

桂林市交通局成立（8 月）。

1956 年：

桂林市人民委员会设交际科，负责外事接待工作（3 月）。

凭祥经桂林至武昌直通旅客列车开行（5 月）。

七星岩安装电灯后开放（6 月）。

中国第一部彩色地理风景纪录片《桂林山水》获捷克斯洛伐克第九届卡罗维发利国际电影节优秀纪录片奖（7 月，1955 年上海科学教育电影制片厂出品）。

纪录片《桂林山水》获叙利亚第 3 届大马士革国际博览会电影节短片铜质第二奖章（9 月）。

桂林成为对来华外国人开放的旅游地区（10 月，全国共 48 处，国务院批准公安部发布）。

1957 年：

桂林成为一般外侨游览的开放地区（3 月，公安部）。

凭祥经桂林至北京国际联运快车开行（11 月）。

1958 年：

桂林改称广西壮族自治区桂林市（3 月，辖城区和郊区）。

桂林植物园创建（为中国科学院早期建立的十大植物园之一）。

途径桂林的汉口至都匀直通旅客列车开行（11 月）。

1959 年：

桂林市人民委员会成立风景文物整理委员会（7 月）。

桂林市人民委员会交际科改为交际处（7 月）。

贺敬之到桂林游览（7月）。

广西高级干部疗养院更名为“榕湖饭店”（广西高级干部疗养院1953年建成）。

《桂林山水传说》出版（9月，广西壮族自治区人民出版社，钟建星编著）。

桂林机场重建开航（10月）。

桂林市人民委员会成立外事办公室，与交际处是挂两个牌子的同一机构，归口管理外事工作（10月）。

中国国际旅行社桂林支社成立（10月）。

《桂林山水》出版（12月，广西壮族自治区人民出版社，桂林市文化局编著）。

1960年：

中共桂林市委、市人委两次召开规划建筑座谈会，研究城市、风景区的规划和建筑设计工作，提出把桂林建设成为风景优美的现代化的工业城市（1月、5月）。

桂林市公共汽车队成立（2月，1979年更名为桂林市公共汽车公司）。

桂林民航站建立（2月）。

漓江风景区初步规划完成（5月）。

周恩来总理出访回国途经桂林，提出漓江两岸“多种一些竹子”（5月）。

1961年：

电影《刘三姐》在全国上演（1月）。

广州—桂林—贵阳—成都航线开通（2月）。

越南国家主席胡志明来桂林游览（5月）。

贺敬之《桂林山水歌》发表（10月号《人民文学》）。

1962年：

邓拓考察桂林（1月）。

驻北京各国外交使团25个国家59人到桂林参观游览（4月）。

现代作家陈淼写作游记散文《漓江春雨》（5月，后编入小学课本的《桂林山水》节选其中）。

芦笛岩修整后开放。

1963年：

桂林航运公司第一艘客货船拖驳开航（1月）。

全国人大常委会委员长朱德视察桂林（1月）。

柬埔寨亲王西哈努克来桂林游览（2月）。

外交部长陈毅赋诗“愿作桂林人，不愿作神仙”（2月）。

郭沫若再游桂林（3月）。

柳州经桂林至汉口直通旅客列车开行（7月）。

穆青访问桂林（10月）。

中共南方局第一书记陶铸来桂林视察，提出要把桂林建设成为“东方的日内瓦”（11月）。

1964年：

广西壮族自治区党委书记乔晓光在桂林主持召开绿化工作座谈会，要求以桂林市为中心，把临桂、灵川、阳朔、兴安、龙胜连成一体，形成完整的桂林风景绿化区（2月）。

桂林市重新编制城市总体规划，将桂林市城市性质确定为住宿舒适，交通方便，服务设施完善，市容整洁，环境卫生，风景优美，轻工业发达的中国式的风景游览城市（6月）。

桂林市规划设计管理局成立（8月）。

桂林成为国家1966—1967年对外国自费旅行者开放的若干城市之一（11月，1965—1966年开放一批）。

途经桂林的上海至安顺直通旅客列车开行（11月）。

1965年：

桂林市对外贸易局成立（1月）。

广西壮族自治区、桂林市文管会及博物馆组成文物普查工作队，对桂林市文物进行普查（5月）。

发现甑皮岩洞穴遗址。

1966年：

前国民政府代总统李宗仁回桂林游览（3月）。

八路军桂林办事处纪念馆成为全国重点文物保护单位（11 月）。

1968 年：

桂林市革命委员会建立，取代市委和市人委（4 月）。

1969 年：

桂林市革命委员会办公室外事组成立，取代市人委外办和交际处（1 月，12 月改称市革命委员会办事组外事小组）。

途经桂林的上海至重庆、昆明直通旅客列车开行（9 月）。

1970 年：

七星岩、芦笛岩等风景点开始凭票游览（5 月）。

经停桂林的广州—成都航线开通（2 月）。

桂林市革委会组织重新修订城市规划，确定桂林城市性质为“风景优美，具有现代工业、现代农业和现代科学文化的社会主义风景城市”（10 月）。

1971 年：

恢复中共桂林市委员会（4 月）。

中共桂林市第四次代表大会通过桂林国民经济第四个五年计划，计划主要指标首次包括旅游业（4 月，为接待入境游客指标）。

桂林市革委会发出《关于加强城市规划建设管理暂行条例》（5 月）。

桂林市革委会发出《关于认真做好对外开放的准备工作的通知》，成立开放筹备工作领导小组（7 月）。

经停桂林的广州—成都航线改为广州—桂林—重庆—成都。

1972 年：

桂林市文物管理委员会开始修复还珠洞等处摩崖造像。

尼泊尔首相比斯塔来桂林游览（11 月）。

1973 年：

《桂林市城市总体规划展览》举办，修改桂林市城市性质为：风景优美，具有现代化工业、现代化农业和现代科学技术的社会主义风景城市（1 月）。

经国务院批准，桂林市对外开放旅游，成为全国首批对外开放旅游城市。桂林旅游业正式起步（5 月）。

摄影大师吴印咸来桂林创作照片（深秋）。

47 个国家驻华使节及外交官员到桂林参观游览（10 月）。

国务院副总理邓小平陪同加拿大总理特鲁多访问桂林，指出桂林风景世界驰名，保护好桂林山水不受污染是桂林的一项重要工作（10 月）。

加拿大总理特鲁多来桂林游览（10 月）。

桂林市恢复文物管理委员会，开始组织全市文物普查、考古发掘和文物维修工作（12 月）。

北京—长沙—桂林、上海—杭州—长沙—桂林、天津—北京—长沙、桂林等航线先后开通。

接待国外游客近 1000 人次。

1974 年：

桂林市文物商店营业（1 月）。

外事小组撤销，成立桂林市革命委员会外事处（2 月，下设秘书科、外事科、旅游科、接待科，1975 年 7 月撤销旅游科）。

丹麦首相哈特林来桂林游览（10 月）。

国务院环境保护领导小组办公室颁布《环境保护规划要点和主要保护措施》，桂林漓江被列入全国主要治理江河之列（12 月）。

1975 年：

桂林市环境保护领导小组成立（1 月）。

波兰共产党总书记米雅尔来桂林游览（2 月）。

刚果总理洛佩斯来桂林游览（3 月）。

南宁—桂林—长沙航线开通（4 月）。

比利时首相廷德曼斯来桂林游览（4 月）。

桂林饭店开业（5 月）。

桂林市中国旅行社营业，与桂林国旅挂两块牌子，一套人马，统称“桂林市旅行社”（5 月，前身是 1953 年榕湖饭店成立的华侨接待组）。

越南劳动党中央委员会第一书记黎笋率越南党政代表团来桂林游览（9 月）。

为适应桂林市对外开放城市的需要，市规划部门再度修改桂林市的城市总体规划，将桂林市城市性质定为：社会主义风景游览城市。

1976 年：

美国前总统尼克松来桂林游览（2 月）。

桂林市汽车出租公司成立，桂林始有出租汽车（4 月）。

新加坡总理李光耀来桂林游览（5 月）。

桂林漓江饭店开业（8 月，桂林首家高层建筑旅游饭店）。

桂林漓江剧院启用（9 月）。

西萨摩亚元首马列托亚来桂林游览（9 月）。

桂林国旅、桂林中旅两社定为市属事业单位，两社内部一套人马，人数近 80 人，内设秘书组、亚非接待组、欧美大陆接待组和港澳台胞、华侨接待组（12 月）。

1977 年：

八路军桂林纪念馆揭幕开业（1 月）。

圭亚那总统阿瑟·钟来桂林游览（4 月）。

缅甸总统吴奈温来桂林游览（5 月）。

联合国秘书长瓦尔德海姆来桂林游览（8 月）。

桂林火车站投入运营（10 月）。

哈麦隆总统阿希乔来桂林游览（10 月）。

桂林市革命委员会召开环境保护工作会议，要求各级领导治理污染，保护环境（10 月）。

1978 年：

龙胜花坪被国务院列为国家重点自然保护区（3 月）。

刘海粟游览桂林（3 月）。

中共桂林市委办公会研究决定：桂林国旅、桂林中旅两社设一、二、三科，一科（国旅科）、二科（中旅科）、三科（秘书科），撤销秘书组、亚非组、港澳台华侨组。一科的主要任务是接待国际客人；二科的主要任务是负责接待港澳台同胞和华侨四种人；三科的主要任务是负责后勤、行政工作（5 月）。

国家把桂林列为全国重点治理环境污染的 20 个城市之一（10 月）。

国务院副总理谷牧在桂林召开会议，研究桂林景区污染治理问题（12 月）。

1979 年：

中共中央、国务院规定桂林市的性质为社会主义风景游览城市（1 月）。

桂林市革委会外事处改称桂林市外事办公室（1 月）。

国务院以国办（1979）11 号文件批转国家建委《关于桂林风景区污染治理意见的报告》，决定“尽快恢复并很好保持桂林山水甲天下的自然风貌”（1 月）。

《光明日报》发表《拯救桂林》的调研文章，对桂林日益严重的污染深表忧虑（2 月）。

中共桂林市委召开部、委、办、局负责干部会议，传达中共中央、广西壮族自治区党委关于治理管理风景区污染和城市建设的意见，提出 1979 年城市建设工作以旅游为重点，抓好治理污染、城市建设、兴建宾馆，发展现代化工业（2 月）。

桂林市外事车船队成立（4 月，为桂林第一家专业性涉外交通企业，1983 年改为桂林市旅游车船公司，1992 年改为桂林市旅游车船总公司，1992 年成为桂林五洲旅游股份有限公司）。

美国前国务卿基辛格来桂林游览（4 月）

《桂林市国民经济发展第五个五年计划》在计划指导思想中，提出尽快把桂林建设成为社会主义现代化的风景旅游城市，计划设置的主要指标包括旅游业接待入境游客指标（6 月）。

经济学家许涤新在桂林游览（7 月）。

中国科学院学部委员吴良镛来桂林作规划讲座（8 月）。

丹麦女王玛格丽特二世来桂林游览（9 月）。

桂林市与日本熊本市结成友好城市（10 月）。

卢森堡大公来桂林游览（10 月）。

广西壮族自治区党委、区革委会作出《关于桂林旅游区的规划建设和管理的决定》（8 月）。

广西中国青年旅行社在桂林成立（1992 年升为一类社）。

1980 年：

桂林市旅游公司成立（2 月，公司具有企业性质，又具有行政管理职能，内设国旅科、中旅科等 12 个科室，国旅科对外称国旅桂林支社）。

国务院环境保护领导小组派出调查组到桂林，对风景区的环境保护工作进行全面调查（3 月）。

国务院调查组在全市领导干部大会上作《环境破坏，大家受害，保护环境，人人有责》的报告（3 月）。

《人民日报》发表《以桂林为戒》短评和《还我美好河山——桂林风景区的环境保护和治理工作亟待加强》的调查报告（5 月）。

桂林市委召开常委扩大会，讨论《人民日报》发表的短评及调查报告（6 月）。

中国旅行社在广西首次利用外资（澳大利亚贷款和国内配套工程贷款）修建的桂林甲山饭店开业（6 月）

自治区党委和人民政府向中共中央、国务院呈送《关于桂林风景区污染治理情况和今后意见的报告》(7 月）。

中共桂林市第五次代表大会提出：逐步把桂林市建设成为风景优美、经济繁荣、文化发达、道德高尚、社会安定、生活方便的社会主义风景旅游城市（8 月）。

桂海碑林陈列馆成立（8 月）。

《桂林山水》特种邮票发行（8 月，邮电部）。

新西兰总理马尔登来桂林游览（9 月）。

《桂林文物》出版（9 月，广西人民出版社，张益贵著）。

桂林市革委会颁发《桂林市环境保护管理条例》和《排放污染物收费规定》。发布保护 70 座名山的紧急通知（11 月）。

桂林市革命委员会复名桂林市人民政府（11 月）。

桂林—广州对开直达旅游班车开通（11 月）。

桂林—南宁旅游专列“桂林号”通车（11 月）

桂林旅游学会成立（12 月，为国内成立最早的地方学术团体之一）。

1980 年，来桂入境旅游者超过 10 万人次。

1981 年：

穿山公园对游人开放（2 月）。

桂林与新西兰黑斯廷斯市结为友好城市（3 月）。

桂林海关开关（3 月）。

桂林—香港包机开通（5 月）。

比利时国王博杜安来桂林游览（6 月）。

阳朔县划归桂林市管辖（7月）。

丹麦首相约恩森来桂林游览（10月）。

1982年：

国务院公布桂林市为首批国家历史文化名城（2月，全国共24个）。

中国旅行游览事业管理总局印发《关于在杭州、桂林三个旅游饭店实行固定工资加提成工资制度试点工作的通知》（4月）。

中国国际体育旅游公司桂林分公司成立（4月）。

经国务院和中央军委批准，中国旅行游览事业管理总局和空军司令部签订《关于使用空军飞机协助运送国外旅游者的协议》，明确旅游部门包租空军飞机暂在北京、西安、南京、苏州、无锡、杭州、桂林、武汉、贵阳、上海、广州等地间运送国外旅游者和华侨，有些城市没有民用机场，军用机场可供使用（5月）。

卢森堡首相维尔纳来桂林游览（5月）。

德意志联邦总统卡斯腾斯来桂林游览（10月）。

巴基斯坦总统齐亚·哈克来桂林游览（10月）。

漓江被国务院列为第一批国家重点风景名胜区（11月）。

孟加拉国部长会议主席艾尔沙德来桂林游览（12月）。

1983年：

桂林市公布国民经济发展第六个五年计划，计划指导思想提出在不破坏风景和环境的前提下大力发展工农业生产，加快旅游业、教育科学和基础设施建设步伐。设置主要指标包括旅游业，为接待入境游客、营业收入、创汇（2月）。

桂林市工业美术中心开业（5月）。

首句为“桂林山水甲天下”的宋人王正功原诗碑刻在桂林独秀峰山麓发现（初夏）。

桂林市第一职业中学招收旅游服务专业学生（6月）。

国务院办公厅发布《关于在旅游旺季不要到接待外宾多的城市开各种会议的规定》，指出：旅游旺季期间（每年4月至11月），各地区和各部门不得在北京、上海、西安、桂林、苏州等地占用涉外宾馆、饭店召开各种会议（7月）。

陆文夫来桂林游览（4月）。

桂林又一家庭院式旅游饭店——榕城饭店开业（8月，1989年更名为松源度假村）。

约旦国王侯赛因来桂林游览（9 月）。

桂林市人民政府召开“桂林市总体规划技术鉴定会”。规划突出一个中心，风景游览城市；两个特点，山水甲天下和历史文化名城（9 月）。

临桂县划归桂林市管辖（10 月）。

桂林靖江王墓群遭到大范围的严重破坏，中共中央办公厅发出文件，要求保护好（10 月）。

国家旅游局分三次拨款共 400 万元修建竹江公路及竹江旅游专用码头。

1984 年：

中共中央总书记胡耀邦视察桂林（2 月）。

广西引进外资招商会议在桂林召开，桂林签订 33 个酒店建设项目（2 月，1985 年至 1988 年先后实际建成 10 余家中外合资合营饭店，到 1989 年，桂林总计已有 19 家正式涉外饭店）。

桂林市七届人大常委会第二十五次会议决定桂花为桂林市市花（3 月）。

桂林市旅游局成立（5 月）。

桂林市政府把漓江保护列入 1985—2000《桂林市城市总体规划》。

国务院总理赵紫阳视察桂林（11 月）。

1985 年：

《中国旅游报》举办十大风景名胜评比活动，桂林山水名列第二（1 月，第一为万里长城）。

桂林国旅与国旅中旅从组织、人员上正式分离，独立核算，自主经营。桂林国旅由事业单位改为企业单位（1 月）。

丁玲来桂林游览（4 月）。

中共桂林市第六次代表大会确定：争取在 20 世纪末把桂林建设成为环境优美、经济繁荣、科技先进、文化发达、道德高尚、社会安定、生活方便的社会主义现代化风景游览城市（5 月）。

桂林电视台成立（5 月）。

国家旅游局局长韩克华在桂林考察旅游工作（5 月）。

葡萄牙总统埃亚内斯来桂林游览（5 月）。

特立尼达和多巴哥总理钱伯斯来桂林游览（7 月）。

《桂林旅游发展前景研究——兼议 2000 年桂林》大型科研课题启动（1988 年

7月完成，9月21日通过广西区级鉴定）。

龙胜旅游公司开发经营龙胜温泉。

桂林市台湾同胞联谊会成立（8月）。

桂林—厦门航线开通（8月）。

尹瘦石重访桂林（9月）。

国务院批准桂林市城市总体规划，强调“桂林是我国重点风景游览城市和历史文化名城，城市的发展和各项事业的建设都要与这一城市性质相适应，都要按总体规划的要求进行”（10月）。

阳朔县中国旅行社和中国国际旅行社阳朔支社成立（10月，1986年更名为阳朔旅行社，经营二类社业务，1998年更名为桂林阳朔国际旅行社）。

巴基斯坦总理居内久来桂林游览（11月）。

桂林电视台试播成功（11月）。

桂林旅游专科学校经自治区政府批准成立（11月）。

桂林市人大常委会成立城乡建设委员会。规定该委员会参与桂林市旅游业发展规划的制定，对旅游资源的开发和景点建设、旅游市场管理等工作提出建议、议案，并监督旅游部门的工作。

1986年：

《桂林旅游手册》出版（1月，广西人民出版社，徐君慧编写）。

桂林参加与西安、杭州、苏州共同召开的四旅游城市第一次市长座谈会（1月，杭州，发起单位为：中国城市经济社会年鉴理事会、中国城市科学研究会、杭州市人民政府）。

国家批准桂林市列为全国七个重点旅游建设城市之一（1月）。

桂林桂冠旅行社成立（1月，二类社）。

中央顾问委员会主任邓小平来桂林度假休息（2月）。

中共桂林市六届二次全会召开。全会提出以旅游经济为主导，从风景游览城市的特点出发，提高经济、社会、环境效益，全面发展桂林市经济（3月）。

新西兰总理朗伊来桂林游览（3月）。

由云南、贵州、广西和桂林市参加的“三省（区）四方旅游横向协作会”在桂林召开（4月）。

桂林地市党委政府联合成立桂林地市“桂林经济旅游协作区领导小组”（4月）。

桂林市政府颁布《关于加强对入境旅游管理的暂行规定》，对市内经营入境旅游业务旅行社资格、审批程序作出明确规定（5月）。

桂林与美国奥兰多市结为友好城市（5月）。

桂林市消费者协会成立（5月）。

桂林市旅游局增设培训科（6月）。

桂林市环境保护局等单位规定，凡在漓江水域经营客运的新旧旅游船，须经检验并持有环保局船政所新签发的旅游粪便盛装设施合格证，方可在漓江航行（6月）。

中国桂林国际康辉旅行社成立（6月）。

全国11个旅游城市的学术研究者来到桂林，就旅游城市经济体制改革等问题召开学术讨论会（7月）。

桂林召开"桂林风景游览城市旅游理论研讨会"（7月。）

厦门—桂林—厦门航线开通（8月）。

桂林榕湖国际旅行社成立（8月，二类社）。

外事旅游专用的竹江码头投入使用（9月）。

大连、青岛、无锡、苏州、开封、承德、南宁、桂林等城市的代表40多人汇集桂林，探讨旅游城市卫生改革与卫生事业发展战略（9月）。

桂林市政府邀请清华大学等单位对市内风景区进行考察设计（9月）。

桂林市政府、桂林地区行署召开记者招待会，介绍桂林旅游业发展和城乡建设等情况（9月）。

桂林旅游专科学校开学（9月，该校筹建于1985年11月）。

桂林市甲山旅行社成立（9月，二类社）。

"全国国内旅游协作会"在桂召开（10月）。

桂林市政府发布《园林绿化管理办法》《文物保护实施细则》《加强漓江水上游览管理办法》《加强涉外旅游市场管理的若干规定》等（10月）。

象山公园建成开放（10月）。

贺敬之重游桂林（10月）。

冰岛总理赫尔曼松来桂林游览（10月）。

国务院总理赵紫阳视察桂林（11月）。

桂林地区旅游公司成立（11月）。

国务委员、国务院旅游协调小组组长谷牧到桂林考察旅游业（12月）。

经济学家薛暮桥第三次来到桂林（12月）。

桂林漓江旅行社成立（12月，二类社）。

桂林城市国际旅行社晋升为二类社（12月）。

桂林杉湖国际旅行社成立（12月）。

漓江补水一期工程基本完工（12月，国家旅游局拨款3000万元）。

桂林丹桂大酒店开业。

1986年起，一批经营国内旅游业务的旅行社陆续成立。

1987年：

"首届桂林山水摄影艺术作品大奖赛"举办（1月）。

桂林市政府发出《关于旅行社审批归口市旅游局负责的通知》（1月）。

中外合资的台联酒店试营业（1月）。

桂林市人民代表大会设立城乡建设旅游委员会（3月，市八届人大三次会议）。

桂林市公布国民经济发展第七个五年计划，明确以旅游经济为主导的计划指导思想，计划主要指标包括接待入境游客、营业收入、创汇（3月）。

自治区人民政府成立桂林旅游区规划小组（3月）。

兰州—桂林航线开通（3月）。

加拿大总督让娜·索维来桂林游览（3月）。

桂林市成立涉外企业整顿办公室（3月）。

桂林出席"全国旅游出租进口汽车零配件国产化生产会议"（3月，深圳）。

桂林市旅游局职能转变，开始对桂林旅游实施全行业的管理（4月）。

中共桂林市委、市人民政府召开旅游工作会议。强调在发展旅游业中，要"一业带百业，百业促一业"（4月）。

联合国秘书长德奎利亚尔来桂林游览（5月）。

奥地利总统基西施莱格来桂林游览（5月）。

桂林宾馆开业（5月）。

桂林市旅游局下发《关于旅行社与书画点定点的试行实施细则》（5月）。

大型酒店内演艺项目"花园之夜"创办（5月，帝苑酒店，设有500个座位）。

桂林台联旅行社成立（6月，二类社）。

美国前总统卡特来桂林游览（6月）。

桂林市涉外旅游企业整顿办公室下发《关于批准桂林市19家车船企业经营

涉外旅游业务的通知》(7 月)。

桂林帝苑酒店开业(7 月)。

桂林市首次审定 14 家旅游涉外饭店(8 月)。

桂林市旅游局成立领导小组，查处导游员私收回扣等现象(8 月)。

广桂国际旅行社成立(9 月)。

首批台胞旅行团 14 人到桂林观光(11 月，台湾当局 1987 年 11 月放宽来大陆观光限制，之后台湾游客快速增加，1988 年为 72600 余人次；1989 年为 10400 人次；1990 年为 272300 余人次；1991 年为 158300 余人次；1992 年后有所下降)。

“联合国《东南亚及西太平洋地区锡钨花岗岩对比和资源评价》第四次国际学术讨论会”在桂林召开(10 月)。

中国岩溶地质馆在桂林建成开放(11 月)。

桂林环球旅行社成立(11 月，二类社)。

桂林市旅游监察所成立(11 月，为国内最早成立的旅游监察机构)。

桂林市政府下发《关于桂林市旅游局政企脱钩对旅游行业统一管理的通知》。决定撤销旅游公司，由旅游局作为行政机关统一管理全市旅游行业，与此同时，市工商局、公安局、市人大和市政协也相应成立了旅游管理部门(12 月)。

1987 年，来桂入境旅游者超过 50 万人次。

1988 年：

灵渠成为第三批全国重点文物保护单位(1 月)。

挪威首相布伦特兰来桂林游览(1 月)。

桂林至日本、中国香港等 13 个国家和地区的国际、港澳长途电话开通(2 月)。

桂林市中国旅行社划归桂林市侨办领导(2 月)。

桂林市政府与桂林的中外合营旅游企业外商举行对话会(3 月)。

桂林市旅游局、工商局等单位发布《关于加强桂林市旅游企业管理的通告》(3 月)。

桂林市旅游局对市内书画店实行定点管理(3 月)。

桂林市旅游培训中心成立(4 月)。

贺敬之三游桂林(4 月)。

桂林参加与西安、杭州、苏州共同召开的四旅游城市第二次市长座谈会(5 月，西安)。

桂林市旅游局在《广西日报》《桂林日报》开辟桂林旅游发展 15 年回顾专版

（5月）。

桂林市政府召开会议，与旅游系统“三资”企业的外方人员就旅游保护价及旅游资源开发等问题进行对话（6月）。

桂林大宇大饭店开业（6月）。

桂林桂山大酒店开业（6月）。

中国康辉旅行社桂林分社开业（6月）。

桂林市政府发布《关于加强漓江水上游览管理的规定》，决定由桂林市交通局组建桂林市水路客运管理中心；成立竹江涉外码头管理处，隶属于桂林市旅游局（7月）。

桂林市水路客运管理中心和竹江涉外码头管理处（后改为漓江涉外游览管理处）成立，漓江游览实行票证、售票、调度、管理“四统一”（8月）。

桂林市工商行政管理局旅游风景区工商行政分局成立（8月）。

桂林市旅游局与杭州大学旅游系联合举办旅游经济管理专业函授大专班（9月）。

桂林旅游专科学校首届大专班开班（10月）。

由广东、广西联合组织实施灵渠—漓江—桂江—珠江—广州考察活动（10月）。

桂林市旅游局发布《关于对在桂林经营旅游业务的企业实行归口管理的通知》（10月）。

桂林日报社创办的《桂林旅游报》试刊（10月）。

桂林市中国旅行社地陪服务全国评比排名第五（11月，全国中旅系统竞赛，在全国旅游热点城市中居首位）。

中国历史文化名城研究会桂林分会成立（11月）。

西山公园建成开园（12月）

桂林博物馆建成开馆（12月）。

自治区旅游局将桂林市定为自治区饭店星级评定的试点和重点（12月）。

桂林市旅游协会、旅游饭店协会、旅行社协会同时成立（12月）。

费孝通为《桂林旅游报》题词（12月）。

1973年至1988年，桂林接待来自120多个国家和地区入境旅游者近270人次，接待总量仅次于北京、上海、广州，居全国第四位。

1989年：

《桂林旅游报》正式创刊（1月）。

桂林市海外旅游总公司成立（1月，桂林第一家一类旅行社）。

桂林参加“全国七城市旅游业青年优质服务竞赛表彰大会”（1月，哈尔滨）。

桂林市中国旅行社划归市侨务办公室领导（2月）。

桂林市旅游局作出《关于加强散客部管理的若干规定》（3月）。

桂林旅游集团有限公司成立（3月，成员包括：国旅桂林支社、桂林市旅游车船公司、桂林漓江饭店、桂林榕湖饭店、民航广西区局和香港中航假期有限公司）。

国旅桂林支社升格为国旅桂林分社（3月）。

全国风景名胜区会议在桂林举行（3月，建设部）。

全国首次旅游宣传周拉开序幕，桂林市和其他几个旅游城市同时开展宣传活动（4月）。

桂林—长沙航线开通（4月）。

桂林市旅游局成立智囊团（5月）。

1989年国际禁毒会议在桂林召开（5月）。

竹江涉外码头管理处更名为漓江涉外游览管理处（5月）北京和一些城市发生动乱，入境旅游团体锐减，桂林市旅游业急剧滑坡。形势严峻（5月）。

《旅游基础教程》出版（6月，中国人事出版社，桂林旅游学会会长蔡雄主编）。

“中日国际手工艺术讨论会暨中日友好手工艺术作品展览会”在桂林举行（6月）。

桂林组织各合资合作企业外方管理人员紧急会议，研究招徕境外游客事宜（6月）。

“桂林旅游洽谈会”举办（7月，桂林市政府主办，中国香港、中国台湾、日本、马来西亚、德国、英国等国家和地区旅行商、媒体参加）。

国家旅游局局长刘毅到桂林考察旅游情况，指出桂林在全国旅游业中处于非常重要的地位（8月）。

“全国部分省区市旅游财税调研会”在桂林召开（8月）。

桂林市旅游局成立廉政工作领导小组（8月）。

《桂林旅游发展前景研究——兼议2000年桂林》出版，研究认为，经过长期艰苦努力，促使桂林成为全国旅游业发展重要基地，进而成为有桂林特色的现代化的国际旅游名城（10月，漓江出版社，桂林市人民政府经济研究中心编著）。

《桂林旅游研究与实践》杂志创刊（10月，桂林市旅游协会、桂林旅游专科学校主办）。

桂林参加与西安、杭州、苏州共同召开的四旅游城市第三次市长座谈会（10月，桂林）。

阳朔县成立旅游工商治安队（11月）。

桂林市旅游局、工商局、公安局联合发布《关于进一步治理整顿桂林市旅游市场的通告》（12月）。

桂林市评出广西首批星级饭店11家（12月）。

1990年：

桂林市入境散客接待处成立（1月）。

桂林市人民政府成立全市整顿旅游队伍五人领导小组（1月）。

中国饭店协会二届二次常务理事会在桂林召开（2月）。

“全国旅游宾馆宣传服务协作网四届年会”在桂林召开（2月）。

桂林市旅游局制定《关于整顿桂林市旅游队伍的工作方案》（2月）。

桂林市旅游局制定《涉外游船经营风味加菜管理办法》（2月）。

恭城县撤销，设立恭城瑶族自治县（2月）。

“桂林揽胜丛书”出版（3月，广西人民出版社，刘英主编）。

中共桂林市旅游局纪律检查委员会成立（4月）。

桂林市旅游局发出《关于进一步开展旅游优质服务竞赛的通知》（4月）。

上海—桂林航线、昆明—桂林—厦门航线开通（4月）。

由日本近儿旅行社包租的空调豪华游船首航（4月）。

中共桂林市第七次代表大会号召全市人民把桂林建设成环境优美、经济繁荣、科技先进、文化发达、道德高尚、社会稳定、生活方便的社会主义现代化风景游览城市（5月）。

桂林市旅游局制定三年行业教育计划（5月）。

土耳其总统埃夫伦来桂林游览（5月）。

以夜游漓江为主，可以观看文艺演出、鱼鹰捕鱼的大型娱乐场所“漓江民族之夜”开业（5月）。

广西壮族自治区人民政府召开办公会议，对桂林市旅游、工业、农业、城建、财政金融等方面问题作专题研究。会议决定派出 4 个工作组到桂林协助解决有关问题（6 月）。

广州—桂林空调豪华旅游特快列车营运（8 月）。

第七届世界青少年围棋锦标赛在桂林举办（8 月）。

桂林参加与西安、杭州、苏州共同召开的四旅游城市第四次市长座谈会（8 月，苏州）。

桂林熊本馆落成（10 月）。

中共中央总书记江泽民视察桂林（11 月）。

桂林历时一年的“青春在旅游业中闪光”活动表彰大会举行（12 月）。

桂林市市长袁凤兰举行记者招待会，就桂林旅游、台资企业及改革开放等问题回答外国驻京记者提问（12 月）。

桂林民航年收入突破 2 亿元（12 月）。

1991 年：

桂林榕湖饭店成为“中国名酒店 VIP 俱乐部”首批成员（该俱乐部 1 月下旬在广州成立，首批成员共 17 家）。

“全国旅游审计工作会议”在桂林召开（3 月）。

桂林漓江研究会成立（3 月）。

《桂林旅游研究十年回顾》出版（3 月，漓江出版社，向才德、从少全主编）。

桂林市国民经济和社会发展第八个五年计划获批实施，计划主要指标旅游业中增设接待国内游客数量（4 月）。旅游业首个专项规划“桂林市旅游业十年规划和‘八五计划’”编制实施（4 月）。

冈比亚总统贾瓦拉来桂林游览（5 月）。

著名诗人李瑛第二次到桂林游览（5 月）。

广西壮族自治区桂林图书馆新馆开馆（5 月）。

桂林市会议接待集团、会议接待管理办公室成立（6 月）。

全国第四届当代诗词研讨会在桂林召开（6 月）。

中共桂林市委政策研究室内设旅游研究科（6 月）。

桂林市旅行社协会在北京举行新闻发布会，向中外新闻机构通报桂林旅行社催收境外旅行社拖欠款的情况（6 月）。

国际地质对比计划 299 项“地质、气候、水文与岩溶形成”国际研讨会在桂林召开（7 月）。

桂林市风景点管理监察大队成立，下设象山、伏波山、叠彩山、七星公园、芦笛公园 5 个管理组及 1 个机动中队（7 月）。

桂林市旅游市场综合治理办公室成立，由旅游、工商、公安、文化等局派员联合组成（7 月）。

桂林市人民政府下发《关于加强国内旅游市场管理的若干规定》，明确市旅游局是全市国内旅游市场管理部门（7 月）。

桂林市旅游局成立国内旅游管理科（8 月）。

桂林李宗仁官邸修复并对外开放（8 月）。

新加坡总统黄金辉来桂林游览（9 月）。

意大利总理安德烈奥蒂来桂林游览（9 月）。

“徐霞客逝世 350 周年国际纪念活动暨国际学术讨论会”在桂林举办（10 月）。

“首届旅游城市外汇管理协作与经验交流会”在桂林召开（10 月）。

桂林—贵阳航线开通（11 月）。

桂林第一艘自行设计建造的大型空调豪华游船运营（11 月）。

桂林漓江风景区在“中国旅游胜地四十佳”评选中排名第二（12 月，评选活动由中国旅游报社和国家旅游局资源开发司共同主办，第一为长江三峡风景区）。

1992 年：

大型酒店内民族风情演艺晚会“桂山之秀”获全国旅游行业文艺汇演一等奖（2 月，“桂山之秀”在桂山大酒店内，600 个座位）。

桂林—宁波、桂林—乌鲁木齐、桂林—太原、桂林—深圳航线开通（3 月）。

朱穆之为《桂林旅游报》题词“山水观止”（4 月）。

国家旅游局印发《关于对主要旅游城市服务质量工作综合评定办法的通知》，决定对北京、上海、广州、西安、桂林、南京、无锡、苏州、杭州、厦门、重庆、武汉 12 个城市旅游服务质量工作进行综合评定（5 月）。

桂林组团参加北京 ’92 中国旅游交易会，桂林以漓江风光为主题，推出漓江二三日游、漓江之夜、漓江民俗风情园等新旅游项目（6 月，此后桂林每年参加在各地举办的旅游交易会）。

国旅桂林分社升格为一类旅行社并更名为“桂林中国国际旅行社”（6 月）。

东盟各国议会代表团来桂林游览（6 月）。

国务院派出以桂林市市长袁凤兰为团长的中国开放城市市长代表团赴加拿大

考察访问（7 月）。

自治区政府在桂林召开桂林旅游综合开发试验区工作研讨会（7 月）。

桂林龙泉林场成为国家级森林公园（7 月，林业部）。

桂林出席在杭州召开的桂林、西安、苏州、杭州四旅游城市第五次市长座谈会（8 月）。

漓江水上加油站建成运营（8 月）。

广西壮族自治区第三产业工作会议在桂林召开（9 月）。

桂林导游服务公司成立（9 月）。

日本前首相海部俊树来桂林游览（9 月）。

“全国旅游区市场管理协作会”在桂林召开（10 月）。

漓江民俗风情园一期工程完工并营业（10 月）。

“全国国内旅游研讨交流洽谈会”在桂林举办（11 月）。

“首届中国‘金鸡’‘百花’电影节”在桂林举办（11 月）。

首届桂林山水旅游节举办（11 月，全国政协副主席谷牧、自治区党委书记乔晓光出席）。

国务院副总理吴学谦到桂林考察旅游工作（11 月）。

广州飞往桂林的一架民航客机在桂林上空失事（11 月）。

国务院总理李鹏视察桂林（12 月）。

“全国旅游行业服务技能大赛”在桂林举办（12 月，国家旅游局、中国财贸工会）。

桂林市政府作出决定，开展评选桂林十景征名征诗活动（12 月）。

桂林市政府决定从 1993 年 1 月 1 日起，对旅行社开发的新产品、新项目实行适度倾斜政策，允许按营业收入 2% 提取开发基金，按 5% 提取宣传促销费（12 月）。

桂林刘三姐集团公司成立（12 月）。

桂林评出“新二十四景”。他们是：榕湖春晓、古榕系舟、象山水月、南桥虹影、还珠试剑、拿云揽胜、木龙古渡、老人高风、隐山六洞、西山佛刻、桃江拥翠、芦笛仙宫、花桥映月、七星洞天、驼峰赤霞、龙隐灵迹、桂海碑林、靖江王陵、尧山观涛、穿山挂月、塔山清影、南溪玉屏、冠岩水府、漓江烟雨。这二十四景，包含在桂林市内景区和漓江景区之中。

1993 年：

桂林两江机场由国务院正式批准立项，并定名为桂林国际机场（1 月）。

桂林被确定为’93 中国山水风光游五大汇合点之一（1 月）。

“全国旅游基建财务决算汇审会”在桂林召开（3 月）。

桂林市政府在北京举办首都新闻界联谊座谈会，介绍桂林经济形势和旅游发展前景（3 月）。

桂林五洲旅游股份有限公司成立（3 月）。

桂林—海口航线开通（4 月）。

陕西、湖南、宁夏、海南代表云集桂林，参加’93 中国山水风光游桂林片会（4 月）。

全国政协主席李瑞环考察桂林旅游业（4 月）。

桂林五洲旅游股份有限公司成立（4 月，由原桂林旅游车船公司改制并更名）。

“全国旅游行业岗位规范审定会”在桂林召开（4 月）。

由桂林松坡中学改制已十年的桂林市第一职业中学更名为桂林市旅游职业中学（4 月）。

桂林市委常委（扩大）会议对加强旅游管理促进旅游经济发展作出系列决定（5 月）。

“第二届全国文化旅游研讨会”在桂林举行（6 月）。

桂林市组团参加广西首次在香港举办的“广西旅游新线路展”，推介桂林漓江民俗风情园、草坪冠岩、漓江、资江漂流、民族风情游等新景点、新项目（6 月）。

桂林市政府同意市旅游局制定的《桂林市旅行社管理暂行规定》，批准各部门遵照执行（7 月）。

桂林两江国际机场奠基典礼举行（7 月）。

桂林市政府举行记者中外招待会，介绍桂林旅游情况和发展前景（8 月）。

漓江风景管理委员会、漓江风景管理局成立（9 月）。

尼泊尔国王比兰德拉来桂林游览（9 月）。

桂林市 17 家三星级以上旅游涉外饭店签订桂林市旅游涉外饭店执行客房租价指导价格责任书（10 月）。

桂林市旅游客车调度结算中心运行，开始对旅游汽车客运实行价格、客源、调度、结算四统一（10 月）。

桂林磨盘山客运码头启用（10 月，港区占地面积 160 多亩，可同时停泊 60 多艘客船）。

漓江泛光工程竣工投入使用（10 月）。

第二届桂林山水旅游节举办（10 月，国家旅游局、自治区政府主办，国家旅游局局长刘毅、自治区副主席李振潜出席）。

桂林—北京、桂林—广州、桂林—成都等 15 条航线开通（10 月）。

“全国汽车配件秋季交易会”在桂林举办（10 月）。

“第四届‘心手相连’海峡两岸旅行者研讨会”在桂林举行（11 月）。

福州—桂林航线开通（11 月）。

桂林市国内旅游管理中心成立（11 月）。

《桂林旅游大典》出版（12 月，漓江出版社，曾有云、许正平主编，国家旅游局刘毅局长撰写前言，为国内首部地方性综合旅游辞书）。

中共桂林市委书记张文学、市长袁凤兰为《桂林旅游报》题词，祝贺《桂林旅游报》创刊五周年（12 月）。

桂林机场在全国十二大机场服务质量评比中获第三名（12 月，十二大机场排名：杭州笕桥机场、深圳黄田机场、桂林奇峰岭机场、上海虹桥机场、昆明巫家坝机场、沈阳桃仙机场、广州白云机场、西安咸阳机场、成都双流机场、海口机场、厦门高峰机场、北京首都机场）。

1994 年：

桂林火车站再获“全国文明车站”称号（1 月，1992 年曾为全国 21 个文明车站之一）。

桂林国际旅游商品批发城建成开业（1 月）。

桂林参加“’94 中国四大奇特自然景观研讨会”（1 月，吉林，四大景观为：长江三峡、桂林山水、云南石林、吉林雾凇）。

桂林美食文化城建成开业（1 月）。

桂林旅游专科学校更名为桂林旅游高等专科学校（2 月，国家教委）。

“中日第四届向日葵会”在桂林举行（3 月，日本近儿旅行社召开，为中日双方旅行社会议）。

“广西旅游管理工作会议”在桂林召开（3 月）。

桂林两江国际机场列入国家重点建设项目（3 月）。

桂林旅游发展总公司成立（4 月）。

桂林组团到韩国促销（4 月，1994 年 4 月 1 日韩国政府取消国民来华旅游限制）。

桂林地市县政协联系会第二次会议讨论形成向自治区政府提交的《关于开发建设桂林大旅游区的建议案》（5 月）。

桂林文华大饭店获五星级饭店称号（5 月，为广西第一家五星级饭店）。

桂林组团参加 94 香港国际旅游交易会，突出展现桂林山水风光、文物古迹、民俗风情三大类旅游资源八条旅游线路（5 月，为桂林开放以来规模最大的一次，此后基本上每年参加）。

中国旅游饭店协会研讨会在桂林举行（5 月）。

桂林导游服务公司开始为漓江游船配备导游员（5 月）。

桂林市海外旅游总公司增设国内旅游分公司（5 月）。

桂林市桂海碑林石刻陈列馆更名为“桂林石刻博物馆”（6 月）。

桂林市政府制定《桂林市国内旅游散客服务管理规定》《桂林市严禁尾随兜售商品管理办法》（7 月）。

桂林市政府制定《桂林市文化娱乐业管理规定》，防止敲诈顾客行为，维护桂林旅游声誉（7 月）。

《国内旅游理论与实践》出版（7 月，漓江出版社，主编：桂林旅游学会蔡雄、颜邦英、吴鸿礼）。

桂林市旅游局、桂林市中国国际旅行社汉城旅游事务所投入使用（8 月）。

《桂林市旅游综合开发试验区试验总体方案》经自治区党委政府同意并批转执行（9 月）。

桂林市旅游局授予桂林民航大厦等 40 家饭店“接待国内旅游团队定点饭店”标志牌（9 月）。

靖江王府博物馆开放。

桂林荔浦丰鱼岩旅游区开业（9 月）。

桂林市旅游咨询服务中心成立（11 月，为全国最早成立的相关机构）。

第三届桂林山水旅游节暨漓江船灯会举办（11 月）。

在全国接待来华旅游者服务质量抽样调查 9 个项目评比中，桂林获 8 个第一，1 个第二（12 月）。

桂林三里店旅游医院举行开业庆典（12 月）。

1995 年：

广东卫视珠江台在“岭南新歌榜”栏目推出新歌《我想去桂林》MTV（1 月）。

“八路军桂林办事处”纪念馆获“全国优秀教育基地”称号（1 月）。

桂林山水高尔夫球场开业（1 月）。

桂林市人大常委会第二十七次会议通过桂林市市徽设计图案为象鼻山（2 月）。

西班牙议长胡安来桂林游览（3 月）。

桂林—青岛—大连航线开通（3 月）。

桂林市被评为全国文化模范城市（4 月，桂林，全国文化工作经验交流暨表彰大会）。

香港旅游界考察团一行 22 人到桂林考察（4 月）。

漓江航运公司“01”号游船获“全国青年文明号”称号（4 月）。

香港《文汇报》、《大公报》、新华社香港分社等 10 家新闻单位记者应邀到桂林采访经济旅游情况（5 月）。

桂林市石文化研究会桂林天然奇石馆试开馆（5 月）。

中国桂林珍稀濒危动植物保护国际研讨会召开（5 月）。

以桂林山水为背景的《我想去桂林》专辑在桂林举办首发式（5 月，演唱者韩晓参加）。

中国桂林旅游“心连心”联谊会在香港国际会展中心举行，市长黎明智发表题为“桂林旅游发展与回顾”讲话（5 月）。

中共桂林城工委旧址革命文物陈列馆开馆（6 月）。

桂林组团赴澳大利亚开展旅游促销活动，参加墨尔本“假日与旅游交易会”“悉尼旅游交易会”（7 月）。

《桂林旅游报》改版为《桂林晚报》（7 月）。

中共桂林市第八次代表大会强调：为把桂林建设成为经济繁荣、旅游兴旺、科教发达、生活富裕、环境优美、社会文明、对外开放的现代化国际名城而努力奋斗（8 月）。

桂林—珠海航线开通（8 月）。

桂林旅游学会获“全国大中城市社科联先进学会”称号（8 月）。

桂林市政府发布进一步整治旅游市场，维护市场秩序，保护旅游经营者合法权益，促进旅游业健康发展的通告（8 月）。

桂林山水高尔夫俱乐部举行试业（9 月）。

第四届桂林山水旅游节举办（9 月，国家旅游局、中央电视台、自治区政府主办）。

桂林冠岩地下河游览区开业（9 月）。

桂林电视台与中央电视台合拍纪录片《龙脊》获特别奖（10月，中国四川国际电视节）。

桂林市政府在香港富丽华大酒店举办桂林—香港旅游业同仁联谊会（10月）。

比尔·盖茨来桂林游览（10月）。

全国旅游统计工作会议在桂林召开（10月）。

桂林中国画院成立（11月）。

1996年：

红军长征突破湘江烈士纪念碑园建成（1月）。

中共桂林市委八届三次会议提出"旅游立市、工业强市、商贸富市、科教兴市和外向带动"五大战略（2月）。

《桂林市第三产业发展规划》编制实施（3月）。

桂林政府在马来西亚首都吉隆坡举办酒会，马来西亚旅游界、工商界近百人出席酒会，桂林市领导介绍桂林旅游经贸发展状况（4月）。

"清真"号伊斯兰教专用游船开航（4月）。

国家民航总局局长陈光毅、自治区党委书记赵富林、自治区人民政府副主席袁正中、袁凤兰在桂林视察两江国际机场工程，考察旅游资源。陈光毅、赵富林分别为桂林市题词："得天独厚，人杰地灵"；"以桂林为龙头，建设旅游大省"（4月）。

《桂林市桃花江旅游度假区开发总体规划》通过自治区专家、学者的评审（5月，韩国汉城祉勋商社和桂林市桃花江旅游度假区管委会编制）。

桂林帝苑酒店晋升五星级酒店（5月，原花园酒店）。

桂林尧山富斯特滑道建成开业（5月，桂林供电局索道娱乐公司与香港盛华集团共建）。

国务院批复自治区人民政府《关于桂林两江机场建成后对外国籍飞机开放问题的请示》，同意桂林航空口岸对外国籍飞机开放（6月）。

广西壮族自治区人民政府主席成克杰一行在桂林市考察两江国际机场、桂林客运始发站、漓江综合整治工程、大宇客车公司、桂柳高速公路等工程和企业，并为桂林市题词："漓江美不胜收"（6月）。

桂林市委托桂林旅游香港有限公司、星晨旅游有限公司在香港受理境外游客在桂林市旅游权益受损的各项举报（7月）。

桂林国旅加入亚太旅游协会PATA，（7月，为广西首家加入该协会的旅行社）

应邀前来的香港10家旅游企业、各客商与市旅游局等单位和10余家旅行社负责人共同研讨发展桂林旅游业大计（7月）。

国家旅游局局长何光暐来桂林考察旅游市场和旅游服务质量（7月）。

桂林市委、市政府召开全市整顿旅游市场秩序动员大会，桂林市委、市政府发布《关于整顿旅游市场秩序工作方案》和《桂林市人民政府关于整顿旅游市场秩序的通告》，全市开展对旅游市场的大规模专项治理（8月）。

龙胜温泉森林公园成为国家级森林公园（8月）。

桂林两江国际机场机场路通车（8月）。

桂林市国内旅游协会成立（8月）。

桂林导游服务公司脱离旅游局旅行社管理科，独立运作。

桂林市政府颁布《关于禁止在漓江河段采沙的通告》（9月）。

国际航空运输协会批准桂林市海外旅行社为该协会代理人（9月）。

桂林组团到日本促销（9月）。

孟加拉国总理哈西娜来桂林游览（9月）。

第五届桂林山水旅游节举办，“大桂林旅游圈”博览会作为主要活动之一（9月，桂林市政府、桂林地区行政公署主办）。

韩国大宇株式会社与桂林旅游集团有限责任公司举行合同签字仪式，共同投资3550万美元收购桂林文华大饭店资产（9月）。

桂林市政府召开会议，专题研究保护漓江自然景观和保护漓江航道畅通的问题，同时成立整顿漓江河道采沙秩序领导小组及其办公机构，颁布《关于禁止在漓江河段采沙的通告》（9月）。

桂林两江国际机场正式启用（10月，国务院总理李鹏为通航剪彩）。

李鹏总理为桂林题词：“桂林，国际旅游明珠”（10月）。

李鹏总理为阳朔题词：“阳朔，中国旅游名县”（10月）。

桂林运转36年的民航奇峰岭机场关闭（10月）。

桂林市旅游培训管理中心成立（10月）。

桂林市按照国务院颁布的《旅行社管理条例》，启动将一、二、三类旅行社划分为国际旅行社和国内旅行社两大类相关工作（10月）。

桂林市人大代表围绕旅游环境评议政府工作活动启动（10月）。

“第五届全国风景溶洞联谊会议”在桂林举行（10月）。

以澳门中旅总经理李葵为团长的澳门旅游商会广西考察团一行到桂林市考察（10月）。

中共桂林市委举行扩大会议，提出把旅游业作为支柱产业加快发展，同时加大旅游市场整治力度，争创全国优秀旅游城市（10月）。

中共中央总书记江泽民视察桂林（11月）。

桂林航空口岸被评为“全国先进口岸”（11月）。

桂林市委、市政府召开环境保护大会，宣布漓江被列为国家重点保护的13条江河之一（11月）。

香港旅游业议会主席吴坦到桂林市观光考察（11月）。

大连—合肥—桂林新航线试飞成功，至此桂林航线增加到37条（11月）。

全国人大常委会委员长乔石视察桂林（11月）。

桂林靖江王府及王陵、李宗仁故居和官邸、八路军桂林办事处旧址等被国务院公布为第四批全国重点文物保护单位（11月）。

国家口岸办、民航总局、公安部边防局、海关总署、农业部动植物检疫局、国家商检局、卫生部卫生检疫局、自治区口岸办和桂林市政府代表、副市长邱严明共同在《关于桂林航空口岸对外国籍飞机开放准备工作的验收纪要》上签字，同意桂林航空口岸正式对外国籍飞机开放（12月）。

国家旅游局发文，将桂林市列为’97中国旅游年全国4个重点城市之一（12月）。

桂林市经济研究中心、文化研究中心、市委政策研究室联合举办“桂林国际旅游明珠”研讨会（12月）。

桂林市郊区更名为雁山区（12月）。

桂林市旅游宣传策划中心成立（12月）。

桂林组团参加德国柏林旅游展。

桂林中国国际旅行社先后组团参加香港、芝加哥、东京、柏林等大型旅游博览会，并派人赴多国开展促销活动。

1997年：

桂林市政府发展研究中心成立（1月，由原桂林市政府经济研究中心与市人民政府文化研究中心合并组建，内设旅游经济研究科）。

’1997首批抵桂林入境游客欢迎仪式在桂林漓两江国际机场举行（1月）。

桂林市文华大饭店资产变卖成交，正式更名为桂林大宇大饭店（1月）。

国家环保局局长解振华来桂林考察，称赞漓江是全国保护最好的河流之一（1月）。

桂林市人民政府批转市口岸办《〈关于桂林航空口岸出入境专机接待查验办法〉的通知》（2 月）。

桂林市政府印发《冠岩景区管理暂行条例》（3 月）。

桂林—西安—太原航线开通（4 月，至此，桂林两江机场航线已增至 41 条，在国内，除西藏、台湾外，均可飞抵各省区省会及重要城市）。

自治区人民政府副主席袁凤兰、桂林市委书记洪普洲、常务副市长蔡永伦等自治区、市领导出席全市旅游工作会议（4 月）。

桂林市旅游局发起并联合桂林地区、柳州地区、柳州市旅游局对桂北地区旅游资源进行的首次大规模普查活动启动（4 月）。

中共桂林市委、市政府作出《关于加快旅游业发展的决定》（4 月）。

桂林至柳州高速公路通车（5 月，为广西第一条高速公路）。

“广西旅游行业管理工作会议”在桂林召开（5 月）。

桂林市国家级重点职业高中—桂林市旅游职中挂牌，更名为市旅游职业中等专业学校（6 月）。

桂林市旅游企业协会定点企业分会成立（6 月）。

桂林七星公园“华夏之光”文化艺术广场落成（6 月）。

桂林市政府决定成立桂林华侨旅游经济区筹备工作领导小组（7 月）。

桂林市旅游局与中国南方航空公司共同主办刘三姐艺术寻踪游活动（7 月，马来西亚 15 家旅行社的负责人及《星洲日报》《旅行家杂志》等多家新闻机构记者参加了此次新旅游线路的考察）。

桂林市成立创建“中国优秀旅游城市”工作领导小组（7 月）。

长春—青岛—桂林航线开通（7 月）。

桂林市旅游监察所更名为桂林市旅游质量监督管理所（8 月）。

桂林组织企业到日本九州、大阪、东京等地进行巡回促销（9 月）。

桂林至南宁直达客运班线运营（9 月）。

桂林两江机场被评为全国首批文明机场（9 月）。

50 对中外新婚佳侣，在七星公园“华夏之光”艺术广场举行 ’97 桂林国际大型集体婚礼（10 月）。

由桂林市人民政府、香港旅游业议会、中国旅游报社联合主办的第六届桂林山水旅游节暨广西经贸洽谈会，在北京人民大会堂湖北厅举行新闻发布会（10 月）。

桂林惠华高尔夫度假中心开业（10 月）。

桂林市交通局制定并实施《桂林市旅游汽车客运服务规范》《桂林市出租汽

车客运服务规范》（10 月）。

第六届桂林山水旅游节暨桂林广西经贸洽谈会举办，23 家香港旅行社在第六届桂林山水旅游节上获“桂林旅游贡献奖”（10 月。桂林市人民政府、香港旅游业议会、中国旅游报社举办）。

桂林市政府、香港旅游议会和《中国旅游报》社联合举办“桂林旅游跨世纪发展问题研讨会”（10 月）。

桂林与韩国济州市结为友好城市（10 月）。

桂林美术馆落成（11 月）。

“中国古代文学理论国际学术研讨会暨第十届年会”在桂林举行（11 月）。

桂林华侨旅游经济区先后在马来西亚、香港举行招商项目介绍会（11 月）。

桂林市政府发布《关于综合整治我市重点旅游通道的通告》（11 月）。

《桂林旅游业：发展与变革》出版（11 月，漓江出版社，黄家城主编）。

漓江饭店、丹桂大酒店代表广西旅游行业参加全国首届“中华名小吃”认定竞赛，4 个品种均获“中华名小吃”称号（12 月）。

桂林市旅游产业“讲文明，树新风”动员大会召开（12 月）。

桂林—日本福冈航线开通（12 月，2003 年 6 月因“非典”停飞）。

1998 年：

桂林旅游发展总公司正式挂牌（1 月，成立于 1994 年，由交通、旅游、城建、园林四大行业 11 家企业组建而成的国有大型企业集团）。

桂林市名城保护委员会暨文物管理委员会成立（1 月）。

桂林市政府下发《市人民政府关于调整旅游宣传促销费有关问题的通知》（1 月）。

中国桂林市旅游工作委员会、桂林市旅游管理委员会成立（3 月，保留桂林市旅游局牌子）。

桂林组团参加国家旅游局“西日本地区联合促销活动”（3 月）。

桂林旅游股份公司挂牌成立（4 月，由桂林旅游发展总公司联合桂林五洲旅游股份有限公司、桂林三花股份有限公司、桂林中国国际旅行社、桂林集琦集团有限公司五家发起成立）。

桂林市旅游车船协会成立（4 月）。

桂林漓江（叠彩山—阳朔段）被中央文明委办公室、建设部、国家旅游局联合评定为首批全国十佳文明风景旅游区示范点（6 月）。

桂林与国内热点城市联合到西欧巡回促销（6 月）。

美国总统克林顿来桂林游览（7 月）。

漓江涉外游船全面推行净菜上船（7 月）。

桂林旅游投诉中心成立（8 月）。

国务院批复同意广西实施桂林地市合并成立新桂林市（8 月，辖秀峰、象山、叠彩、七星、雁山 5 个区和阳朔、灵川、临桂、全州、兴安、永福、灌阳、资源、平乐、荔浦、龙胜、恭城 12 个县，面积 2.78 平方千米，人口 477 万）。

《广西壮族自治区人民政府关于桂林市和桂林地区合并成立新的桂林市的通知》指出：新的桂林市要根据旅游城市的特点，切实抓好桂林大旅游圈的规划、开发和利用，推动桂林旅游业的健康发展（9 月）。

中共桂林市委第一次代表大会召开，号召“为建设现代化的新桂林而努力奋斗”（9 月）。

桂林旅游局组织企业赴日本九州、大阪、东京等地区巡回促销（9 月）。

“桂林环境资源保护与旅游业可持续发展理论研讨会”召开（9 月）。

漓江国内游船推行净菜上船（9 月）。

比利时首相德阿纳来桂林游览（10 月）。

桂林市人大一届一次会议设立旅游委员会（10 月）。

亚洲和太平洋地区议员与发展大会第六届年会在桂林举行，会议发表了《桂林宣言》（10 月，全国人大常委会委员长李鹏出席）。

全国政协主席李瑞环视察桂林（11 月）。

新桂林市成立暨全市干部大会召开（11 月）。

新桂林市旅游局成立（11 月，由原地市旅游部门合并组建）。

桂林通过国家旅游局“中国优秀旅游城市”评审验收（11 月）。

桂林市区启动进行大规模城市改造（11 月，总计 100 多项市政工程，2001 年 11 月基本完成，市区成为桂林最大的开放式景区）。

中共桂林市委一届二次全会明确要“大力发展旅游业，把旅游业作为主导产业来发展”（12 月）。

《桂林旅游史略》出版（12 月，漓江出版社，黄家城主编）。

《龙脊》特种邮票发行（12 月，信息产业部决定，国家邮政局发行）。

桂林旅游综合信息网络系统开通（12 月）。

桂林北火车新客站建成通车（12 月）。

1999 年：

由国家旅游局、国家环境保护总局、国家林业局和中国科学院共同主办的“中国 ’99 生态环境游”活动在桂林举行开年仪式（1 月）。

中共中央政治局委员、国务院副总理钱其琛在桂林出席“全国旅游工作暨创建中国优秀旅游城市工作会议”并视察工作（1 月）。

“全国旅游工作会议暨创建中国优秀旅游城市工作会议”在桂林召开。桂林市成为首批获得“中国优秀旅游城市”称号的 54 个城市之一（1 月）。

桂林市委常委（扩大）会议听取旅游工作汇报（2 月）。桂林市政府重申制止任意开采买卖钟乳石及根雕（2 月）。

“全国旅游品、工艺品交易会”在桂林开幕（3 月）。

桂林“中日森林旅游资源开发研讨会”召开（3 月）。

桂林市政府批转市旅游局《桂林市旅游市场秩序综合整治实施意见》（3 月）。

桂林市文物管理委员会暨名城保护管理委员会在古南门挂牌（4 月）。

由桂林市旅游局牵头，市工商、公安、交通等部门参与的“天天游”散客旅游服务项目推出（4 月，该项目实行统一管理、统一定点、统一品牌、统一促销、统一标准的游览组织形式）。

’99 桂林海峡两岸旅游恳谈会举行（4 月）。

桂林—北海旅游专列开通（4 月）。

国务院副总理钱其琛在桂林考察旅游工作（5 月）。

桂林市一届人大常委会第六次会议通过关于确定桂林建城时间的决定，确定桂林建城时间为汉元鼎六年（公元前 111 年）（5 月）。

1998 年度全国 46 个重点城市环境综合整治定量考核结果在北京公布，桂林市在环境质量、环境建设、环境管理各单项考核中得分均在前 10 名，综合得分排名第一（6 月）。

桂林市委市政府制定《关于加快旅游产业发展的实施意见》（6 月）。

桂林组团参加广西旅游大篷车赴广东、福建、浙江、江苏、上海开展宣传促销活动（6 月）。

《桂北经济区旅游发展规划》研讨会在桂林举行（6 月）。

桂林市旅游局举行 1999 年度国内旅行社经营权招标会（9 月）。

钢质豪华旅游船“桂林 1 号”投入运营（10 月）。

“国际水稻节水灌溉研讨会”在桂林举行（10 月）。

中共桂林市委员会、桂林市人民政府印发《桂林市旅游企业改革实施方案》（10月）。

《桂林山水情》VCD光碟向国内外发行（10月）。

《桂林旅游资源》出版（10月，漓江出版社，刘涛主编）。

《桂林旅游发展总体规划（2001—2020）》编制开始（10月，中山大学保继刚主持）。

澳门航空公司开通台湾经澳门至桂林一机到底航线。航班每周三往返桂林（11月）。

桂林市举行“桂林国际航空暨旅游研讨会”（11月）。

《桂林旅游志》出版（11月，中央文献出版社，桂林市旅游局编）。

《旅游扶贫——功能·条件·模式·经验》出版（11月，中国旅游出版社，桂林旅游学会会长蔡雄等著）。

《桂林历史文化名城》出版（11月，漓江出版社，陈贤、汤杰主编）。

桂林市举办第七届桂林山水与文化旅游节。其间，举行广西首届民族文化艺术品博览会、国际魔术邀请赛、桂林建城2110年知识竞赛、桂林旅游新景点推介暨桂林旅游贡献奖颁奖会、桂林优秀剧目演展、历史文化市民游等活动（11月）。

’99桂林国际城市围棋赛在桂林举办（11月）。

桂林在明靖江王城举行历史文化市民游启动仪式，首批500余名市民分东、西、南、北4条线路游览各历史文化景点（12月）。

桂林市桃源旅行社正式营运，该社为广西首家通过招标成立的私营旅行社（12月）。

桂林旅游网被有关网评机构评为1999年中国十大旅游网网站之一（12月）。

中共桂林市委一届三次全会专题研究桂林旅游业发展工作，作出《中国共产党桂林市委员会关于加快旅游业改革和发展的决定》（12月）。

中共桂林市委员会决定，成立桂林市旅游产业发展指导委员会，对全市旅游业实行统一领导、统一规划、统一管理、统一协调，负责制定旅游产业发展规划，研究制定旅游产业发展的政策措施，协调解决旅游产业发展中的重大问题（12月）。

桂林城市中心广场落成并正式启用。当晚，在广场上举行了第七届桂林山水与文化旅游节闭幕式暨广场落成典礼文艺晚会（12月）。

2000 年：

桂林市人民政府在广西展览馆新闻中心召开新闻发布会，面向全国公开征集旅游产品开发方案（1 月）。

“首期桂林市旅游导游员急救知识培训班”在桂林医学院附院开课（1 月）。

桂林乐满地高尔夫俱乐部开业（1 月）。

“桂林市厕所建设管理工作会议”召开，提出桂林要来一场“厕所革命”（4 月）。

“第十四届亚洲自由式摔跤锦标赛暨奥运会资格赛”在桂林举办（4 月，亚洲摔跤联合会主办）。

第八届桂林国际山水与文化旅游节举办（4—10 月，先后在兴安、龙胜、恭城、资源、阳朔分别举行）。

桂林旅游股份有限公司桂林旅游股票在深圳证券交易所挂牌上市（5 月，为广西首家上市的旅游股票）。

“世界能源理事会、国际能源署可再生能源国际研讨会”在桂林召开（5 月）。

国家环保总局公布 1999 年全国 46 个重点城市环境综合整治定量考核结果，桂林市名列参加整体排序的 38 个城市之首（5 月，桂林市已连续 3 年获该项考核第一名）。

澳大利亚议长玛格丽特·里德来桂林游览（6 月）。

桂林市被全国绿化委员会授予全国造林绿化“十佳城市”称号（6 月）。

桂林组团参加广西旅游大篷车赴长沙、武汉、郑州、西安、兰州、乌鲁木齐开展宣传促销活动，同时参加 2000 年在乌鲁木齐举办的中国国内旅游交易会（7 月）。

国家旅游局和公安部联合检查组到桂林检查调研假日旅游工作（7 月）。

《桂林市节假日旅游接待对策研究》发布（8 月，桂林市旅游局）。

萨摩亚总理图伊拉埃帕来桂林游览（8 月）。

桂林市旅游职业中等专科学校再次获“国家级重点中等职业学校”称号（9 月）。

贺敬之四游桂林（9 月）。

“第五届国际华文诗人笔会”在桂林召开（9 月）。

李瑛再游桂林（9 月）。

赞比亚总统奇卢巴来桂林游览（10 月）。

桂林经改造或新建的500多座公共厕所免费开放（10月）。

《桂林旅游发展总体规划（2001—2020）》通过评审，规划提出桂林旅游发展战略总目标：“世界级、桂林化”的国际一流旅游目的地（11月，评审委员会主任：吴传钧）。

“桂林市旅游‘十五计划’”编制实施（11月）。

新西兰总督博伊斯来桂林游览（12月）。

桂林乐满地休闲世界对外营业（12月）。

桂林七星景区、芦笛景区、漓江景区、象山景区（象山公园、滨江公园）、桂林世外桃源旅游区成为国家首批4A级景区（12月）。

2001年：

桂林市首次面向全国公开拍卖漓江游船经营权（1月，7家竞买者以总价2023万元拍得11艘游船的10年经营权）。

《桂林旅游饭店房价问题研究》发布（1月，桂林市旅游局）。

广西壮族自治区旅游局、国家旅游局分别复函桂林市，原则同意《桂林市旅游发展总体规划》，希望认真组织实施（2月，4月）。

桂林口岸全面实施外国游客落地签证（4月，为国内西部地区首家开业直接办理落地签证的城市）。

《名人笔下的桂林》出版（4月，新华出版社，陈永源、秦少廷编注）。

桂林甑皮岩遗址、唐代至清代石刻成为第五批国家重点文物保护单位（7月，至此桂林全国重点保护文物已有六处）。

国家旅游局确定桂林市为全国“金旅工程”试点城市之一（7月）。

《桂林之最》出版（7月，漓江出版社，主编：颜邦英）。

桂林市一届人大常委会第二十九次会议通过“桂林市人大常委会关于《桂林市旅游发展总体规划》的决议”，予以组织实施（8月）。

“2001桂林五排河全国漂流邀请赛”举办（8月，国家体育总局）。

全国假日旅游预报系统正式启动，桂林进入其中（9月）。

大型山水情景表演剧目《梦幻漓江》在桂林市内推出（9月）。

米卢担任桂林体育旅游形象大使（10月）。

桂林中山中路限时性旅游观光休闲购物街区开街（11月）。

桂林市政府发文实施《桂林旅游信息化发展总体规划》（11月）。

桂林国际会展中心投入运营（11月）。

“新世纪旅游厕所建设与管理研讨会”在桂林举行，会议发表“新世纪旅游厕所建设与管理桂林共识”（11 月，国家旅游局主办）。

“2001 中国桂林国际环境博览会”举办（11 月）。

“中国旅游资源暨旅游产品展览会”举办（11 月）。

“国际旅游城市规划与发展中青年专家学者研讨会”在桂林举办（11 月）。

“2001 桂林国际环保与旅游活动月”举办（11 月）。

“刘三姐桂林旅游形象大使”选拔赛总决赛举行（11 月，北京选手刘令姝、桂林选手赵凌云、张丽获冠亚季军，中央电视台朱军、周涛主持）。

“发展中国家旅游规划与管理国际研讨会”在桂林举办（11 月，桂林市人民政府、中山大学、中国地理学会旅游地理专业委员会、国际地理联合会旅游休闲和全球变化专业组主办）。

桂林市召开“宋人王正功‘桂林山水甲天下’诗作研讨会”（11 月）。

《民俗文化与旅游》出版（11 月，广西民族出版社，吴忠军著）。

桂林市旅游接待总人数突破 1000 万人次。

2002 年：

桂林旅游综合执法大队成立（1 月）。

韩国议长李万燮来桂林游览（1 月）。

桂林市旅游部门向与桂林市有协作关系的昆明、海口、贵阳、南宁、北海、攀枝花、宜宾和峨眉山 8 城市作出承诺，这些城市的旅行社可直接带当地国内旅游团队到桂林旅游（1 月，为国内第一个对外开放国内旅游市场的城市）。

桂林市旅游局举办“名城换新颜——万名老人游桂林”活动（1 月）。

桂林在全国率先开展的大规模整顿规范旅游市场活动启动，实施 15 项“主题活动”（2 月，根据国家旅游局部署进行）。

桂林市旅游局组织“刘三姐”旅游形象大使香港贺岁演出团参加除夕之夜在香港亚洲电视现场直播的“喜洋洋”贺岁晚会和正月初一下午在香港举行的大型国际巡游巡演等活动（2 月）。

桂林旅游香港推广中心挂牌（2 月）。

桂林冠岩景区成为国家 4A 级旅游景区（2 月）。

第二批国家地质公园名单公布，桂林资源丹霞地质公园位列其中（3 月）

《桂林旅游发展总体规划（2001—2020）》出版（3 月，中国旅游出版社，保继刚、钟新民主编）。

《桂林旅游业：规划与发展》出版（3 月，中国旅游出版社，李志刚主编）。

桂林市第一届人大常委会举行会议，审议通过《桂林市人大常委会关于全面保护和综合治理漓江议案的决议》（3 月）。

“首届漓江游船船长培训班”在桂林工学院旅游学院开班（3 月）。

由桂林中国国际旅行社、香港永东直通巴士管理公司联合组建的桂港旅游客运有限公司开通桂林—香港豪华直达快巴线路（3 月）。

桂林市旅游局出席“亚太旅游信息会议”并与世界旅游组织副秘书长戴维·维尔斯进行交流（4 月，昆明，世界旅游组织、云南省人民政府主办）。

漓江旅游管理通过 ISO 9001 国际质量管理体系、ISO 14001 环境保护管理体系、OHSAS 18001 职业健康安全管理体系三项国际管理体系认证（4 月）。

桂林至越南下龙湾跨国旅游专利开通（4 月）。

桂林人工大瀑布景观“九天银河”开放（4 月）。

漓江旅游客运服务综合管理体系认证工作，经过国家有关部门组成的综合管理体系认证小组审核、验证，获得通过，成为全国内河第一家通过质量、环境和安全卫生三项国际管理体系认证单位（4 月）。

桂林市区 8 条免费公益公共汽车正式运行（5 月，开全国公交免费服务先河）。

《桂林旅游信息平台搭建研究》发布（5 月，桂林市旅游局）。

《桂林旅游企业信用评估体系研究》发布（5 月，桂林市旅游局）。

“两江四湖”一期工程竣工并正式通航（6 月，一期工程主要包括连江接湖、清淤截污、显山露水、修路架桥、绿化美化，1999 年 8 月 23 日正式启动）。

“2002 年中国桂林国际环保论坛”在桂林开幕（6 月）。

中国农业银行、桂林市人民政府举行银政合作协议签字仪式，中国农业银行将投入 50 亿元人民币与桂林市合作开发旅游项目（6 月）。

桂林组团参加广西旅游经贸大篷车赴江西南昌和九江、安徽合肥、山东济南和泰安、天津、辽宁沈阳和大连、吉林长春、黑龙江哈尔滨、内蒙古海拉尔和满洲里、北京开展宣传促销活动（6 月）。

桂林市旅游局与博鳌亚洲论坛秘书处就举办旅游论坛细节事项进行具体协商，并沟通该秘书处与世界旅游组织联系和探讨合作主办事宜（6 月，北京）。

哥伦比亚议长加西亚来桂林游览（7 月）。

毛里求斯总理贾格纳特来桂林游览（7 月）。

中国桂林旅游人才市场成立（7 月，为国家人事部和自治区政府共同组建的国家级专业人才市场）。

桂林市旅游自律经营企业协会举行会员单位颁牌仪式（7月，旅游自律经营企业协会会员单位取代了原有的定点企业）。

“全国旅游市场打假打非专项整治工作会议”在桂林召开（7月，国家旅游局）。

桂林市旅游市场打假打非专项整治工作启动（7月，根据国家旅游局在全国范围开展此项工作部署进行）。

苏州市市长杨卫率苏州市政府代表团到桂林考察城市建设与管理、旅游发展情况（8月）。

交通部部长黄镇东到桂林检查磨盘山码头和竹江码头的航运安全工作（9月）。

“漓江花月夜——2002年中央电视台国际频道中秋晚会”举行并通过中央电视台国际频道向全球106个国家和地区进行现场直播（9月，中央电视台海外中心、桂林市人民政府、桂林市海外交流协会共同主办）。

中共桂林市第二次代表大会号召“为加快建设现代化国际旅游城市而奋斗”，提出“把桂林建设成为经济更加发达、文化更加繁荣、环境更加优美、人民更加富裕的现代化国际旅游城市”（10月）。

桂林漓江大瀑布饭店改扩建工程竣工并试营业（11月，由漓江饭店改按五星级标准扩建而成，饭店的标志性建筑物“九天银河大瀑布”，记入上海大世界基尼斯纪录。该工程自2001年3月启动）。

“博鳌亚洲旅游论坛”在桂林国际会展中心举行（11月，博鳌亚洲论坛、中国国家旅游局、桂林市人民政府、亚洲合作对话组织主办，讨论并通过了旨在促进亚洲国家和地区旅游业可持续展和经济共同繁荣的《博鳌亚洲旅游论坛（中国桂林）宣言》）。

“亚洲各国旅游部长圆桌会议”“高级旅游管理人员培训班”在桂林举办（11月）。

世界旅游组织秘书长弗朗西斯科·弗朗加利来桂林参加“博鳌亚洲旅游论坛”并对桂林旅游业进行考察（11月）。

桂林市与世界旅游组织举行工作会谈（11月）。

2003年：

中共桂林市委二届二次会议提出桂林旅游发展新思路：“促进两个转变，实现五个增加”（1 月，两个转变，即要从量的扩张向质的飞跃转变，从风景观光旅游为主向集风景观光、历史文化和民族风俗文化欣赏、休闲娱乐、会展和度假为一体的现代多元化旅游模式转变。五个增加，即增加旅游的文化内涵，增加游客在桂林停留时间，增加游客在桂林的消费支出，增加旅游业收入在经济总量中的比重，增加旅游业对财政的贡献率）。

《中国旅游报》社组织评选 2002 年度中国旅游十大新闻揭晓，与桂林旅游有关的 2 条新闻是：全国旅游市场整顿和“打假打非”专项整治工作深入开展并取得阶段性成果、博鳌亚洲旅游论坛成功举办并发表《桂林宣言》（1 月）。

“亚太环境与发展论坛第三届年会”在桂林举行（1 月，日本前首相、论坛执行主席桥本龙太郎主持开幕式）。

日本前首相桥本龙太郎游览桂林风光（1 月）。

“中华环境保护基金会桂林代表处”在木龙湖景区内挂牌成立（1 月）。

“中国—东盟自由贸易区高层论坛”在桂林举行。（2 月，中国对外贸易经济合作部、广西壮族自治区人民政府联合举办）。

“中国酒店业首届品牌创新研讨会”在桂林举办（2 月）。

桂林市政府召开会议，部署防范非典型肺炎工作（2 月）。

首届恭城桃花节举办（3 月）。

“中国野生动物保护协会 2001—2002 年度组织发展表彰会”在桂林举行（3 月）。

首届中国“真龙杯”摔跤节在桂林市举行（3 月）。

泰国清迈包机首航桂林（3 月）。

桂林市政府下发《关于进一步做好非典型肺炎防治工作的紧急通知》，全面启动相关工作并叫停旅游经营接待活动（4 月）。

桂林愚自乐园首期工程完工开放（4 月，展示由 47 个国家和地区的艺术家创作的 200 多件雕塑作品）。

桂林市政府下发《关于减轻非典型肺炎影响严重行业经济负担帮助企业和职工渡过难关有关措施的通知》，决定对部分行业在 5 月 1 日至 9 月 30 日期间实行政策倾斜和扶持（5 月）。

《桂林旅游成片开发研究》发布（6 月，桂林市旅游局）。

广西旅游恢复启动仪式暨“桂林永远是春天”主题宣传活动举行（6 月，桂林象鼻山景区）。

桂林—香港、桂林—澳门、桂林—汉城、桂林—福冈等区际航线和国际航线先后恢复（6月）。

科摩罗联邦总统阿扎利来桂林游览（6月）。

桂林—泰国曼谷国际航线、桂林—马来西亚吉隆坡、泰国清迈、日本大阪等国际包机航线开通。

《国务院关于桂林市城市总体规划的批复》指出，“桂林市是国家级历史文化名城和重要的旅游城市，桂北地区的中心城市”（7月）。

桂林市市长王跃飞率“桂林旅游经贸友好交流考察团”赴日本、韩国访问、推介桂林（7月）。

广西第一个国家地质公园——广西资源国家地质公园在资源县揭牌（8月，该公园由资江景区、天门景区和八角寨景区等3个地质区组成）。

大型实景演出《印象·刘三姐》在阳朔“锦绣漓江·刘三姐歌圩”景区举行开排（8月，张艺谋任总导演，梅帅元为总策划及制作人）。

“第十二届海峡两岸关系学术研讨会”在桂林召开（8月）。

德国总统约翰内斯·劳来桂林游览（9月）。

桂林市连续第五年在全国47个环境保护重点城市环境综合定量考核中居榜首（9月）。

桂林机场景观路维修改造竣工通车（9月）。

中国广西、韩国旅游经贸和文化交流活动在桂林举行（10月。此次活动由自治区旅游局、桂林市人民政府联合主办）。

“韩国周”、中韩企业家经贸合作洽谈会、中韩汽车工业发展研讨会在桂林举办（10月）。

“亚欧年轻议员第五届年会”在桂林举办（10月）。

桂林—阳朔高速公路开通（10月）。

桂北民俗博物馆在灵川县开馆（10月，桂林第一座县级博物馆，展示桂北民俗历史文化）

“日本周”举办（11月，活动内容有旅游、经贸、友城活动三大部分）。

桂林海洋世界开业（11月）。

“第五届发展中国家地理学大会”在桂林举行（11月）。

“世界旅游组织旅游目的地开发与管理地区合作研讨会”在桂林举办（12月，世界旅游组织主办）。

桂林市获国家园林城市称号（12月）。

桂林愚自乐园艺术园成为国家4A级旅游景区（12月）。

2004 年：

2004“中国百姓生活游”主题年桂林活动启动（1 月）。

伦敦和巴黎出版的《洞穴与喀斯特科学百科全书》将桂林至阳朔峰林地貌列为世界四大岩溶典型代表（1 月）。

L416 次列车由桂林火车站始发开往北京（1 月，桂林第一趟进京始发列车）。

桂林被命名为“国家园林城市”（1 月）。

《中国—东盟自由贸易区的建立对桂林旅游业发展的影响及对策研究》（2 月，桂林市旅游局）。

大型山水实景剧目《印象·刘三姐》正式公演（3 月）。

“第八届日本·中国桂林书画联展”开幕（4 月）。

桂林旅游股份公司与格里菲旅行社签署合作协议（4 月，伦敦）。

桂林海洋世界和台北海洋馆缔结为姊妹馆（5 月，桂林）。

“第十届全国书市”在桂林举行（5 月）。

“中国—东盟会展工作研讨会”在桂林举办（5 月）。

王跃飞市长访问世界旅游组织，签署双方合作协议（5 月）。

“美丽的桂林”全国摄影大赛举办（6 月，桂林市政府、中国艺术摄影协会联合主办）。

“2004 年桂台民族民俗文化交流周”在桂林举办（6 月）。

桂林市参加签署《泛珠江三角区域（部分）城市旅游合作协议》（7 月，深圳）。

中国国旅集团将桂林列为其七大营销中心之一（7 月，另六个为：北京、上海、广州、西安、重庆、大连）。

广东省广州、佛山、肇庆与广西桂林、梧州、贺州 6 个城市旅游合作协议在桂林签订，议定开展旅游合作并建立国内第一个无障碍旅游区（7 月）。

日本熊本市市长访问桂林，两市签订友好旅游交流备忘录（8 月）。

桂林电视台科教旅游频道开播（8 月）。

桂林市旅游自律经营企业协会更名为桂林市旅游景区和休闲购物企业协会（9 月）。

桂林市在“CCTV2004 年度中国魅力城市展示”活动中，获最佳中国魅力城市称号（9 月）。

世界旅游组织官员瓦拉齐先生考察桂林旅游，商讨阳朔观测点操作办法（9 月）。

《历代桂林山水风情诗词400首》出版（10月，漓江出版社，樊平编注）。

桂林广维文华旅游产业有限公司、桂林愚自乐园成为第一批国家文化产业示范基地（11月，文化部）。

“2004年中马（桂林）高尔夫球友谊赛”举办（11月，主办：马来西亚旅游局、桂林市旅游局）。

“第十七期全国旅游局长研讨班”在桂林举办（11月）。

桂林组团参加首次开进台湾的“广西旅游大篷车”进行宣传促销（12月）。

台湾旅行商桂林旅游联盟成立（12月）。

“全国旅游统计年报会议”在桂林召开（12月）。

桂林旅游房地产协会成立（12月）。

桂林“全市旅游工作座谈会”召开（12月，市委书记莫永清主持）。

桂林市市长王跃飞提出旅游行业要深入实施“四主”战略（12月，四主，即主市场、主渠道、主产品、主力军）。

《桂林旅游可持续发展研究报告》发布（12月，桂林市旅游局）。

2004年，来桂国内旅游者超过1000万人次（12月）。

2005年：

桂林旅游“质量效益年”活动启动（1月）。

“2005中国国内旅游交易会倒计时暨桂林‘红色之旅’启动仪式”举行（1月）。

“桂林山水甲天下艺术园”揭幕（1月）。

“纪念中央红军长征突破湘江暨湘江战役70周年学术研讨会”在桂林举办（1月，中国中共党史学会、广西壮族自治区党委党史研究室主办）。

桂林市委召开专题研究旅游发展工作会议（1月。莫永清书记主持）。

中共桂林市委二届五次会议召开，提出旅游业“整合资源配套成龙、错落分工差异经营、形成合力整体成长”工作思路（1月）。

桂林与杭州达成三项合作协议：市旅游局与杭州市旅游委员会签订共同打造“桂林—杭州”国际旅游强势品牌合作框架协议；市旅游房地产协会与浙江钱塘江商务旅行社签订房产促销协议；桂林旅游发展总公司与浙江省海内外商务旅游有限公司签订旅游市场推广框架协议（1月）。

《桂林会展商务旅游发展研究报告》发布（1月，桂林市旅游局）。

《桂林县域旅游发展研究报告》发布（1月，桂林市旅游局）。

“中国第五届茶花展和2005年乐满地国际茶花博览会”在桂林乐满地度假世界举行（3月）。

60多位奥地利游客参加燕京啤酒（桂林漓泉）“全生态啤酒之旅”（3月，桂林发展工业旅游以来最大一批境外旅游团）。

阳朔桂林广维文体旅游产业公司的“刘三姐歌圩”和桂林愚自乐园“全国文化产业示范基地”挂牌（3月，文化部命名，全国42个）。

“2005年全国残疾人射击射箭锦标赛”在桂林举行（3月）。

马来西亚吉隆坡—桂林国际航班开通（3月，至此桂林两江国际机场国际航班固定航线增加到6条）。

“首届中国（桂林）国际摄影节”在国务院新闻发布厅举行新闻发布会，宣布首届中国（桂林）国际摄影节将于2005年8月在桂林举行（3月）。

广西集联旅游运输有限责任公司更名为桂林旅游汽车运输有限责任公司（3月）。

《桂林市星级导游员评定办法》《桂林市星级导游员评定划分标准》出台（3月，桂林市旅游局）。

桂林市旅游协会在马来西亚吉隆坡与马来西亚国华（马）旅游公司等9家旅行社签订桂林旅游联盟合作协议（4月，2004年马来西亚旅桂游客位居到桂外国游客第二）。

桂林漓江大瀑布饭店荣膺五星级饭店。（4月，国家旅游局局长邵琪伟为饭店揭牌）。

桂林漓江剧院“龙脊魂”公演（4月，桂林旅游股份公司、桂林市旅游文化演艺有限公司推出）。

桂林乐满地度假酒店荣获“中国十大最受欢迎度假酒店”（4月）。

“第五届中国国内旅游交易会”在桂林举办，桂林推出八大旅游产品系列：观光型旅游产品、休闲度假型旅游产品、会展商务旅游产品、历史文化旅游产品、民俗风情旅游产品、城市旅游产品、红色旅游产品、专项和特种旅游产品（4月）。

台湾旅游同业公会总会“桂台心手相连考察团”应邀前来桂林观摩国内旅交会（4月）。

兴安县“秦城水街”开街（4月，秦城水街景区是指灵渠穿过县城一段两岸的街区，长约1千米）。

交通部珠江航务局在磨盘山码头举行桂林漓江获2003—2004年度“部级文

明航线”授匾仪式（4 月）。

“第二届中国—东盟高官会”在桂林召开（4 月，商务部）。

“漓江资源整合系列座谈会”召开（5 月，莫永清书记主持）。

“中国首届植物生态学前沿论坛”在桂林举行（6 月）。

“大湄公河次区域国家旅游业发展战略及实施方案第三次工作会议”在桂林召开［6 月，大湄公河次区域经济合作体（简称 GMS）1992 年成立］。

2005“路通杯”第一届全国自然水域漂流大赛第三站在资源县五排河开赛（7 月）。

山水实景演出《印象·刘三姐》获由中国演出家协会颁发的第三届“中国十大演出盛事奖”（7 月）。

“2005 中国（桂林）国际演出交易会”在桂林举办（7 月，中国演出家协会、广西壮族自治区文化厅、桂林市政府）。

《印象·刘三姐》获文化部项目创新奖（7 月）。

“2005 世界旅游组织旅游可持续性发展指标国家研讨会”举办，发表中国桂林（阳朔）宣言（7 月，阳朔）。

“世界旅游组织阳朔旅游指标观测点”奠基（7 月，世界旅游组织第一次在中国设立，中国首个世界旅游组织观测点）。

桂林市旅游局和桂林市旅游协会“让游客满意在桂林”活动启动（8 月）。

“首届中国桂林国际摄影节”举办（8 月，中国摄影家协会、联合国世界旅游组织、香港国际摄影艺术研究会、桂林市人民政府）。

桂林市旅游投入产业编表调查工作启动（8 月）。

桂林市获国家环境保护模范城市（8 月）。

桂林市获国家卫生城市称号（9 月）。

桂林组团参加长沙首届中国旅游精品博览会，桂林、长沙两市旅游局签订旅游协作友好合作协议（9 月）。

“桂台心手相连——厦门中秋联谊会”举行（9 月，厦门）。

《桂林市黄金周假日工作流程》发布（9 月）。

“西南经济区市长联席会议第十六次会议”在桂林市召开（9 月，各市代表签署“西南经济区旅游行业协议”）。

“国际旅游城市围棋邀请赛”在桂林举办（10 月）。

“园林城市与和谐社会高层论坛”在桂林举办（10 月）。

“中国（桂林）旅游城市地产发展论坛”举行（10 月）。

世界旅游组织与桂林旅游高等专科学校签署合作协议（11月，世界旅游组织首次与中国高校进行合作）。

灵川大圩镇进入第二批58个中国历史文化名镇（村）名单（11月，建设部、国家文物局）。

兴安被评选为“2005中国魅力名镇”（11月，中央电视台）。

阳朔县获“全国文化先进县”称号（11月）。

联合国世界旅游组织与桂林旅游高等专科学校在雁山新校区签署项目合作协议（11月）。

“‘桂林山水甲天下’国际译文研讨会”举办（11月，桂林市委副书记邓纯东主持，会上宣布“桂林山水甲天下”已被较准确翻译成43种语言文字）。

桂林天元国际旅行社有限公司成立（11月）。

《中国国家地理》杂志在“选美中国特辑”（精装修订版）公布114个“中国最美的地方”排名，桂林—阳朔峰林地貌名列“中国最美的五大峰林”之首，资江—八角寨—崀山丹霞地貌名列“中国最美的七大丹霞”第五位（11月）。

桂林银子岩旅游度假区成为国家4A级旅游景区（12月）。

新浪网、中华网同时举办“桂林——魅力山水城”展播月活动（12月）。

“首期中国扶贫经验国际研修班”在桂林开班（12月）。

桂林经广州至美国洛杉矶、法国巴黎和澳大利亚悉尼的代码共享国际航线开通（12月）。

桂林入境游客过百万迎接颁奖仪式举行（12月，两江国际机场）。

2005年，桂林入境旅游者突破100万人次。市长王跃飞题词“‘百万大关’铸就辉煌，桂林旅游名扬世界”（12月）。

广西壮族自治区人民政府、国家旅游局分别给桂林市人民政府发来贺电，祝贺桂林市2005年接待入境旅游者突破100万人次（12月）。

2006年：

桂林旅游“诚信旅游年”活动启动（1月）。

“卫生部与世界卫生组织第二期——中国世界卫生组织药物生产资格认证培训班”在桂林举办（1月）。

漓泉啤酒“全国工业旅游示范点”挂牌（1月）。

桂林“两江四湖”成为国家4A级景区（1月）。

桂林—首尔航线复航（1月）。

桂林市委书记莫永清、市委副书记邓纯东、副市长潘建民出席全市旅游工作会议并讲话（2 月）。

桂林 2005 年入境游客突破百万跻身 2005 年广西十大经济新闻（2 月）。

国务院发文公布 22 处新建国家自然保护区，广西灌阳千家洞被列为国家级自然保护区（2 月）。

《漓江》邮票在桂林首发（2 月）。

日本全国旅行行业协会代表团访问桂林（2 月）。

恭城红岩村全国农业旅游示范点揭牌（2 月）。

桂林市国民经济和社会发展第十一个五年规划获批实施（3 月，十一五起，五年计划改为五年规划）。

“桂台旅游相见欢——新春团拜会”举行（2 月，哈尔滨）。桂林市旅游交流考察团赴台湾交流，授予台湾相关旅游企业“桂林旅游贡献奖”（3 月）。

台湾“桂林旅游大联盟”成立（3 月）。

象山景区“全国精神文明先进单位”揭牌（3 月）。

世界旅游组织秘书长弗朗加利与桂林市市长张秀隆就加强合作互致信函（3 月）。

阳朔西街被评为“中国最值得外国人去的 50 个地方”之一（4 月，全国 31 家都市类报刊单位联合组织评选）。

桂林市两江四湖环城水系公园获得 2005 年“中国人居环境范例奖”（4 月，建设部城市园林绿化先进表彰会）。

桂林愚自乐园开园（4 月）。

“2006 中国西部发展论坛”在桂林举办（4 月）。

广西壮族自治区旅游局局长肖建刚、桂林市市长张秀隆到桂林市旅游咨询服务中心检查指导（5 月）。

“广西旅游中级人才培训基地”在桂林市职业教育中心挂牌成立（5 月）。

“走进靖江王城，解读历史春秋”摄影大赛启动仪式在靖江王府正门举行（5 月）。

《桂林国际旅游航线和包机开发研究报告》发布（5 月，桂林市旅游局）。

《桂林市诚信旅游企业评选办法》《桂林市诚信旅游企业基本条件》出台（5 月，桂林市旅游局，同时出台诚信旅游企业、诚信星级饭店、诚信旅游购物店考评细则）。

八路军桂林办事处经修复后开放（5 月）。

国际知名媒体 DISCOVERY（发现之旅）来桂林拍摄（5 月）。

集聚桂林社会各界高端人士的首次“桂林旅游沙龙”举办（5 月，每月一次，延续到 2009 年）。

《桂林旅游“十一五”信息化发展战略》出台（5 月，桂林市旅游局）。

兴安秦城遗址、灵川江头村和长岗岭村、全州燕窝楼、恭城古建筑群、兴安全州灌阳湘江战役旧址成为第六批国家文物重点保护单位（5 月）。

《桂林导游队伍建设与管理研究报告》发布（6 月，桂林市旅游局）。

《桂林旅游集散中心介绍研究报告》发布（6 月，桂林市旅游局）。

兴安秦城遗址，兴安、全州和灌阳的湘江战役旧址，灵川县江头村和长岗岭村古建筑群，全州燕窝楼以及恭城古建筑群成为第 6 批全国重点文物保护单位（6 月）。

桂林至下龙国际旅游客运班线开通（7 月）。

《桂林市旅游业“十一五”规划》发布，推出山水观光、休闲度假、历史文化、会展商务、体育健身、民俗风情、城市旅游、红色旅游八大类系列旅游产品（7 月）。

“漓江奥林苑杯”2006 年第十二届全国青少年软式网球锦标赛在桂林市体育中心举行（7 月）。

“空中金三角”签字仪式暨新闻发布会在桂林举行（7 月，桂林市旅游局发起，与重庆市旅游局、厦门市旅游局合作，以招徕、接待台湾游客为重点，桂林—重庆—厦门连成“空中金三角”）。

桂林首家日本独资酒店——桂林幸运酒店公寓正式开业（7 月）。

“《〈印象·刘三姐〉文化产业总体成果评估及前景研究报告》论证会”在阳朔召开（7 月，文化部文化产业司、自治区文化厅）。

“首届桂林资源五排河大众漂流节”举办（8 月）。

2006“奇瑞杯”全国车辆模型锦标赛暨全国青少年车辆模型锦标赛在桂林举办（8 月）。

桂林旅游促销小分队赴韩国开展促销活动（8 月）。

桂林旅游促销团开展对中原地区促销活动（8 月）。

英国 BBC 电视台与桂林商讨旅游宣传合作（8 月）。

越共中央总书记农德孟来桂林游览（8 月）。

灵川县与日本山梨县西桂町结为友好城市（8 月）。

国有全资的桂林中国国际旅行社完成体制改革，成为由桂林中国国际旅行社、桂林旅游发展总公司和广州宏佳伟业有限公司共同持股的混合型股份制企业。公司更名为桂林中国国际旅行社有限责任公司（9月）。

中共桂林市第三次代表大会号召“为加快建设现代化国际旅游城市而奋斗”，莫永请书记提出桂林要建设“世界山水文化体验之都、休闲度假上选之市、投资创业首选之城”（9月）。

菲律宾总统阿罗约来桂林游览（9月）。

《桂林旅游会展和节庆发展研究报告》发布（9月，桂林市旅游局）。

“泛漓江流域旅游圈”发展战略研讨会召开（9月）。

桂林旅游质监所与桂林旅游所有专业协会签署《互动协议》（9月）。

“2006年区域旅游开发国际高峰论坛”在桂林开幕（9月，桂林市人民政府与《商务周刊》杂志社、世界旅游及旅行理事会共同）。

桂林市作为唯一受邀中国代表，出席在波兰托伦市举行的“科技进步和城市绿地——城市自然资源国际大会”，市长张秀隆在会上作主题发言（10月）。

应联合国世界旅游组织邀请，桂林市市长张秀隆率桂林市政府代表团到世界旅游组织进行工作访问（10月）。

桂林导游公司甘玲获“全国模范导游员”称号（10月，全国首届导游大会）。

桂林市旅游局参加“亚欧会议旅游合作发展论坛暨展览”会（10月，烟台，商务部、国家旅游局、山东省人民政府主办）。

桂林参加“第八届中国南方旅游城市协作体年会”（10月，南昌）。

印度尼西亚总统苏西洛来桂林游览（10月）。

桂林古东瀑布景区、桂林靖江王城景区、兴安灵渠景区成为国家4A级旅游景区（10月）。

首届“中国桂林永福福寿节”举办（10月）。

缅甸总理梭温来桂林游览（11月）。

“首届中国（桂林）国际市民徒步大会”在中心广场启动（11月，国际市民体育联盟中国总部、广西旅游协会主办）。

恭城瑶族自治县莲花镇红岩村入选“2006年度全国魅力乡村”（11月，中央电视台）。

桂林参加“2006中国旅游投资洽谈会”（11月，宁波）。

“桂林旅游发展座谈会”召开（11月，张秀隆市长主持）。

桂林象鼻山近日与法国诺曼底大区艾特大市象鼻山结为友好景区（11月）。

世界旅游组织亚太部主任沃尔玛一行访问桂林（11月）。

桂林参加2006广东国家旅游文化节（11月）。

桂林作为观察员城市参加国家旅游局开展的“创建中国最佳旅游城市”试评工作（11—12月，成都、杭州、大连）。

桂林市“首届海峡两岸美食文化节”在西城路步行街举办（12月）。

“桂台旅游联谊座谈会”召开（12月，桂林）。

桂林旅游网当选“2006年度中国十大优秀政府旅游网站”（12月）。

广西师范大学成为国家4A级景区（12月，全国高校唯一4A级景区）。

桂林进入“中国旅游关注指数”排名前十（12月，中国社会科学院旅游研究中心推出，前十名为：北京、上海、广州、昆明、深圳、桂林、成都、珠海、重庆、哈尔滨）。

桂林龙胜龙脊梯田农业观光区、临桂刘三姐茶园、临桂蝴蝶谷瑶寨旅游区、阳朔历村获得“全国工农业旅游示范点”殊荣（12月，国家旅游局）。

桂林进入“中国青年喜爱10个的旅游城市”（12月，中国青年报主办，10个城市为：北京、昆明、成都、杭州、厦门、西安、桂林、南京、大连、丽江）。

桂林山水进入“中国青年喜爱的10个旅游景区”（12月，10个景区为：九寨沟、黄山、亚龙湾、丽江、西湖、香格里拉、峨眉山、张家界、桂林山水、黄果树瀑布）。

2007年：

桂林旅游“品牌提升年”活动启动（1月）。

“中国旅游营销年会”在阳朔召开，中国旅游营销联盟和中国旅游营销专家委员会同时成立，中国旅游营销专家委员会发表《桂林宣言》（1月）。

全国航线分配会议在桂林召开（1月）。

桂林召开“旅游暨第三产业发展工作会议”（3月，市委书记莫永清出席并讲话）。

旅游咨询中心杉湖咨询站全国“巾帼文明站”揭牌（3月）。

《桂林旅游发展阶段与旅游目的地管理》大型讲座举办（4月，主讲人：世界旅游组织专家保继刚教授）。

桂林“旅游大篷车”赴衡阳、南昌、合肥、扬州、南京、常州、无锡、上海、苏州开展宣传促销（4月）。

桂林市旅游局赴美国促销，拜访世界旅游旅行理事会主席，与CNN、内华达州旅游局、美国旅游协会进行合作洽谈（4月）。

桂林市旅游局获“全国旅游系统先进集体”称号（4月）。

桂林市漓江景区、桂林市乐满地休闲世界进入第一批国家5A级旅游景区名单（5月，全国共66个）。

兴安县举办首届“桂林米粉节”（5月）。

桂林、昆明、成都在阳朔联合成立“西部中国旅游营销联盟”，以欧美市场为主共推“西部中国”旅游产品（5月）。

桂林组团参加“广西旅游大篷车”赴马来西亚、泰国、柬埔寨、越南开展宣传促销活动促销（5月）。

桂林市市长张秀隆率多个部门到旅游局调研并主持旅游发展座谈会（6月）。

桂林晚报举办大型公益采访活动“走漓江”，并召开多名专家学者参加的“漓江专题研讨会”（6—9月）。

世界旅游组织秘书长弗朗加利、亚太部代表徐京访问桂林（6月）。

亚太旅游协会副总裁迈克·雅兹、中国区代表常红访问桂林（6月）。

首届“联合国世界旅游组织/亚太旅游协会旅游趋势研究大会”在桂林召开（6月）。

世界旅游组织秘书长弗朗加利为桂林旅游网题词（6月）。

高新珠宝有限公司获“全国青年文明号”称号（6月）。中东欧七国旅行社联袂来桂林考察（7月）。

桂林市邀请部分国内专家召开“桂林旅游发展座谈会”（7月）。

桂林组团参加“中国北方旅游交易会”（7月，呼和浩特）。

《桂林市建设现代化国际旅游城市的标准和发展战略》出版（7月，中国旅游出版社，课题组组长：潘建民）。

《桂林旅游发展专题研究》出版（7月，中国旅游出版社，主编：李志刚）。

《中国县域旅游典范：阳朔现象》出版（7月，漓江出版社，黄伟林、何金桃等著）。

桂林市向国家旅游局调研组建议国家将桂林确定为旅游综合性试验区域（8月）。

《桂林近400年名家诗词选》出版（8月，中国文史出版社，张次辉编著）。

《世界山水文化体验之都——魅力桂林游》出版（8月，中国旅游出版社，李志刚主编）。

桂林组团参加广西旅游促销团赴俄罗斯、白俄罗斯、阿塞拜疆进行宣传促销（9月）。

广西壮族自治区政府向成立于 2001 年的“广西旅游科学研究所”授牌（9 月，桂林旅游学院举办）。

桂林组团参加“中国湖南旅游节暨旅游精品博览会”（9 月）。

《桂林漓江船舶安全和防污染监督管理规定》颁布（10 月，广西海事局、桂林市政府）。

桂林市旅游局在自治区党委书记刘奇葆桂林调研座谈会上汇报桂林申报国家旅游综合改革试验区有关工作（10 月）。

“第六届全国旅游城市质监互动会议”在桂林举行（10 月）。

桂林旅游协会与香港旅游业议会、台湾旅游品质保障协会签署旅游品质保障合作协议（10 月）

《旅游市场监管与品质保障——桂林的探索与实践》出版（10 月，中国旅游出版社，李志刚主编）。

桂林两江国际机场的年旅客吞吐量突破 400 万人次（11 月）。

《桂林市旅游市场营销规划》编制完成（11 月，戴光全主持）。

阳朔获“中国旅游强县”称号（11 月）。

“桂台合作二十年高尔夫联谊赛”举办（11 月）。

桂林广播电视与深圳广电集团建立广电合作体，合办桂林人民广播电台旅游音乐广播和桂林电视台科教旅游频道（12 月）。

“首届国际旅游教育论坛”在桂林旅专举办（12 月）。

2008 年：

桂林旅游“优质服务年”活动启动（1 月）。

“继承与发展——第四届全国中国画名家学术邀请巡回展”在桂林举办（1 月）。

《桂林：中国一张漂亮的名片》出版（1 月，广西师范大学出版社，谢迪辉著）。

桂林八桂斋成立 50 周年“名山、名水、名城、名店、名家、名作美术作品邀请展”举办（1 月）

桂林市旅游局赴美国开展系列促销活动（1 月）。

美国“桂林旅游大联盟”成立（1 月）。

中共中央总书记胡锦涛在桂林指导抗灾救灾（2 月）。

国家旅游局副局长杜江代表国家旅游局到桂林指导抗灾救灾（2 月）。

“第十一届海峡两岸旅游联谊会”在桂林召开（2月）。

桂林参加的“‘9+10’区域旅游合作”开启（2月，北京，“9+10”为9省10市，即环渤海地区北京等9省和国内10个热点旅游城市，此项活动之后一直延续开展）。

“中国山水画艺术双年展”在桂林举行（3月，中国美术家协会、桂林市政府共同主办，每两年一届在桂林举办）。

桂林市旅游局在南京开展“2008我想去桂林，北京奥运会，桂林旅游年”系列促销活动（3月）。

桂林旅游推介会在印度尼西亚吉隆坡进行（3月）。

桂林—大阪航线开通（3月）。

桂林与越南、柬埔寨旅游协会签署旅游联盟合作协议（4月）。

第二届兴安“桂林米粉节”举办（4月）。

泛珠9+2旅游大放送电视联合体2008在桂林召开（4月）。

《桂林论坛》创刊（4月，其前身为《桂林旅游高等专科学校学报》）。

桂林穿山景区、桂林荔浦丰鱼岩旅游度假区、桂林龙胜温泉旅游度假区成为国家4A级旅游景区（4月）。

桂林市在国家旅游局汇报工作，进一步提出申报国家旅游综合改革试验区建议（5月）。

应世界旅游组织秘书长邀请，桂林市旅游局出席“联合国世界旅游组织亚太都市旅游会议”（6月，日本神户）。

桂林组团参加广西旅游促销团赴台湾促销（6月）。

桂林市漓江风景名胜区管理委员会办公室、漓江风景名胜区管理局成立（7月）。

桂林市博览事务局成立（8月）。

上海世界博览会宣传片摄制组到桂林漓江、阳朔西街、大榕树、兴坪等地取景拍摄（8月）。

桂林市旅游局与台湾六大旅行公（协）会负责人座谈交流（9月，厦门）。

“桂林北海旅游合作座谈会”召开，两地签署旅游合作协议（8月，市委书记高雄、北海市委书记温卡华出席）。

“中国旅游人联盟”成立大会在桂林举行（9月）。

桂林市旅游局与俄罗斯无国界旅游协会签署旅游联盟合作协议（9月）。

“中国长寿与发展高峰论坛”在永福召开（9月）。

“第三届桂林永福国际养生福寿节”举行（10月）。

阳朔碧莲江景大酒店开业（10月）。

《当代名人与桂林》出版（10月，中国新闻出版社，一、二、三、附卷，袁凤兰主编）。

“桂林—中国一张漂亮的名片”图片展在比利时布鲁塞尔举办（10月，欧洲议会协办）。

桂林参加“2008年杭州国际友好城市市长峰会”，市长李志刚在峰会论坛上发表演讲，阐述桂林旅游坚持人与自然和谐、走可持续发展道路的理念（10月）。

“广西旅游与科学发展——‘阳朔现象’理论研讨会”召开（10月）。

桂林首条旅游观光公交线路“旅游观光1号”开通（10月）。

“2008桂林山水文化旅游节”举办，桂林推出六条旅游精品路线：山水风光体验之旅、休闲度假浪漫之旅、民俗风情精彩之旅、绿色环保生态之旅、历史文化追寻之旅、户外运动时尚之旅（11月，旅游节由旅游、文化、体育、美食、网络互动、展销、演艺7大板块16项主题活动组成，桂林山水文化旅游节因故中断8年恢复举办。）。

中外旅游界嘉宾共谋旅游发展大计的《桂林倡议》发表（11月）。

“2008桂林国际酒店用品暨户外旅游休闲运动用品博览会”在桂林国际会展中心开幕（11月）。

由联合国教科文组织（UNESCO）在地球科学领域批准成立的第一个国际二类研究中心——国际岩溶研究中心（IRCK）在桂林岩溶研究所挂牌（12月）。

“第二届联合国世界旅游组织／亚太旅游协会旅游趋势与展望国际论坛”在桂林召开（12月，会名更改为“国际论坛”）。

“2008桂林特色旅游纪念品、工艺品征集活动”结束（12月）。

桂林至阳朔高速公路建成通车（12月）。

修编后的《桂林旅游发展总体规划》通过专家评审（12月，修编主持人：保继刚，评审委员会主任：魏小安）。

2008年，来桂国内旅游者超过1500万人次（12月）。

2008年，桂林旅游总收入突破100亿元（12月）。

2009年：

桂林“精品旅游年”活动启动（1月）。

中共桂林市委三届六次全会提出：坚持走“农业稳市、文化立市、旅游兴市、工业强市”之路（1月）。

桂林尧山景区、荔浦荔江湾景区成为国家4A级旅游景区（2月）。

桂林市启动国务院《旅行社条例》学习贯彻工作（2月）。

全国政协主席贾庆林视察桂林（3月）。

桂林市与波兰人民共和国托伦市结为友好城市（3月）。

桂林市旅游局与联合国世界旅游组织在北京签署内容为“联合国世界旅游组织旅游趋势与展望国际”每年在桂林举办一次的意向书（4月）。

广西科举文化陈列馆在明靖江王城广西贡院旧址开馆（5月）。

桂林—台湾直航包机首航（5月）。

桂林市首个生态博物馆在灵川长岗岭村揭牌（5月）。

海南省省长罗保铭率领海南省政府代表团在桂林市就旅游业发展情况进行考察（6月）。

“第三届国际大众漂流节”在资源县五排河举办（6月）。

《广西旅游与社会科学发展——阳朔现象探究》出版（6月，华夏出版社，主编：唐天生、陈宪忠）。

自治区政府印发《2009年广西深化经济体制改革工作若干意见第通知》，提出在桂林开展旅游综合改革试验区建设（7月）。

桂林市政协“加快推动桂林旅游产业转型升级专题协商会”举办（7月，主办：桂林市政协，市委书记刘君、市长李志刚出席）。

桂林市委书记、市人大常委会主任刘君率领桂林市代表团在美国开展桂林城市推介活动（9月）。

联合国世界旅游组织阳朔旅游观测点揭牌，中山大学阳朔社区旅游研究基地同时挂牌（10月）。

阳朔河畔度假酒店开业（10月）。

桂林市召开旅游产业发展大会，提出全面加快建设现代化国际旅游名城、历史文化名城、生态山水名城及世界级旅游目的地和旅游集散地的目标，开启桂林旅游业“二次创业”（11月，广西壮族自治区旅游局局长肖建刚、市委书记刘君、市长李志刚出席并讲话）。

世界旅游组织秘书长瑞法依一行访问桂林（11月）。

“第三届联合国世界旅游组织／亚太旅游协会旅游趋势与展望国际论坛”在桂林举办（11月）。

桂林与世界旅游组织等合作方签署论坛永久落户桂林协议（11月）。

“第二届桂林国际山水文化旅游节”举办（11 月，此次开始，正式定名“桂林国际山水文化旅游节”）。

“2009 年中国·桂林生态文化博览会在桂林国际会展中心举行（11 月）。

“2009 年第四届中国（桂林）国际市民徒步大会暨龙胜户外旅游节”开幕（11 月）。

“联合国世界旅游组织／亚太旅游协会旅游趋势与展望国际论坛桂林秘书处”在桂林市旅游局挂牌（11 月）。

“全国汽车短道拉力赛”在荔浦县锦龙国际赛车场举行（12 月）。

“首届中国桂林创新创意文化节暨桂林动漫节”举办（12 月）。

国务院下发《关于进一步促进广西经济社会发展的若干意见》，明确“建设桂林国家旅游综合改革试验区，打造桂林国际旅游胜地”（12 月）。

《中国旅游报》头版刊登桂林成为“国家旅游综合改革试验区”消息（12 月）。

桂林应邀参加联合国记者协会年会并在会上宣传推介桂林（12 月）。

阳朔图腾古道·聚龙潭景区成为国家 4A 级旅游景区（12 月）。

2010 年：

桂林旅游“服务质量提升年”活动启动（1 月）。

桂林市旅游公共服务管理处成立（1 月，全国首个，原桂林市旅游咨询服务中心和桂林旅游网络信息中心合并组建）

桂林与中青旅控股股份有限公司签署旅游战略合作协议（1 月，北京，李志刚市长出席）。

《桂林漓江流域富民特色旅游项目规划》通过专家评审（1 月）。

桂林市委书记刘君、市长李志刚率桂林市党政代表团到海南考察海南国际旅游岛建设情况（2 月）。

由江苏省南京市牵头，北京、上海、杭州、南京、西安、成都、青岛、苏州、无锡、桂林、三亚、黄山 12 个城市旅游部门召开旅游品质提升合作会议，成立旅游品质提升联盟，《旅游品质提升合作宣言》发布（2 月，南京）。

广西壮族自治区政府副主席高雄，桂林市委书记刘君，市长李志刚到北京向国家旅游局局长邵琪伟等领导汇报桂林国家旅游综合改革试验区相关工作（3 月）。

桂林市在漓江沿线兴安县、灵川县、雁山区、阳朔县启动“百里漓江绿化、彩化、花化、果化工程”（3 月）。

桂林当选中国 5 A级旅游景区城市联盟副主席城市（3 月，海南，55 个城市加盟）。

桂林香格里拉大酒店开业（3 月）。

广西壮族自治区政府主席马飚到桂林考察漓江补水枢纽工程（5 月）。

桂林市市长李志刚率团参加“第十届世界旅游旅行大会”（5 月，北京）。

广西壮族自治区党委书记郭声琨到靖江王城景区调研（6 月）。

“世界审计组织环境审计工作组第十三次大会”在桂林举行（6 月）。

《桂林国家旅游综合改革试验区总体方案及规划纲要》在北京通过专家评审（6 月，中国经济体制改革研究会、中国经济体制改革杂志社编制）。

桂林市委书记刘君率市经贸文化代表团到香港开展推介建设桂林国家旅游综合改革试验区、临桂新区系列活动（7 月）。

桂林组团到阿拉伯联合酋长国、土耳其开展旅游推介活动（8 月）。

《（2008—2020）桂林市旅游发展总体规划（修编）》出版（8 月，广西师范大学出版社）。

桂林与波兰托伦市结为友好城市（8 月）。

“第四届联合国世界旅游组织／亚太旅游协会旅游趋势与展望国际论坛”在桂林举办（9 月）。

“首届中国桂林国际旅游博览会”举办（9 月）。

2010“漓泉杯”第五届中国（桂林）国际市民徒步大会活动启动（9 月）。

桂林成为国家首批服务业综合改革试点区域（9 月）。

“2010 中国（桂林）旅游创意营销论坛”举办（10 月）。

“第二届中国 · 桂林创新创意文化节暨桂林国际动漫节”举办（10 月）。

桂林市委书记刘君率桂林旅游推介代表团到西班牙马拉加省和巴塞罗那市、瑞士日内瓦、奥地利斯太尔市开展桂林旅游推介活动（10 月）。

《印象 · 刘三姐》《梦幻漓江》列入文化部、国家旅游局“全国文化旅游重点项目支持名录”（10 月）。

《印象 · 刘三姐》获首届中国国际文化旅游节文化旅游发展贡献奖（10 月）。

《桂林休闲地图》出版（10 月，广西师范大学出版社，主编：张迪）。

桂林市被评为“2010 中国最佳休闲城市”（11 月，中国旅游协会休闲度假分会、全国休闲标准化技术委员会、人民网等单位联合举办）。

“2010 中国桂林 · 史前文化遗产国际高峰论坛暨中国博物馆协会史前遗址博物馆专业委员会第八届研讨会”在桂林甑皮岩遗址博物馆举办，中国桂林洞穴遗址考古研究中心揭牌成立（11月）。

“第二届中国山水画艺术双年展”在桂林美术馆举办（11月）。

2010“恒升杯”全国汽车短道拉力赛在荔浦县举办（12月）。

中共中央总书记江泽民视察桂林（12月）。

首届中国民族旅游论坛暨中国人类学民族学研究会民族旅游专业委员会成立大会在桂林理工大学举行（12月）。

《桂林旅游“十二五”发展规划》通过评审（12月，桂林旅游高等专科学校编制）。

龙胜龙脊梯田景区、桂林南溪山景区、永福金钟山旅游度假区成为国家4A级旅游景区（12月）。

2010年，来桂国内旅游者人数超过2000万人次。

2011年：

《桂林旅游发展研究文集（2000—2010）》出版（2月，北京大学出版社、中国林业出版社，林业江、庞铁坚主编）。

桂林市第三届人民代表大会第七次会议通过《关于加快推进桂林国家旅游综合试验区建设的决议》（2月）。

桂林市商务工作会议将商旅一体化战略定位为商务工作五大战略之首，强力助力桂林国家旅游综合改革试验区建设（3月）。

桂林市市长李志刚访问世界旅游组织，并将授予秘书长瑞法伊为桂林市“荣誉市民”证书交予瑞法伊（4月）。

中山路夜市迁至交通路及西城路、临桂路、白果巷部分路段并开市，更名为桂林旅游休闲区（象山夜市）（5月）。

广西壮族自治区政府主席马飚在桂林市实地考察临桂新区规划建设并召开桂林世界旅游城建设规划现场办公会，研究部署桂林世界旅游城建设工作（5月）。

桂林猫儿山国家级自然保护区被联合国教科文组织人与生物圈计划国际协调理事会纳入世界生物圈保护区网络（5月，全国第28个）。

“加快桂林国家旅游综合试验区建设理论研讨会”在阳朔召开（5月，广西壮族自治区政府发展研究中心等主办）。

“首届环千家峒汽车旅游集结赛”举办（7月，广西壮族自治区农业厅、桂林市政府主办）。

阳朔兴坪镇、恭城莲花镇红岩村进入第二批全国特色景观旅游名镇（7月，住房和城乡建设部、国家旅游局）。

桂林市委书记刘君、市长李志刚率队向国家发改委专题汇报桂林国际旅游综合试验区建设情况（8月）。

中共桂林市第四次代表大会召开，提出“加快建设国际旅游名城、历史文化名城、生态山水名城”（8月）。

“2011中国桂林国际旅游博览会”举办（9月，广西壮族自治区党委书记郭声琨宣布开幕）。

“第三届中国桂林创新创意文化节暨桂林国际动漫节”举办（9月）。

《桂林市志（1991—2005）》首发（10月）。

桂林举行“世界旅游城”揭幕仪式（10月，自治区党委书记郭声琨、自治区主席马飚为项目揭幕，自治区批准《桂林世界旅游城概念规划》）。

“第五届联合国世界旅游组织／亚太旅游协会旅游趋势与展望国际论坛”在桂林举办（10月）。

“第三届桂林国际山水文化旅游节”举办（10月）。

《广西壮族自治区漓江流域生态环境保护条例》公布（11月）。

桂林临桂“2011国际湿地文化”节举办（11月，中国湿地保护联盟在临桂成立）。

“第四届中国绿色发展高层论坛”在桂林举办，桂林市被评为2011年“中国十佳绿色城市”（12月，中国生态文明研究与促进会、中国环境科学学会、中国林业经济学会、中国治理荒漠化基金会联合主办）。

“全国休闲农业创新发展会议”在阳朔召开（12月，中国农学会等主办）。

“文化创意与城市可持续发展高峰论坛”在桂林召开（12月，北京奥运城市发展促进会、桂林市政府主办）。

阳朔县与美国莫尔黑德市结为友好城市（12月）。

2011年，桂林旅游总收入突破200亿元（12月）。

2012年：

桂林市获“2012年度TOP 10国内最佳旅游目的地”称号（1月，携程网）。

国家旅游局确定桂林乐满地旅游开发有限公司为首批全国旅游标准化示范单位（2月，全国共57家）。

《桂林市人民政府关于加快发展桂林会展业的意见》获市政府常务会议通过（3月）。

桂林成为国土资源部旅游用地改革五个试点城市之一（3月，另四个为成都、秦皇岛、舟山、张家界）。

国家发改委产业与技术经济研究所专家组对桂林市进行国际旅游胜地建设开展专题调研（3月）。

《桂林国际旅游胜地建设发展规划纲要》编写工作完成（4月）。

广西壮族自治区副主席高雄、桂林市市长李志刚率自治区、桂林市有关部门负责人前往北京参加国家部委联合调研组桂林调研工作启动会议（5月）。

由国家发展改革委牵头、国家发展改革委社会发展司司长王威带队，民政部、住建部、国家旅游局、外交部、公安部、财政部、国土部、环保部、交通部、水利部、海关总署、税务总局、民航局等14个国家部委组成的国家部委联合调研组到桂林进行专题调研（5月）。

国家发展改革委组织国家发展改革委产业与技术经济研究所、自治区发展改革委、自治区旅游局、桂林市等相关负责人对《桂林国际旅游胜地建设发展规划纲要》举行修改完善（6月，北京）。

广西壮族自治区政府将《桂林国际旅游胜地建设发展规划纲要（送审稿）》上报国家发展改革委（8月）。

桂林刘三姐大观园成为国家4A级旅游景区（8月）。

国家发改委在北京组织听取《桂林国际旅游胜地建设发展规划纲要》意见的座谈会（5月）。

《桂林米粉》出版（8月，广西师范大学出版社，张迪主编）。

桂林经典刘三姐大观园景区、桂林市神龙水世界景区成为国家4A级旅游景区（8月）。

国家发改委将《桂林国际旅游胜地建设发展规划纲要》文稿上报国务院（10月）。

《桂林市旅游业发展“十二五”规划》获市政府常务会议通过（10月）。

“第六届联合国世界旅游组织／亚太旅游协会旅游趋势与展望国际论坛”在桂林举办（10月）。

桂林市申报第二期“中国南方喀斯特”世界自然遗产相关文本获市政府常务会议通过（11月）

《桂林国际旅游胜地建设发展规划纲要》经国务院同意，获国家发改委批准实施（11月）。

独秀峰·王城景区晋升国家5A级旅游景区（11月）。

中国会奖旅游城市联盟召开首届年会，桂林与北京、上海、天津、成都、杭州、昆明、西安、南京、广州等 14 个旅游城市组成“中国会奖旅游城市联盟”（11 月）。

桂林龙胜平安乡龙脊村等 19 个村落名列首批中国传统村落名录（12 月，住房和城乡建设部公布）。

桂林旅游执法支队成立（12 月）。

阳朔县成为全国首个年接待游客破 1000 万人次县（12 月）。

2013 年：

中共桂林市委四届三次全会通过《中国共产党桂林市委员会关于加快桂林国际旅游胜地建设的决定》（1 月）。

《灵渠古风录》出版（1 月，中国文联出版社，胡琳主编）。

阳朔蝴蝶泉旅游景区成为国家 4A 级旅游景区（1 月）。

阳朔县与法国老安阿西市结为友好城市（2 月）。

桂林市委提出实施“寻找文化的力量，挖掘文化的价值”战略（3 月）。

桂林市委书记赵乐秦、市长黄俊华率队赴北京、香港、深圳、南宁、台北举办五场新闻发布会和项目推介会（3—8 月）。

桂林至兴安高速公路通车（4 月）。

《桂林漓江风景名胜区总体规划（2013—2025）》获国家住建部批复（5 月）。

《“智慧桂林”总体规划》实施（5 月）。

桂林市旅游行业启动学习宣传贯彻《中华人民共和国旅游法》活动（5 月）。

“第 31 次大湄公河次区域国家旅游工作组会议”“2013 湄公河旅游论坛”在桂林召开（6 月）。

《桂林市旅游产业用地改革试点总体方案》获国土资源部批复（6 月，桂林为全国首个试点城市）。

桂林市商务局出台行动计划：到 2020 年全力构建与国际旅游胜地相匹配的“安全、优质、便利的吃、住、购城市供给新格局”（6 月）。

桂林旅游重庆推广中心授牌（7 月，重庆，自 2006 年首家桂林旅游形象推广中心落户广东以来，桂林又在湖北、陕西建立）。

广西“全区旅游发展大会”在桂林举行（7 月，自治区党委书记彭清华、主席陈武出席）。

人民银行桂林市中心支行《加大金融支持桂林国际旅游胜地建设打造桂林诚

信旅游城市的指导意见》获市政府常务会议通过（7月）。

桂林罗山湖旅游休闲水上乐园完工试业（7月）。

桂林西山公园成为国家4A级旅游景区（7月）。

桂林市成为国家第二批智慧城市试点城市（8月）。

桂林愚自乐园携手法国地中海俱乐部在园内创建的地中海度假村开业（9月）。

桂林参加的“湘桂高铁沿线7城市旅游联盟”成立（9月，衡阳）。

“第四届中国桂林国际旅游博览会”举办（9月）。

桂林市政府常务会议会议指出，要通过“智慧桂林”建设，引领和支撑桂林国际旅游胜地建设（10月）。

“第七届联合国世界旅游组织 / 亚太旅游协会旅游趋势与展望国际论坛”在桂林举办（10月）。

“第四届桂林国际山水文化旅游节”举办（10月）。

“第五届中国桂林创新创意文化节暨国际动漫节”举办（10月）。

桂林与土耳其穆拉特帕夏市结为友好城市（10月）

桂林首条健身休闲步道在桃花江旅游度假区内建成（10月）。

桂林旅游产业用地改革试点工作领导小组办公室在市国土资源局挂牌（11月）。

桂林市政府常务会议审议并原则通过《桂林市城市建筑特色指导意见》（12月）。

湘桂高铁开通运营，桂林至北京只需8小时，桂林进入高铁时代（12月）。

2013年，桂林旅游总收入接近350亿元（12月）。

2014年：

中共桂林市委四届四次全会提出，“紧紧围绕桂林国际旅游胜地建设‘一本蓝图绘到底’”（1月）。

《桂林旅游产业用地改革试点若干政策》出台（1月）。

桂林市启动创建国家卫生机场相关工作（1月）。

桂林市成为国家电子商务示范城市（3月）。

桂林市政府常务会议审定《灵渠保护和管理规划》（3月）。

桂林市政府召开常务会议，重点研究漓江风景名胜区水上游览统一管理改革的相关措施及桂林市72小时过境免签等相关工作（6月）。

桂林航空旅游集团有限公司成立（6月，桂林市经济建设总公司、桂林市临桂新区城市建设投资有限公司、桂林市旅游发展总公司、海航旅游集团有限公司共同出资）。

桂林甑皮岩国家考古遗址公园揭牌（6月）

桂林与贵州施秉、重庆金佛山、广西环江组成“中国南方喀斯特二期”入选世界自然遗产获得通过（6月，第53次世界遗产大会）。

桂林市政府印发《桂林旅游产业用地改革试点若干政策（试行）》（6月）。

51个国家公民72小时过境免签政策开始实施（7月）。

《桂林市传统村落保护和发展整体实施方案》获市政府常务会议通过（7月）。

桂林对漓江管理体制实施“统一管理、统一经营、统筹各方利益”改革（8月）。

桂林玉圭园水上乐园开业（8月）

桂林市政府常务会议通过《桂林市养生养老健康产业发展规划（2014－2025年）》（9月）。

桂林漓江风景名胜区管理委员会与中华环保基金会桂林代表处签订合作协议，设立漓江生态环境保护专项资金（9月）。

《创新驱动与国际旅游胜地建设：桂林国际旅游胜地背景下的高新产业发展研讨会文集》出版（9月，广西师范大学出版社，何运保、唐庆林、王清荣主编）。

桂林市政府召开常务会议，重点研究加快桂林国家旅游胜地建设及提升投资环境等相关工作。（10月）。

桂林市市长唐淙元访问世界旅游组织并签署双方合作备忘录（10月）。

“第八届联合国世界旅游组织／亚太旅游协会旅游趋势与展望国际论坛”在桂林举办（10月）。

阳朔悦溶庄开业（10月）。

中共桂林市委四届五次全会提出到2020年全面建成小康社会、基本建成桂林国际旅游胜地“两个建成”目标（12月）。

《桂林石刻：史实与人事考略》出版（12月，漓江出版社，秦冬发著）。

《桂林米粉》出版（12月，经济科学出版社，李志刚、蒋团标等著）。

途经桂林的贵广高铁全线通车，湘桂、贵广两条高铁动脉在桂林交汇，桂林成为区域性高铁交通枢纽（12月）。

桂林逍遥湖景区、桂林罗山湖玛雅水上乐园加强成为国家4A级旅游景区

（12 月）。

2014 年，桂林入境游客突破 200 万人次（12 月）。

2015 年：

桂林市旅游发展委员会成立（1 月，原市旅游局更名为旅游发展委员会）。

《桂林国际旅游胜地核心竞争力研究》出版（1 月，广西师范大学出版社，林业江、庞铁坚主编）。

“全国旅游厕所工作现场会”在桂林召开，桂林荣获 2015 年“全国厕所革命先进市”称号（2 月，国家旅游局）。

美国“飞虎队”桂林遗址公园在临桂秧塘开园（3 月）

桂林市政府常务会议审议通过《桂林市旅游总体规划修编（2015—2020）》（4 月）。

桂林旅游高等专科学校升格为桂林旅游学院（4 月，教育部）。

桂林居民赴台个人旅游开通（4 月）。

桂林市委书记赵乐秦提出，“要把生态挺在前面，坚持生态立市”（5 月）。

桂林市委书记赵乐秦到漓江风景名胜区管委会调研，对漓江游船改造升级提出具体要求（5 月）。

桂林市政府常务会议审议通过《桂林市重点旅游片区规划》（5 月）。

“2015 中国—东盟博览会旅游展”举办（5 月，国家旅游局、自治区政府主办，主办方在 2015 年初决定将其永久落户桂林）。

东盟 10 国旅游团 6 天入境免签政策开始实施（5 月）。

桂林市临桂区挂牌（5 月，撤销临桂县，设立临桂区）。

桂林航空公司成立（6 月）。

桂林市政府召开常务会议，重点研究落实旅游产业用地政策措施，指出要为胜地建设提供用地保障（7 月）。

八路军桂林办事处旧址入选第二批 100 处国家级抗战纪念设施、遗址名录，（8 月，国务院）。

桂林通航有限责任公司正式开航（9 月，公司经营包括空中游览、空中拍照、航空探矿、医疗救护、航空器托管、飞行培训等通航业务）。

《食在桂林》出版（9 月，广西师范大学出版社，王清荣主编）。

桂林市导游协会会长刘萌刚获“全国诚实守信道德模范”称号（10 月，中央精神文明建设指导委员会）。

“第九届联合国世界旅游组织／亚太旅游协会旅游趋势与展望国际论坛”在桂林举办（10月）。

第五届桂林国际山水文化旅游节举办（10月）。

“第八届中国（桂林）国际市民徒步大会”启动（10月）。

桂林市七星区与匈牙利黑维兹市结为友好城市（10月）。

“世界医疗旅游与全球健康大会亚太博览会暨第三届中国（桂林）国际健康养生服务产业创新发展高端论坛”在桂林举办（11月）。

“2015中国阳朔MAXI RACE国际山地越野赛110千米组”在阳朔举行（11月）。

瑞士洛桑酒店管理学院董事会主席布兰托一行访问桂林旅游学院（12月）。

桂林市猫儿山景区成为国家4A级旅游景区（12月）。

2015年，来桂国内旅游者人数超过4000万人次（12月）。

2015年，桂林旅游总消费突破500亿元（12月）。

2016年：

高铁桂林西站、高铁阳朔站开通运营（1月）。

桂林市获“全国厕所革命先进市”称号（2月，武汉，国家旅游局）。

桂林市公安局漓江分局增挂桂林市公安局旅游警察支队牌子（3月）。

桂林市获“2015年度好玩目的地”“最佳国内旅游城市”两项大奖（3月，成都，2016CTF中国旅行者大会暨携程旅行口碑榜颁奖典礼）。

桂林通航有限责任公司（简称桂林通航）空中游览航线开通，推出“空中瞰桂林”旅游产品（3月）。

桂林旅游集散中心O2O平台上线（4月）。

桂林市旅游发展委员会与阿里巴巴综合旅行服务平台——阿里旅行缔结战略合作关系（4月）。

东盟十国携手国内主流媒体探寻长寿之秘暨“健康亚洲”大型公益工程中国站活动在桂林市启动（4月）。

《告诉你一个不一样的桂林》出版（4月，中国旅游出版社，余昌国著）。

桂林正阳东巷历史文化街区开街和重建后的逍遥楼开楼（4月，逍遥楼始建于唐代）。

漓江“精华游”首批星级游船投入运营（4月，2015年8月桂林启动漓江游船全面提档升级，分为三星级、四星级、五星级进行管理，被称是漓江游船30

年来规模最大的“大换血”）。

全市 71 个景区景点的门票价格实行下调（4 月）。

桂林市政府召开常务会议，决定对漓江流域涉及自然保护区和漓江风景名胜区内 22 家采石场依法责令全面停产并予以取缔（5 月）。

桂林与《中国日报》合作在北京首届旅游发展大会期间推出精美八连版“把桂林带回家”手信宣传册（5 月）。

桂林提出打造 8 条生态旅游精品线路（5 月，具体为计划到 2018 年年底，打造大漓东生态示范带约 118 公里、桂林—阳朔—荔浦约 74 公里、桂林—恭城—平乐同里约 20 公里、桂林—临桂—龙胜约 78 公里、桂林—兴安—全州约 198 公里、桂林—永福约 42 公里、桂林—资源约 82 公里、桂林—灌阳约 72 公里）。

桂林市市长周家斌出席 2016 中国（郑州）国际旅游城市市长论坛并率考察团到开封、洛阳二市考察学习城市建设与管理、旅游和文化融合发展先进经验（5 月）。

桂林万达文化旅游城项目开工（5 月）。

《漓江风景名胜区生态环境综合整治工作方案》获市政府常务会议通过（5 月）。

桂林市市委书记赵乐秦，市长周家斌启动按钮点亮漓江城市段沿岸夜景灯光。该工程打造魅力虞山、木龙古渡、伏波晚唱、逍遥印象、訾洲秋色、象饮玉河、漓江神韵、塔山清影、斗鸡雄影 9 个景点（6 月）。

中央电视台“歌从漓江来”2016 端午特别节目黄金时间播出（6 月）。

桂林市秀峰区人民法院旅游巡回法庭在桂林市旅游发展委员会挂牌（6 月）。

“互联网 + 旅游”全国试点——阳朔基地在阳朔县高田镇九牛岭揭牌（6 月）。

“桂林航空”首航，“桂林号”客机从桂林两江国际机场飞抵郑州新郑国际机场（6 月）。

桂林崇华中医街开街（6 月，崇华中医街是集医疗、康复、休闲、旅游、养生、贸易于一体，具有鲜明桂林地域特色的文化旅游街区）。

漓江城市段最后一批船上人家上岸（7 月）。

桂林漓江沿岸慢行步道改造工程开工（7 月）。

桂林市获 2015—2016 年度“中国会展名城”奖（7 月，“会展人海口之夜暨第十五届中国会展业金海豚大奖”颁奖典礼）。

2016 年全国导游体制改革试点工作会议召开，桂林市作为导游自由执业试点地区之一，在全国试点地区中期运行情况旅游行政管理部门单项评估中排名第一

（8月，哈尔滨）。

桂林市开展“一日游”旅游纪念品市场专项整治行动（8月）。

桂林市四届人大常委会通过桂林市第一部实体法《桂林市石刻保护条例》（8月）。

桂林市被评为“2016亚洲旅游红珊瑚奖—亚洲最受欢迎旅游城市”（9月，上海，“2016亚洲旅游产业年会”）。

《桂林漓江风景名胜区破坏生态资源和景观环境违法行为举报奖励办法》获市政府常务会议通过（9月）。

中国共产党桂林市第五次代表大会号召：凝心聚力谋发展，真抓实干谱新篇，为全面建成小康社会、基本建成桂林国际旅游胜地而奋斗！（9月）

“联合国世界数据论坛全球预备研讨班”在桂林举行（9月，中国国家统计局、联合国统计司共同主办）。

恭城瑶族自治县莲花镇成为第一批中国特色小镇（10月，住房和城乡建设部）。

《带你游桂林——桂林旅游一本通》出版（10月，桂林市旅游发展委员会编著）。

“第十届联合国世界旅游组织／亚太旅游协会旅游趋势与展望国际论坛”在桂林举办（10月）。

“第五届联合国世界旅游组织旅游可持续发展中国观测点年会”在桂林召开（10月）。

“第六届桂林国际山水文化旅游节”举办（10月）。

2016中国—东盟博览会旅游展举办（10月）。

“第九届中国（桂林）国际市民徒步大会”在古南门启动（10月）。

“第二届桂林国际美食展暨啤酒节”举办（10月）。

2016“形象中国·两岸四地百家媒体聚焦魅力桂林”全国新闻摄影采访活动启动（10月）。

“首次中国—东盟旅游部门会议”在桂林召开（10月）。

“首届桂林银行·2016桂林国际马拉松赛”在桂林举办（11月）。

“全球岩溶动力系统资源环境效应”国际大科学计划在桂林中国地质调查局岩溶地质研究所启动（11月）。

荔浦县成为“全国休闲农业与乡村旅游示范县”（11月，农业部）。

第二届世界医疗旅游与全球健康大会亚太峰会暨第四届中国（桂林）国际健

康养生服务产业创新发展高端论坛在桂林举办（11 月）。

《桂林国际旅游胜地建设发展规划纲要》中期评估工作启动（11 月）。

《漓江风景名胜区核心景区沿江可视范围景观林建设项目实施方案》《桂林漓江城市段沿岸绿化美化工程实施方案》获市政府常务会议通过（12 月）。

桂林市红色旅游系列景区（八路军桂林办事处旧址、兴安县红军长征突破湘江烈士纪念碑园、湘江战役灌阳新圩阻击战旧址、湘江战役全州觉山铺阻击战旧址）入选《全国红色旅游经典景区名录》（12 月）。

2016 年，来桂国内旅游者人数超过 5000 万人次（12 月）。

2016 年，桂林旅游总消费突破 600 亿元（12 月）。

2017 年：

《桂林市石刻保护条例》开始实施（1 月）。

央视春晚在桂林设立分会场（1 月）。

《提升桂林国际旅游胜地核心竞争力路径研究》出版（1 月，中国旅游出版社，主编：庞铁坚）。

桂林成为国家生态文明先行示范区（2 月）。

《桂林市服务业发展“十三五”规划》下发实施（2 月）。

桂林市获“十佳亲子游目的地”和“国内十佳自助游目的地”，桂林两江四湖景区获“2016 年度最佳互联网创新景区”（2 月，上海，2017 年 CTF（China Travelers’Forum）中国旅行者大会暨国际旅游产业峰会）。

两江四湖 · 象山景区晋升国家 5A 级旅游景区（2 月，景区包括象山、叠彩山、伏波山、两江四湖）。

桂林市旅游自驾协会成立（2 月）。

桂林市公安局旅游警察支队挂牌成立（3 月）。

《桂林旅游总体规划修编（2015—2020）》出版（3 月，广西师范大学出版社，桂林市旅游发展委员会、北京巅峰智业旅游文化创意股份有限公司）。

桂林博物馆临桂新馆启用（8 月）。

“桂林旅游购物退货监理中心”在桂林市旅游投诉中心挂牌成立（6 月）。

中国社会科学院考古研究所为桂林举行“万年智慧圣地”揭牌仪式（6 月）。

桂林获全国首批国家健康旅游示范基地（7 月，全国共 13 个，桂林是全国唯一以全域全行业创建的城市）。

阳朔县被认定为“中国优秀国际乡村旅游目的地”（7 月，国家旅游局）。

2017年资源漂流世界杯在资源五排河举办（7月）。

321国道桂林至阳朔段扩建工程完工（10月）。

“第十一届联合国世界旅游组织／亚太旅游协会旅游趋势与展望国际论坛”在桂林举办（10月）。

“2017中国（桂林）国际休闲旅游论坛”举办（10月）。

“第七届桂林国际山水文化旅游节”举办（10月）。

“2017中国—东盟博览会旅游展”举办（10月）。

“第三届桂林国际美食文化展暨漓泉啤酒节”在甲天下广场开幕（10月）。

“第十届中国桂林国际市民徒步大会”在古南门启动（10月）。

“2017中国—东盟汽车房车露营旅游产业发展高峰论坛”在举行（10月）。

“2017格力—环广西公路自行车世界巡回赛”桂林赛段开赛（10月）。

桂林至龙胜高速公路通车（10月）。

“2017桂林银行桂林国际马拉松赛”举办（11月）。

“2017中国阳朔MaXi-Race国际山地越野赛”开赛（11月）。

桂林国际旅游胜地建设工作新闻发布会召开，向境内外媒体发布近年来桂林国际旅游胜地建设情况（11月，南宁，广西壮族自治区政府主办）。

桂林旅游产业研究院暨桂林旅游大数据中心挂牌成立（11月）。

《国际旅游目的地旅游产品代际更迭与价值创新升级路径研究：以桂林为例》出版（11月，中国旅游出版社凌常荣、高静、芮雪梅著）。

2017“千家洞矿泉杯”中国—灌阳全国山地户外运动挑战赛在灌阳举办（12月）。

资源至兴安高速公路通车（12月）。

桂林国家健康旅游示范基地专家咨询委员会成立（12月）。

“2017中国（桂林）国际健康旅游高端论坛暨华夏健康漓江论坛”在桂林举办（12月）。

桂林会仙湿地成为国家湿地公园（12月）。

阳朔西街景区成为国家4A级旅游景区（12月）。

2017年，来桂国内旅游者人数接近8000万人次（12月）。

2017年，桂林旅游总消费突破950亿元（12月）。

2018年：

“群星咏桂林”2018年新春演唱会在桂林大剧院演出（1月）。

桂林至资源高速公路通车（1 月）。

桂林独秀峰·王城景区获得国家级服务业标准化试点企业（1 月）。

桂林两江四湖二期工程建成通航，桂林新环城水系全面形成（2 月）。

桂林举行“一键游桂林·I 游桂林”上线运行新闻发布会，市委书记赵乐秦宣布平台上线运行（2 月，桂林市委、市政府）。

国务院批准桂林为国家可持续发展议程创新示范区（2 月。全国首批共 3 个，另外 2 个为深圳市、太原市。桂林以景观资源可持续利用为主题）。

桂林成为全国首批健康旅游示范基地创建城市（2 月）。

兴安县成为第四批全国旅游标准化试点单位（2 月，国家旅游局）。

桂林与越南下龙市结为友好城市（2 月）。

桂林第九座高铁站——五通站建成使用（3 月，桂林“一城九站两高铁”格局形成，另外八站为桂林北站、桂林站、桂林西站、阳朔站、恭城站、兴安北站、永福南站、全州南站）。

广西信和信桂林国际智慧产业园被确定为第一批国家中医药健康旅游示范基地创建单位（3 月，国家旅游局、国家中医药管理局）。

桂林市红色旅游协会挂牌（4 月）

《2018 年春季假日旅游指南》发布，桂林位列全国热点旅游城市第八（4 月，文化和旅游部）。

曼谷—桂林航线恢复开通（4 月）。

龙胜龙脊梯田获“全球重要农业文化遗产”称号（4 月）。

桂林入选“亚洲十大旅行目的地”和“十大摄影目的地”（4 月，西安，全球旅游目的地营销峰会暨世界文化旅游大会）。

《靖江王府片区历史文化旅游休闲街区改造商业业态设计方案》获市政府常务会议通过（4 月）。

《桂林深度游》出版（4 月，中国铁道出版社，《亲历者》编辑部）。

桂林入选“亚洲十大旅行目的地”和“十大摄影目的地”（4 月，全球旅游目的地营销暨升级文化旅游大会）。

桂林获“网民最喜欢的旅游目的地”“十大休闲旅游目的地”称号（5 月，文化和旅游部）。

桂林临桂新区环城水系开放通航（5 月）。

资源县获得 2020 年 4 人制漂流世锦赛举办权（5 月）。

《国际旅游胜地建设背景下的桂林旅游产业综合效应测度研究》出版（5 月，

广西师范大学出版社，张燕等编著）。

桂林—越南下龙跨境自驾游开通（6 月）。

桂林市获“十佳特色旅游城市”称号（6 月，嘉峪关市，丝绸之路国际旅行商大会）。

“2018 资源国际漂流精英挑战赛暨体育文化周”在资源县举办（6 月）。

“桂林城市旅游服务中心”启动使用（6 月）。

桂林市旅游景区协会成立（6 月）。

大型民族歌剧《刘三姐》在国家大剧院首演（6 月，该剧由中国歌剧舞剧院、桂林市文化新闻出版广电局共同打造）。

“桂林千古情”景区开业（6 月，由宋城演艺联合桂林旅游股份有限公司打造）。

桂林国旅获丝绸之路国际旅行商大会“十佳旅行商”（6 月）。

广西壮族自治区党委书记鹿心社在自治区发改委调研时作出“以世界一流为发展目标，打造桂林国际旅游胜地”工作部署（7 月）。

大型歌舞剧《桂林千古情》推出（7 月，阳朔“桂林千古情景区”）。

桂林市旅游商品协会成立（7 月）。

2018 中国汽车短道拉力锦标赛广西荔浦赛事在桂林锦龙国际赛车场开赛（8 月）。

灵渠入选第五批世界灌溉工程遗产名录（8 月。灵渠始建于秦代）。

经国务院同意，民政部批复，撤销荔浦县设立县级荔浦市（8 月，广西壮族自治区人民政府新闻发布会）。

“桂林国际旅游胜地建设中期评估暨升级发展专家咨询会”在北京举行（8 月，广西壮族自治区发改委、桂林市政府）。

《桂林市旅游业发展“十三五”规划》实施（8 月）。

广西壮族自治区党委书记鹿心社在数字广西建设大会上讲话指出“要借鉴‘一键游桂林’智慧旅游平台模式，建设‘一部手机游广西’智慧旅游平台，推动全区旅游公共服务线上线下深度融合”（8 月）。

桂林与香港实现动车“一乘直达（9 月）。

桂林两江国际机场 T2 航站楼启用（9 月）。

2018“观澜购物公园杯”全国山地户外运动挑战赛（灌阳站）在灌阳县举办（10 月）。

“2018 环广西公路自行车世界巡回赛桂林赛段”开赛（10 月）。

“第十二届联合国世界旅游组织／亚太旅游协会旅游趋势与展望国际论坛”在桂林举办（10月）。

“第八届桂林国际山水文化旅游节”举办（10月）。

“2018中国—东盟博览会旅游展”举办（10月）。

“2018年桂林首届“山水杯”国际乒乓球公开赛”举办（10月）。

“第十一届中国（桂林）国际市民徒步大会”在临桂新区市民广场举行（10月）。

“2018大数据与诚信旅游（桂林）论坛”举办（10月）。

“以世界一流为目标打造桂林国际旅游胜地”学术研讨会举办（10月，桂林市旅游发展委员会、桂林市经济学学会）。

“2018桂林银行桂林国际马拉松赛”开赛（11月）。

桂林成为全国排名第三的“最美揽夏地”（11月，中央广播电视总台）。

2018“丹霞杯”中国·资源首届全国T2环岛越野邀请赛在资源县开赛（11月）。

“2018中国—东盟可持续发展创新合作国际论坛暨中国（桂林）国际健康旅游高端论坛”在桂林举办（11月）。

《桂林历史文化大典》出版（11月，广西师范大学出版社）。

桂林市旅行社协会散客旅游分会成立（11月）。

桂林红溪景区、桂林资江·天门山景区、桂林丹霞·八角寨景区、桂林资江灯谷景区成为国家4A级旅游景区（11月）。

“全国运输服务与旅游融合发展现场会”在桂林市举行（11月，交通运输部、文化和旅游部主办）。

“全国乡村绿化美化现场会”在桂林召开（12月）。

恭城三庙二馆景区、恭城红岩村景区成为国家4A级旅游景区（12月）。

《文化城之魂——历史文化名人与桂林》出版（12月，广西师范大学出版社，黄继树主编）。

《乡村旅游与桂林国际旅游胜地建设》出版（12月，广西师大出版社，王清荣等著）。

桂林市城市旅游服务协会成立（12月）。

2018年，桂林接待境内外旅游者人数突破1亿人次（12月）。

2018年，桂林旅游总收入接近1400亿元（12月）。

2019年：

广西壮族自治区政府常务会议审议《关于以世界一流为目标，打造桂林国际旅游胜地的实施意见》和《桂林漓江生态保护和修复提升工程方案（2018—2025）》（2月）。

桂林市实施党政机关机构改革，决定将市人大旅游委员会职责划入市人大教育科学文化卫生委员会，不再设置市人大旅游委员会（2月）。

桂林市文化广电和旅游局挂牌（3月，按桂林市党政机关机构改革方案组建的政府组成部门，市旅游发展委员会不再保留）。

由桂林市文化广电和旅游局、驴妈妈旅游网共同发起的桂林旅游“先游后付诚信联盟”在阳朔县正式成立（3月）。

桂林三千漓山水人文度假区开业（3月）。

桂林市政府印发《桂林市旅游产业用地管理办法（试行）》（4月）。

桂林市旅游景区协会成立（4月）。

桂林阳朔遇龙河旅游度假区成为全国第一批国家级旅游度假区（5月。全国共4家）。

广西壮族自治区政府举办新闻发布会，通报观澜国际旅游桂林旅游胜地建设通过中期评估（5月）。

“游动湘江弘扬伟大长征精神”“翻越老山界走好长征路”主题活动和“红色桂北箭向系统”在桂林兴安县启动，“桂北红色旅游联合体研学旅行基地”宣布成立（5月，广西壮族自治区文化和旅游厅主办）。

经自治区党委、政府同意，自治区发改委、自治区文化和旅游厅下发《关于以世界一流为目标打造桂林国际旅游胜地的实施意见》（6月）。

桂林市政府发布《桂林市人民政府关于加快民宿经济发展的指导意见》（6月）。

刘三姐文化印象博物馆在阳朔《印象·刘三姐》剧场开馆（6月）。

全国山地户外运动锦标赛在灌阳县举办（6月，中国登山协会、广西体育局、桂林市人民政府主办）。

桂林全州县湘山·湘源历史文化旅游区成为国家4A级旅游景区（6月）。

《桂林市中心城区历史文化街区划定方案》《榕湖北路——古南门历史文化街区保护规划方案》《2018年桂林市中心城区历史建筑名录》获市政府常务会议通过（7月）。

龙胜县龙脊镇大寨村、灵川县大圩镇袁家村入选第一批全国乡村旅游重点村（7月）。

桂林市研学旅行协会成立（7月）。

“国际漂流精英对抗赛”在资源县举办（7月）。

“第三届中国国际华语大会”在桂林举办（8月）。

桂林市阳朔县成为首批国家全域旅游示范区（9月，全国共71家）。

桂林红军长征湘江战役文化保护传承中心成立（9月）。

红军长征湘江战役纪念设施落成仪式在全州县举行（9月）。

“第十三届联合国世界旅游组织／亚太旅游协会旅游趋势与展望国际论坛”在桂林举办（10月）。

“第九届桂林国际山水文化旅游节”举办（10月）。

“2019中国—东盟博览会旅游展”举办（10月）。

“2019环广西公路自行车世界巡回赛桂林—阳朔—桂林赛段”开赛（10月）。

“2019广西自驾游大会”在桂林召开（10月，广西壮族自治区文化和旅游厅、桂林市人民政府主办，桂林市文化广电和旅游局、桂林市旅游自驾协会、马蜂窝旅游网承办）。

桂林广西省立艺术馆旧址成为第八批全国重点文物保护单位（10月）。

桂林—北京大兴航线开通（10月）。

桂林市天元国际旅行社有限公司进入“入境旅行社10强”（10月，第二届“中国旅行社协会行业榜单”）。

桂林在水一方景区、灵川县漓水人家景区、桂林新区环城水系景区、灵川县大圩古镇景区、红军长征湘江战役纪念馆、湘江战役新圩阻击战纪念园、红军长征突破湘江烈士纪念碑园、大碧头国际旅游度假区成为国家4A级旅游景区（11月）。

“第七届中国公共考古·桂林论坛”举办（11月）。

“2019入境旅行商（桂林）采购大会”召开（11月）。

“首届广西文化旅游发展大会”在桂林举行（11月，自治区党委书记鹿心社、主席陈武出席）。

《广西壮族自治区人民政府关于支持桂林市加快文化旅游产业发展的意见》发布（11月）。

桂林榕湖饭店拆除重建工程启动（11月）。

“2019桂林国际马拉松赛”举办（11月）。

“全国导游大赛优秀选手宣讲活动”走进桂林（12 月）。

2019 年，来桂入境旅游者人数超过 300 万人次（12 月）。

2020 年：

中共桂林市委五届六次会议召开，要求“要加快胜地提质升级，围绕‘六个一流’目标，加快补齐短板，加快文旅深度融合，加快服务业转型升级，推进旅游国际化、品牌化、智慧化、标准化，打造世界一流旅游目的地”（1 月，“六个一流”是：一流的旅游产品、一流的旅游服务、一流的旅游品牌、一流的消费环境、一流的文旅体验、一流的康养基地）。

《桂林市加快文化旅游产业发展三年行动方案》公布（1 月）。

桂林市文化广电和旅游局发出《关于进一步加强新型冠状病毒疫情防控工作的紧急通知》，叫停全市旅行社、旅游景区经营业务（1 月）。

桂林市政府召开常务会议，专题研究部署新冠肺炎疫情防控和经济发展工作（2 月）。

桂林市 79 家旅游景区明确表示，从恢复营业之日（届时统一发布）起至 2020 年 12 月 31 日，全国医护工作者凭有效证件（医师证、护士证或与医务工作相关的其他资格证件）免费入园（2 月）。

《桂林市文化广电和旅游局关于桂林市 A 级旅游景区有序开放的通知》发出（3 月）。

阳朔县召开“阳朔县促进旅游业全面复苏六条措施”新闻发布会（3 月）。

“桂林人游桂林”活动启动（3 月）。

2020 年“诗在壮乡，何必远方——广西人游广西”桂林文旅复苏自驾游活动启动（4 月）。

“走读广西，桂林之旅”文化体验自驾活动启动（4 月）。

《桂林市文化广电和旅游局关于申报加强疫情防控促进文化旅游业振兴发展的若干奖励的通知》发布（4 月）。

历史文化街区东西巷西巷开街（4 月，西巷开街，靖江王府片区历史文化旅游休闲街区改造提升项目收官）。

桂林市政府召开常务会议，听取桂林国际旅游胜地建设进展情况汇报、桂林国家可持续发展议程创新示范区建设进展情况汇报（4 月）。

桂林市召开“桂林国际旅游胜地升级发展暨文旅产业复苏振兴分析电视电话会议”（5 月）。

桂林文化旅游推广发布会举办，并与携程集团达成协议，共推文旅产业复苏（5月，上海携程总部）。

以对桂林文化和旅游市场实施综合执法为主要职责的桂林市文化市场综合执法支队挂牌（6月）

“文化和自然遗产日主场城市活动”在桂林举行（6月，国家文物局、广西壮族自治区人民政府主办）。

桂林非遗体验馆落成揭牌（6月）。

桂林“靖江王城”古城墙对外开放（6月）。

灵川县、全州县、兴安县、灌阳县、龙胜各族自治县、资源县成为全国第二批革命文物保护利用片区县（6月，中央宣传部、财政部、文化和旅游部、国家文物局确定并公布）。

“山水桂林　红色热土”2020年全国重点网络媒体桂林行启动（9月，桂林市委网信办、广西日报传媒集团广西新闻网共同主办）。

10月1至8日，桂林市共接待游客293.8万人次，恢复至去年同期的88.3%(8天累计数据同比去年7天累计数据增长1.4%）；实现旅游总消费36亿元，恢复至去年同期87.9%（8天累计数据同比去年7天累计数据增长1.1%）。其中，一日游游客成为主力军，达218.6万人次，占比74.4%。过夜游客75.3万人次、平均停留天数2.33天、旅游住宿设施出租率为75.1%（10月，桂林市文化广电和旅游局）。

“2020年广西旅游民宿管理人员业务技能提升培训班”在桂林开班（10月，自治区文化和旅游厅主办、桂林市文化广电和旅游局协办、广西艺术学校承办）。

“2020广西自驾游大会既自驾游工作推进会”在桂林召开（10月，广西壮族自治区文化和旅游厅、桂林市人民政府主办，桂林市文化广电和旅游局、桂林市旅游自驾协会承办）。

桂林市成为第六届全国文明城市（11月）。

阳朔县、兴安县、灵川县入选2020中国旅游百强县，阳朔县同时入选2020中国县域旅游高质量发展典型案例（11月，《中国县域旅游竞争力报告2020》）。

“2020年全国旅游民宿主人培训班”在桂林举行（11月，文化和旅游部市场管理司主办，中国旅游报社、广西艺术学校承办）。

桂林市兴安县成为第二批国家全域旅游示范区（11月，全国共97家）。

桂林市阳朔县、兴安县、灵川县成为中国旅游百强县（11月，《中国县域旅游竞争力报告2020》）。

“旅游高等教育创新发展论坛”在桂林举办（11 月）。

“第六届中国—东盟传统医药论坛”在桂林举办（11 月）。

“2020 中国—东盟可持续发展创新合作国际论坛”在桂林举行（11 月）。

“第十四届联合国世界旅游组织 / 亚太旅游协会旅游趋势与展望国际论坛”在桂林举办（12 月）。

“第十届桂林国际山水文化旅游节”举办（12 月）。

“第五届中国—东盟民族文化论坛”在桂林举行（12 月）。

“第二届中国—东盟电视周开幕式暨中国东盟优秀传播案例发布典礼”在桂林举行（12 月）。

“2020 中国—东盟博览会旅游展”举办（12 月）。

“山水形胜・八方聚会——2020 桂林・中国当代书法名家邀请展”在桂林举办（12 月）。

“2020 中国非遗整体性保护论坛”在桂林举办（12 月）。

红色旅游城市联盟“2020 畅想桂林・红色之旅”自驾车旅游举行（12 月）。

“第 15 届中国—东盟文化论坛”在桂林举行（12 月）。

“长征沿线红色旅游城市联盟第三届年会”在桂林兴安县举办（12 月）。

广西壮族自治区新闻办举行“桂林国际旅游胜地提质升级新闻发布会”（12 月，南宁）。

桂林博物馆成为第四批国家一级博物馆（12 月，中国国家文物局，全国 74 家）

桂林市兴安县成为第四批“全国旅游标准化示范单位”（12 月，文化和旅游部）。

“2020 桂林银行桂林马拉松赛举行”（12 月）。

桂林入选第一批国家文化和旅游消费试点城市（12 月，文化和旅游部、国家发展改革委、财政部）。

《桂林旅游发展轨迹年表（1950—2020）》说明

一、“年表”（《桂林旅游发展轨迹年表》在本说明中简称“年表”）较为全面地记载了自 1950 年到 2020 年 70 年间桂林旅游的发展过程和演进轨迹。

二、1949 年，为中华人民共和国诞生之年。1949 年 11 月桂林解放，12 月桂林市人民政府成立，当年即已结束，故本“年表”从 1950 年起始。因此，“年表”实际上是中华人民共和国成立以来桂林旅游发展轨迹的简略记录。

三、“年表”注重“时间点”和“轨迹点”，类似但不同于通常的“大事记”，没有对相关事件做相对完整的描述，也没有像有些大事记和新闻报道那样，使用“正式”“首次”“隆重”“巨大”“圆满”“热烈”“上档次”等描述性词语，只记下这一“时间点”的“轨迹”名称。

四、“年表”提及的旅游统计数据均来自桂林市文化广电和旅游局，主要引自在 2019 年广西文化旅游发展大会上文旅局提供的《桂林文化旅游发展大事记（1973—2019）》所附的“图说桂林旅游”。

五、为使愿意深入研究桂林旅游的阅读者方便继续查阅某些条目，“年表”力求在所有条目后面标明月份，但仍有极个别条目没有掌握到具体的时间。

六、“年表”最初原型是本人在市旅游局工作期间的日程和事件记录，2019 年年初萌生做一份桂林旅游发展过程年表的想法，便开始对自己的记录进行一一核对和补充，并添加了 1996 年之前和 2010 年之后的内容。添加之后，再次进行了核对和完善工作。

七、“年表”在补充、核对和完善过程中，主要查阅了下列书目和网站：

《中国旅游大事记（1949.10—1994.12）》（中国旅游出版社 1995）

《桂林旅游报》（1988.10—1995.7）

《桂林旅游研究十年回顾》（漓江出版社 1991）

《桂林市志》（中华书局 1997）

《桂林旅游业：发展与变革》（漓江出版社 1997）

《桂林旅游史略》（漓江出版社 1998）

《桂林旅游志》（中央文献出版社 1999）

《新世纪新产业新增长——旅游业成为新的经济增长点研究》（中国旅游出版

社 1999）

《跨世纪的形象产业——世纪之交的广西旅游业之回顾与展望》（广西内部准印 1999）

《桂林旅游业：规划与发展》（中国旅游出版社 2002）

《桂林交通志》（广西人民出版社 2004）

《魅力桂林游》（中国旅游出版社 2007）

《（2005—2006）桂林旅游发展专题研究》（中国旅游出版社 2007）

《当代名人与桂林》（中国新闻出版社 2008）

《桂林市志（1991—2005）》（方志出版社 2010）

《桂林旅游发展研究文集（2000—2010）》（北京大学出版社、中国林业出版社 2011）

《一个城市的发展探索——桂林市哲学社会科学规划研究课题文集 2013—2014》（广西师范大学出版社 2015）

《一个城市的发展探索——桂林市哲学社会科学规划研究课题文集 2014—2015》（广西师范大学出版社 2016）

《一个城市的发展探索——桂林市哲学社会科学规划研究课题文集 2015—2016》（广西师范大学出版社 2017）

《社科文萃——2016 桂林市社科学术年会论文集》（广西师范大学出版社 2016）

《社科文萃——2017 桂林市社科学术年会论文集》（广西师范大学出版社 2018）

《文化城之魂——历史文化名人与桂林》（广西师范大学出版社 2018）

中华人民共和国文化和旅游部网站

广西壮族自治区文化和旅游厅网站

桂林市人民政府网站

桂林市文化广电和旅游局网站

桂林市发展研究中心网站

桂林市市志办网站

八、“年表”对桂林国内国际航线、对桂林旅游部门和旅游企业境外市场促销活动未能做到较为全面的记录。

九、“年表”记录的桂林旅游发展轨迹，事实上是多条“轨迹线”组成的一个有相当规模的“线条组团”，是从一个个起点越来越变得“粗壮”的“线条组团”，是桂林旅游发展现象较为真实的再现，相信对进一步研究桂林旅游会起到很多“线索”的作用。

十、“年表”成型于2019年年底，初步完成于2020年年中，最终完稿于2021年1月。

十一、“年表”一定会有不少疏漏和不妥之处，敬请阅读和使用者提出批评指正。

后 记

两年来，我常常伫立在漓江江岸，凝望眼前流淌着的漓江的水，凝望江对岸叠彩山、独秀峰、伏波山、象鼻山等耸立着的桂林的山，思考着我的《访谈与回忆：说说“桂林旅游”》书稿计划怎样接连实施，如何确保其质量。

近两天，我依然是伫立在这里，但心情似乎轻松了不少，因为我的书稿终于基本完成了，两年时间的努力终于有了一些收获。

我感谢中山大学保继刚老师，他在得知我的基本构想以后，给予我充分的肯定和鼓励，说我有多年桂林旅游行政工作的基础，有工作中建立起来的人脉关系，有一定的分析和梳理问题的能力，只要付出一些辛苦，是能够完成“访谈与回忆”这个“计划”的，还表示愿意接受我的访谈。保老师的话，对我下定决心坚持实施自己的计划起了决定性的作用。

我感谢桂林市经济学学会王清荣会长，他是一位非常关注桂林经济社会发展状况和善于研究桂林经济社会发展实际问题的学者和朋友，对我这本书的成书以及出版给予了很大的帮助。作为“漓江智库丛书”编委会主任，清荣会长还认真审定了全书书稿。

我感谢颜邦英先生等十多位受访者腾出宝贵的时间，接受我的访谈。在我进行访谈联系时，都答应得十分爽快，大都调整自己的计划就着我的时间，并在访谈前准备好相关资料、访谈中集中精力、访谈后及时反馈意见，这是对我完成访谈的重要支持。同时，他们还都不断表示，我的访谈活动是很有意义的，做访谈对梳理桂林旅游发展脉络很重要，他们的支持是我能够完成访谈的关键因素。

我感谢我的同窗好友戴光全、孙九霞、张朝枝，近些年来在和三位聊天时，他们常常提议说我应该把在旅游局工作的经历整理和记录下来，说我工作的单位毕竟是桂林市旅游局，能在桂林市这样国际著名旅游城市的旅游局做局长助理、副局长和局长，并有着十四年的工作经历，是很难得的，做些整理做些回忆，是完全应该和很有价值的，他们的话让我常常记起。

平时我特别喜欢喝咖啡和在咖啡店里整理资料，因此常常会寻找一些环境温馨、整洁安静，出品较好的小店，比如“鸟茶咖啡”“手绘时光”等。感谢“鸟茶咖啡”经理陈勇华，他还帮我组织过一次小规模的讨论活动。

感谢我的妻子赵莉红女士。我在很多书籍的后记里看到，作者几乎都写有感谢妻子，说妻子给予的支持特别是给予的时间至关重要。我这次是确实感受到了的，这本书送给她。

还要谢谢外孙张沐希小朋友，他四五岁的年龄，看到我坐在电脑前，常常跑过来问我是不是在写作业？几次之后我干脆告诉他是在“写书”，他说“你不用写，姥姥帮我买了”。这竟让我将所有疲劳一扫而光，这本书也送给他。

感谢中国旅游出版社段向民主任及孙妍峰编辑等相关工作人员，是他们将我两年来积攒在电脑里的文字变成了一本纸质书的模样。

2020 年这一年，对旅游业来说是极不寻常的一年，新冠肺炎疫情让旅游业受到极为严重的冲击，桂林旅游当然无法例外。不过本书主要以“口述历史”为主，“当前”的分量不大，因此对疫情影响言及不多。真心希望 2021 年随着疫情进入常态化防控新时段，包括桂林旅游在内的中国旅游业能够有更大一些的恢复和发展。

尝试对“深耕者”进行访谈，并像我这样做了有一定规模的访谈，在桂林还没有人做过，算是开了个头。个人通过回忆方式相对集中地讲述一部分桂林旅游发展中的事例，也是不多见的。书中不当之处，敬请批评指正。

李志刚
2021 年 3 月

项目策划：孙妍峰
责任编辑：孙妍峰
责任印制：孙颖慧
封面设计：武爱昕

图书在版编目（CIP）数据

访谈与回忆：说说“桂林旅游”：来自“深耕者”的经历和思考 / 李志刚编著．-- 北京：中国旅游出版社，2021.8
（漓江智库丛书）
ISBN 978-7-5032-6760-4

Ⅰ．①访… Ⅱ．①李… Ⅲ．①地方旅游业－旅游业发展－研究－桂林 Ⅳ．①F592.767.3

中国版本图书馆 CIP 数据核字（2021）第 159716 号

书　　名：访谈与回忆：说说“桂林旅游”
——来自“深耕者”的经历和思考

作　　者：李志刚　编著
出版发行：中国旅游出版社
（北京静安东里6号　邮编：100028）
http://www.cttp.net.cn　E-mail:cttp@mct.gov.cn
营销中心电话：010-57377108，010-57377109
读者服务部电话：010-57377151
排　　版：北京旅教文化传播有限公司
经　　销：全国各地新华书店
印　　刷：北京工商事务印刷有限公司
版　　次：2021年8月第1版　2021年8月第1次印刷
开　　本：787毫米×1092毫米　1/16
印　　张：19.25
字　　数：340千
定　　价：69.80元
ISBN　978-7-5032-6760-4